KB024032

아직도 내 아파트를 마련할
마지막 기회는 남았다

: 소규모주택 재건축, 재개발, 가로주택 투자의 모든 것

아직도 내 아파트를 마련할 마지막 기회는 남았다

팬덤북스

아직도 내 아파트를
마련할 마지막 기회는 남았다

대한민국 집값은 그야말로 미친 집값이라는 표현으로도 부족할 만큼 폭등했다. 내 집 하나 장만하기를 소망하는 서민들의 작은 열망이 어느 순간 '지금이라도 사지 않으면 이생에서는 내 집 마련이 어렵겠다.'는 절규로 바뀌는 순간 더 이상 집값은 경제논리로 설명할 수 없는 사회문제가 되었기 때문이다. 그런 점에서 적재적소에 다양한 방식으로 주택공급을 하지 못했던 정책적 판단은 못내 아쉽다. 그래서일까. 젊은이들 그리고 서민들이 아파트로 내 집 마련하기가 그 어느 때보다 힘들어진 것도 사실이다. 누군가는 이렇게 말한다.

"이생망!" 즉 "이생에서 아파트 사는 것은 망했다!"

그러나 필자들은 여전히 아파트로 내 집 마련을 할 기회는 남아 있다고 생각한다. 몇 년 전만해도 재개발이나 재건축 가능성이 있는 오래 된 아파트 혹은 연립·다세대 주택을 매입해 불편한 삶을 감수하는 대신 아파트로 내 집 마련을 하는 것이 서민들의 유일한 내 집 마련 방법 가운데 하나였다. 하지만 이제 재개발이나 재건축은 큰돈이 된다는 경험치가 작동하면서 투기라는 높은 진입장벽에 가로막혀 있다.

그래서 이제 젊은이와 서민들이 과거 재개발, 재건축이 그러했던 것처럼 상대적으로 부담이 적으면서 아파트로 내 집 마련을 시도할 수 있는 마지막 기회를 찾아야 할 때가 되었다. 필자들은 소규모주택 정비사업인 가로주택 정비사업, 소규모 재건축, 소규모 재개발이 그 기회가 될 것이라는 점에 의심의 여지가 없다!

《앞으로 30년, 잘사는 대한민국 도시재생사업》을 출간한 지 어느덧 3년이 되어가고 있다. 그 사이 소규모주택 정비사업에도 많은 변화가 있었다. 대부분 긍정적인 변화였다고 볼 수 있다. 사업 유형도 다양해졌다.

자율주택 정비사업, 가로주택 정비사업, 소규모 재건축에 이어 소규모 재개발이 추가되었고 소규모 재건축에도 공공참여 소규모 재건축 활성화사업 공공 소규모 재건축사업이 추가되었다. 사업시행구역 면적도 완화되어 처음 소규모주택 정비법이 시행되었던 당시에 비해 사업성 측면에서도 크게 개선될 것으로 보인다. 이에 비해 비록 최근 들어 급속도로 확산되고 있기는 하지만 아직까지 재개발이나 재건축에 비해 소규모주택 정비사업이 덜 활성화된 측면이 있다는 점은 부인할 수 없다.

그러나 이는 어찌 보면 부동산 시장의 주목을 덜 받았다는 것을 의미하기 때문에 거품도 없고 그로 인한 투기적 가격장벽도 없다는 것을 뜻하는 것이기도 하다. 바로 이런 점에서 필자들은 소규모주택 정비사업을 주목해야 한다고 본다. 조합이 설립된 후 사업을 진행하고 있는 경우의 사업성 분석, 조합이 설립되지 않은 그야말로 아무것도 없는 상태에서의 개략적인 사업성 추정방법, 소규모 주택 정비사업에 대한 전반적 이해를 위한 돕는 내용이 주를 이루고 있기에 이 책 한 권만으로도 얼마든지 소중한 내 아파트가 되어 줄 수 있는 보석 같은 낡은 집을 발굴할 수 있을 것이라고 필자들은 확신한다.

겨울의 문턱에서 필자 일동

목 차

소규모주택
정비사업은 무엇인가?

이번 챕터에서는 소규모주택 정비사업이란 무엇인지를 살펴보게 됩니다. 큰 틀에서 소규모주택 정비사업을 살펴본 후 자율주택 정비사업의 대상지역과 요건, 사업방식과 절차 그리고 자율주택 정비사업 추진 시 인센티브 등에 대해 알아보려고 합니다. 이어서 소규모 재건축사업의 개념과 요건을 살펴본 후 새롭게 도입된 소규모 재개발과 소규모 주택 관리계획에 대해 자세히 살펴볼 것입니다.

1.
소규모주택 정비사업에는
4가지 종류가 있다

소규모주택 정비사업은 크게 4가지 종류가 있습니다. 자율주택 정비사업, 가로주택 정비사업, 소규모 재건축, 소규모 재개발이죠. 또한, 소규모주택 정비사업은 '빈집 및 소규모주택 정비에 관한 특례법약칭 : 소규모주택 정비법'에 따라 진행됩니다. 어떤 분들은 소규모주택 정비사업도 일률적으로 '도시 및 주거환경정비법약칭 : 도시정비법'의 적용을 받는다고 생각하시는 것 같은데요. 결코 그렇지 않습니다. 물론 '빈집 및 소규모주택 정비에 관한 특례법이하 소규모주택 정비법'에서 따로 정하지 않고 있는 부분은 '도시 및 주거환경정비법을 준용표준으로 삼아 적용하다하도록 하고 있기는 합니다.

하지만 동일한 내용이라 할지라도 '빈집 및 소규모주택 정비에 관한 특례법'에서 따로 정하고 있는 경우에는 '도시 및 주거환경정비법'이 아닌 '빈집 및 소규모주택 정비에 관한 특례법'을 따르도록 하고 있답니다. 그러니 소규모주택 정비사업은 빈집 및 소규모 주택 정비에 관한 특례법에 따라 진행된다고 보아야 하는 것이죠.

소규모주택 정비법은 4가지 종류의 소규모주택 정비사업을 규정하고 있습니다. 이렇게 4가지 종류로 세분한 이유는 서로 다른 특징이 있기 때문인데요. 큰 틀에서 그 특징이 어떻게 다른지를 우선 살펴볼 필요가 있습니다. 향후 우리 동네 혹은 평소 관심을 갖고 있는 지역이 소규모주택 정비사업이 진행될 수 있는 요건을 갖추고 있는지, 요건을 갖추고 있다면 어떤 사업을 추진할 수 있을 것인지를 예측해볼 수 있기 때문이죠.

4가지의 소규모주택 정비사업에 대한 내용은 소규모주택 정비

빈집 및 소규모주택 정비에 관한 특례법 제2조정의

3. "소규모주택 정비사업"이란 이 법에서 정한 절차에 따라 노후·불량 건축물의 밀집 등 대통령령으로 정하는 요건에 해당하는 지역 또는 가로구역街路區域에서 시행하는 다음 각 목의 사업을 말한다.

　가. **자율주택 정비사업:** 단독주택, 다세대주택 및 연립주택을 스스로 개량 또는 건설하기 위한 사업

　나. **가로주택 정비사업:** 가로구역에서 종전의 가로를 유지하면서 소규모로 주거환경을 개선하기 위한 사업

　다. **소규모 재건축사업:** 정비기반시설이 양호한 지역에서 소규모로 공동주택을 재건축하기 위한 사업

　라. **소규모 재개발사업:** 역세권 또는 준공업지역에서 소규모로 주거환경 또는 도시환경을 개선하기 위한 사업

특례법 제2조에서 찾아 볼 수 있습니다. 법 이야기가 나오면 좀 어렵게 느끼시는 경우가 대부분이죠. 그래서 여기서는 서로 다른 소규모주택 정비사업의 특징을 이해할 수 있는 정도로만 개략적으로 살펴보겠습니다.

소규모주택 정비법을 보니 소규모주택 정비사업은 "노후·불량 건축물의 밀집 등 대통령령으로 정하는 요건에 해당하는 지역 또는 가로구역街路區域에서 시행하는 사업"이라고 요약할 수 있군요. 어쩌면 노후·불량 건축물이나 대통령령으로 정하는 요건, 가로구역 같은 단어들이 불편하게 느껴지실 수도 있을 텐데요. '왜 소규모주택 정비사업인가'편에서 자세하게 살펴볼 예정이니 살짝 넘어가주세요. 소규모주택 정비사업의 개념을 확인했으니 다음으로 소규모주택 정비법에서 4가지 사업을 어떻게 정의하고 있는지를 살펴볼 차례입니다.

가장 먼저 자율주택 정비사업입니다. 자율주택 정비사업은 '단독주택, 다세대주택 및 연립주택을 스스로 개량 또는 건설하기 위한 사업'이라고 정의하고 있는데요. 포인트는 스스로 개량 또는 건설에 있습니다. 규모가 작은 사업이라는 것을 유추해볼 수 있기 때문이죠. 실제로 자율주택 정비사업은 4가지 사업 중 가장 규모가 작답니다.

다음으로 가로주택 정비사업이군요. 가로주택 정비사업은 '가로구역에서 종전의 가로를 유지하면서 소규모로 주거환경을 개선하기 위한 사업'이라고 정의하고 있네요. 주목할 부분은 '종전의 가로를 유지'한다는 것과 '소규모로 주거환경을 개선하기 위한 사업'이라는 점입니다. 그런데 가로街路라는 개념이 확 다가오지 않으시죠?

　가로街路 : 시가지의 넓은 도로, 일반적으로 교통안전을 위하여
차도車道와 보도步道로 구분되어 있다.

　사전적 의미를 통해 유추해보니 도로를 유지하는 수준 즉, 도로
경계를 넘어서지 않는 범위 내에서 주거환경을 개선하는 사업이
라는 것을 알 수 있군요.

　이어서 소규모 재건축사업은 '정비기반시설이 양호한 지역에서
소규모로 공동주택을 재건축하기 위한 사업'이라고 정의되었는데
요. 중요한 포인트는 '정비기반시설이 양호한 지역'이라는 점과 '소
규모로 공동주택을 재건축'한다는 부분이죠. 그런데 말이죠. 소규모
재건축에만 '정비기반시설이 양호한 지역'이라는 표현이 등장합니
다. 당연히 어떤 것이 정비기반시설인지를 확인해보아야겠죠? 도
시정비법 제2조에 나와 있습니다. 대표적인 것으로 도로, 상하수도,
공원, 공용주차장, 녹지, 하천, 광장, 비상대피시설 등등이 있습니다.
　한편, 소규모로 공동주택을 재건축하기 위한 사업이라는 점도 중
요한데요. 우선 무엇이 공동주택인지를 알아야 합니다. 건축법 시
행령에 따르면, 공동주택이란 아파트, 연립주택, 다세대주택, 기숙
사를 말합니다. 학교 기숙사나 기업 기숙사가 아닌 이상 기숙사를
재건축하는 경우는 극히 드물죠. 게다가 소규모주택 정비사업이 학

정비기반시설

도시 및 주거환경 정비법

제2조 정의

4. "정비기반시설"이란 도로·상하수도·구거(溝渠: 도랑·공원·공용주차장·공동구「국토의 계획 및 이용에 관한 법률」제2조제9호에 따른 공동구를 말한다. 이하 같다, 그밖에 주민의 생활에 필요한 열·가스 등의 공급시설로서 대통령령으로 정하는 시설을 말한다.

도시 및 주거 환경정비법 시행령 제3조정비기반시설

제2조 제4호에서 "대통령령으로 정하는 시설"이란 다음 각 호의 시설을 말한다.

1. 녹지
2. 하천
3. 공공공지
4. 광장
5. 소방용수시설
6. 비상대피시설
7. 가스공급시설
8. 지역난방시설
9. 주거환경개선사업을 위하여 지정·고시된 정비구역에 설치하는 공동이용시설로서 법 제 52조에 따른 사업시행계획서이하 "사업시행계획서"라 한다에 해당 특별자치시장·특별자치도지사·시장·군수 또는 자치구의 구청장이하 "시장·군수 등"이라 한다이관리하는 것으로 포함된 시설

교나 기업 기숙사의 재건축을 규정할 필요도 없습니다.

따라서 소규모 재건축의 대상이 되는 공동주택은 아파트 연립주

택, 다세대주택이 되는 것이죠. 마지막으로 소규모주택 정비법 개정에 따라 2021년부터 새롭게 소규모주택 정비사업에 추가된 사업인 소규모 재개발사업입니다. 소규모주택 정비법은 소규모 재개발사업을 '역세권 또는 준공업지역에서 소규모로 주거환경 또는 도시환경을 개선하기 위한 사업'이라고 정의하고 있는데요. 이를 보면 소규모 재개발사업은 역세권이나 준공업지역에서 제한적으로 소규모로 시행되는 사업임을 알 수 있습니다.

건축법 시행령 [별표1]에 따른 공동주택

도시 및 주거환경 정비법

제2조 정의

2. 공동주택[공동주택의 형태를 갖춘 가정어린이집·공동생활가정·지역아동센터·공동육아나눔터·작은도서관·노인복지시설노인복지주택은 제외한다 및 「주택법 시행령」 제10조 제1항 제1호에 따른 원룸형 주택을 포함한다]. 다만, 가목이나 나목에서 층수를 산정할 때 1층 전부를 필로티 구조로 하여 주차장으로 사용하는 경우에는 필로티 부분을 층수에서 제외하고, 다목에서 층수를 산정할 때 1층의 전부 또는 일부를 필로티 구조로 하여 주차장으로 사용하고 나머지 부분을 주택 외의 용도로 쓰는 경우에는 해당 층을 주택의 층수에서 제외하며, 가목부터 라목까지의 규정에서 층수를 산정할 때 지하층을 주택의 층수에서 제외한다.

가. 아파트: 주택으로 쓰는 층수가 5개 층 이상인 주택

나. 연립주택: 주택으로 쓰는 1개 동의 바닥면적2개 이상의 동을 지하주차장으로 연결하는 경우에는 각각의 동으로 본다 합계가 660m²를 초과하고, 층수가 4개 층 이하인 주택

다. 다세대주택: 주택으로 쓰는 1개 동의 바닥면적 합계가 660m² 이하이고, 층수가 4개 층 이하인 주택2개 이상의 동을 지하주차장으로 연결하는 경우에는 각각의 동으로 본다

라. 기숙사: 학교 또는 공장 등의 학생 또는 종업원 등을 위하여 쓰는 것으로서 1개 동의 공동취사시설 이용 세대 수가 전체의 50퍼센트 이상인 것 「교육기본법」 제27조 제2항에 따른 학생복지주택 및 「공공주택 특별법」 제2조 제1호의 3에 따른 공공매입임대주택 중 독립된 주거의 형태를 갖추지 않은 것을 포함한다

2.
소규모주택 정비사업 중
규모가 가장 작은 자율주택 정비사업

자율주택 정비사업은 앞서 정의에서 살펴 본 것처럼 소규모주택 정비사업 가운데 가장 규모가 작게 시행되는 사업이죠. 여기서 소규모주택 정비사업의 정의를 다시 한 번 볼 필요가 있습니다. 기억하고 계시죠?

소규모주택 정비사업은 '이 법에서 정한 절차에 따라 노후·불량 건축물의 밀집 등 대통령령으로 정하는 요건에 해당하는 지역 또는 가로구역街路區域에서 시행하는 자율주택 정비사업, 가로주택 정비사업, 소규모 재건축사업, 소규모 재개발사업'입니다.

한편, 자율주택 정비사업은 '단독주택, 다세대주택 및 연립주택을 스스로 개량 또는 건설하기 위한 사업'이라고 정의하고 있는데요. 요약하면 자율주택 정비사업을 보다 자세히 파악하기 위해서는 대통령령으로 정하는 내용을 확인해야 한다는 것을 알 수 있습

니다. 다음은 대통령령소규모주택 정비법 시행령 중에서 자율주택 정비

사업과 관련된 내용만 정리한 것인데요.

빈집 및 소규모주택 정비에 관한 특례법 시행령

제3조 소규모주택정비사업 대상 지역

① 법 제2조 제1항 제3호 각 목 외의 부분에서 "노후 · 불량 건축물의 밀집 등 대통령령으로 정하는 요건에 해당하는 지역 또는 가로구역街路區域"이란 다음 각 호의 구분에 따른 지역을 말한다. 〈개정 2018. 6. 12., 2019. 10. 22., 2020. 3. 17., 2021. 9. 17.〉

1. 자율주택정비사업: 빈집밀집구역, 소규모주택 정비관리지역, 「국가균형발전 특별법」에 따른 도시활력증진지역 개발사업의 시행구역, 「국토의 계획 및 이용에 관한 법률」 제51조에 따른 지구단위계획구역, 「도시 및 주거 환경정비법」 제20조 · 제21조에 따라 정비예정구역 · 정비구역이 해제된 지역 또는 같은 법 제23조 제1항 제1호에 따른 방법으로 시행하는 주거환경개선사업의 정비구역, 「도시재생 활성화 및 지원에 관한 특별법」 제2조 제1항 제5호의 도시재생활성화지역 또는 그밖에 특별시 · 광역시 · 특별자치시 · 도 · 특별자치도 또는 「지방자치법」 제175조에 따른 서울특별시 · 광역시 및 특별자치시를 제외한 인구 50만 이상 대도시의 조례이하 "시 · 도 조례"라 한다로 정하는 지역으로서 다음 각 목의 요건을 모두 갖춘 지역

   가. 노후 · 불량 건축물의 수가 해당 사업시행구역의 전체 건축물 수의 3분의 2 이상일 것. 다만, 소규모주택 정비관리지역의 경우에는 100분의 15 범위에서 시 · 도 조례로 정하는 비 율로 증감할 수 있다.

   나. 해당 사업시행구역 내 기존 주택이하 "기존주택"이라 한다의 호수戶數 또는 세대수가 다음의 구분에 따른 기준 미만일 것. 다만, 지역 여건 등을 고려하여 해당 기준의 1.8배 이 하의 범위에서 시 · 도조 례로 그 기준을 달리 정할 수 있다.

1) 기존주택이 모두 「주택법」 제2조 제2호의 단독주택 이하 "단독주택"이라 한다인 경우: 10호

2) 기존주택이 「건축법 시행령」 별표 1 제2호 나목에 따른 연립주택 이하 "연립주택"이라 한다 또는 같은 호 다목에 따른 다세대주택 이하 "다세대주택"이라 한다으로 구성된 경우: 20세대 연립주택과 다세대주택의 세대수를 합한 수를 말한다

3) 기존주택의 구성이 다음의 어느 하나에 해당하는 경우: 20채 단독주택의 호수와 연립주택·다세대주택의 세대수를 합한 수를 말한다

    가) 단독주택과 연립주택으로 구성

    나) 단독주택과 다세대주택으로 구성

    다) 단독주택, 연립주택 및 다세대주택으로 구성

다. 해당 사업시행구역에 나대지裸垈地를 포함하려는 경우에는 다음의 어느 하나에 해당하 는 나대지로서 그 면적은 사업시행구역 전체 토지 면적의 2분의 1 이내일 것

1) 진입도로 등 정비기반시설의 설치에 필요한 나대지

2) 노후·불량 건축물의 철거로 발생한 나대지

3) 법 제9조 제3호에 따른 빈집의 철거로 발생한 나대지

4) 그밖에 지형여건·주변 환경을 고려할 때 사업 시행상 불가피하게 포함되는 나대지로서 시·도 조례로 정하는 기준을 충족하는 나대지

여기서 지금부터 설명하는 내용만 기억해주시기 바랍니다.

자율주택 정비사업 대상지역과 요건

가로주택 정비사업이 시행될 수 있는 지역은 크게 6개 지역으로

세분할 수 있습니다.

첫째, 빈집밀집구역 및 소규모주택 정비관리지역,

둘째, 도시활력 증진지역 개발사업의 시행구역,

셋째, 지구단위 계획구역,

넷째, 정비예정구역·정비구역이 해제된 지역, 주거환경 개선사업의 정비구역

다섯째, 도시재생 활성화지역

여섯째, 서울특별시·광역시 및 특별자치시를 제외한 인구 50만 이상 대도시의 조례이하 '시·도 조례'라 한다로 정하는 지역

다음으로 자율주택 정비사업 요건입니다.

대상지역에 더해 자율주택 정비사업 요건을 따로 규정하고 있는 이유는요. 위 6가지 지역에 속한다고 해서 무조건 자율주택 정비사업을 할 수 있도록 허용하지는 않겠다는 뜻이랍니다. 다시 말해 요건을 충족하지 못하면 위 6개 지역에 속한다 할지라도 자율주택 정비사업을 시행할 수 없다는 의미인 것이죠. 본론으로 돌아와서 자율주택 정비사업의 요건은 다음과 같습니다.

첫째, 노후·불량 건축물의 수가 해당 사업시행구역의 전체 건축물 수의 3분의 2 이상

둘째, 해당 사업시행구역 내 기존 주택의 호수戶數 또는 세대수가

기존주택이 모두 단독주택인 경우 10호 미만

기존주택이 연립주택 또는 다세대주택으로 구성된 경우: 20세대 미만

기존주택의 구성이 단독주택과 연립주택, 단독주택과 다세대주택 혹은 단독주택, 연립주택 및 다세대주택으로 구성된 경우: 20채 미만

셋째, 해당 사업시행구역에 나대지裸俗地를 포함하려는 경우 : 사업시행구역 전체 토지 면적의 2분의 1이내에서 진입도로 등 정비기반시설의 설치에 필요하거나, 노후·불량 건축물의 철거로 발생했거나, 지형여건·주변환경을 고려할 때 사업 시행상 불가피하게 포함되는 나대지로서 시·도 조례로 정하는 기준을 충족하는 나대지 등을 사업시행구역 전체 토지 면적의 2분의 1 이내로 포함

그런데 말이죠. 자율주택 정비사업의 요건이 조금 더 있습니다. 뭐냐고요? 바로 조례로 정하는 사항입니다.

 ## 조례로 정하는 요건

조례로 정하는 요건은 크게 2가지인데요.

첫 번째는 사업시행구역 내 기존 주택의 호수戶數 또는 세대수를 조례로 1.8배 이하의 범위 내에서 정할 수 있다고 규정한 부분이고요.

두 번째는 나대지를 사업시행구역 내에 포함시키고자 할 때 했는데 시·도 조례로 정하는 기준 을 충족하는 나대지를 포함시키도록 한 부분입니다.

조례로 정하는 요건과 관련해서는 표로 정리했습니다. 군이 전부를 알 필요는 없으니 부담을 가질 필요는 없습니다.

● **자율주택 정비사업 요건 관련 시·도 조례로 정하는 사항**

지역	항목	세부내용
서울특별시	기존주택의 세대수	▶모두 단독주택인 경우: 18호 미만 ▶연립주택 또는 다세대주택으로 구성된 경우: 36세대 미만 ▶복합구성 : 36채세대수 합산 미만 단독주택과 연립주택으로 구성세대수 합산 단독주택과 다세대주택으로 구성세대수 합산 단독주택, 연립주택 및 다세대주택으로 구성
	시·도 조례로 기준을 충족하는 나대지	▶대지의 분할제한 면적보다 면적이 작은 나대지 ▶너비 4m이상의 도로에 접하지 않은 나대지 ▶세장형 또는 부정형 토지로 단독개발이 어려운 나대지 ▶하나의 토지가 각 목에 부적합하나 인접한 토지가 각 목 중 어느 하나에 해당하는 경우
경기도	기존주택의 세대수	▶서울특별시와 동일
	시·도 조례로 기준을 충족하는 나대지	▶도로에 접하지 않아 건축할 수 없는 나대지 ▶과소필지인 나대지 ▶현황도로로 사용되고 있는 나대지 ▶용도 폐지 예정인 도로
인천광역시	기존주택의 세대수	▶서울특별시와 동일
	시·도 조례로 기준을 충족하는 나대지	▶조례에 별도 규정 없음
부산광역시	기존주택의 세대수	▶서울특별시와 동일
	시·도 조례로 기준을 충족하는 나대지	▶사업시행구역 내에 다른 토지에 둘러싸여 있어 사업시행 대상에서 제외하기 어려운 나대지 ▶도로, 공원, 하천, 철도 등 도시계획시설과 연접한 소규모 잔여지 ▶지형의 특성상 부지의 정형화를 위하여 포함할 필요가 있는 나대지

지역	항목	세부내용
대구광역시	기존주택의 세대수	▶서울특별시와 동일
	시·도 조례로 기준을 충족하는 나대지	▶건축조례 규정에 미달하거나 건축행위 불가능 나대지 **건축조례 규정 미달 나대지 기준** (주거지역 : 90m²), (상업지역:150m²) (공업지역 : 200m²),(녹지지역 : 200m²) (그 외 지역 : 90m²)
울산광역시	기존주택의 세대수	▶서울특별시와 동일
	시·도 조례로 기준을 충족하는 나대지	▶맹지, 협소부지 등 부지여건상 단독 개발이 어려운 연접한 나대지 ▶도로, 공원, 녹지, 하천 등 기반시설과 연접한 소규모 잔여지 ▶지형의 특성상 부지의 정형화를 위하여 포함할 필요가 있는 나대지
충청북도	기존주택의 세대수	▶서울특별시와 동일
	시·도 조례로 기준을 충족하는 나대지	▶사업시행구역 내에 다른 토지에 둘러싸여 있어 사업시행 대상에서 제외하기 어려운 나대지 ▶도로, 공원, 하천, 철도, 등 도시계획시설과 연접한 소규모 잔여지 ▶지형의 특성상 부지의 정형화를 위하여 포함할 필요가 있는 나대지
충청남도	기존주택의 세대수	▶모두 단독주택인 경우: 10호 미만 ▶모두 다세대주택인 경우: 20세대 미만 ▶단독주택과 다세대주택으로 구성: 20채세대수 합산 미만
	시·도 조례로 기준을 충족하는 나대지	▶조례에 별도 규정 없음
강원도	기존주택의 세대수	▶모두 단독주택인 경우: 18호 ▶모두 다세대주택인 경우: 36세대 ▶단독주택과 다세대주택으로 구성된 경우: 36채세대수 합산
	시·도 조례로 기준을 충족하는 나대지	▶다른 토지에 둘러싸여 있어 사업 시행 대상에서 제외하기 어려운 나대지 ▶도로, 공원, 하천, 철도 등 도시계획시설과 연접한 소규모 잔여지 ▶지형의 특성상 부지의 정형화를 위하여 포함할 필요가 있는 나대지

지역	항목	세부내용
경상북도	기존주택의 세대수	▶서울특별시와 동일
	시·도 조례로 기준을 충족하는 나대지	▶조례에 별도 규정 없음
경상남도	기존주택의 세대수	▶서울특별시와 동일
	시·도 조례로 기준을 충족하는 나대지	▶시·군 건축조례에서 정한 "대지의 분할 제한" 규정에 미달하거나 건축행위가 불가능한 나대지 ▶사업구역 내에 다른 토지에 둘러싸여 있어 사업시행 대상에서 제외하기 어려운 나대지 ▶도로, 공원, 하천, 철도 등과 연접한 소규모 잔여지 ▶지형의 특성상 부지의 정형화를 위하여 포함할 필요가 있는 나대지
광주광역시	기존주택의 세대수	▶모두 단독주택인 경우: 18호 이하 ▶모두 다세대주택인 경우: 36세대 이하 ▶단독주택과 다세대주택으로 구성된 경우: 36채 이하 세대수 합산
	시·도 조례로 기준을 충족하는 나대지	▶조례에 별도 규정 없음
대전광역시	기존주택의 세대수	▶강원도와 동일
	시·도 조례로 기준을 충족하는 나대지	▶조례에 별도 규정 없음
전라북도	기존주택의 세대수	▶모두 단독주택인 경우: 18호 미만 ▶모두 다세대주택인 경우: 36세대 미만 ▶단독주택과 다세대주택으로 구성된 경우: 36채 세대수 합산 미만
	시·도 조례로 기준을 충족하는 나대지	▶조례에 별도 규정 없음
전라남도	기존주택의 세대수	▶강원도와 동일
	시·도 조례로 기준을 충족하는 나대지	▶조례에 별도 규정 없음
제주도	기존주택의 세대수	▶강원도와 동일
	시·도 조례로 기준을 충족하는 나대지	▶조례에 별도 규정 없음

사업 방식과 절차

자율주택 정비사업의 사업 방식은 크게 3가지로 구분됩니다.

첫 번째는 합필형입니다.

합필형은 2필지 이상 토지를 합쳐서 1필지로 지적을 정리한 후 사업을 진행하는 방식으로 준공 후 관리처분계획에 따라 청산을 하게 되죠.

두 번째는 자율형입니다.

자율형은 필요시 구획정리만 실시하고 개별 집주인이 각 필지별로 사업을 진행하는 방식이죠.

세 번째는 건축협정형입니다.

건축협정형은 합필하지 않고 여러 토지를 하나의 대지로 간주하여 건축을 추진하는 방식입니다. 맞벽 또는 합벽 등으로 건축을 하되 토지 소유권은 필지별로 유지하는 방식이죠.

다음으로 자율주택 정비사업의 사업진행 절차는 다음과 같습니다.

자료 : 한국부동산원

만일 주택도시보증공사HUG로부터 자금지원을 받지 않는 경우라면 사업진행 절차가 달라 질 수 있지만 거의 대부분 주택도시보증공사로부터 자금지원을 받고 있기 때문에 위와 같은 사업진행 절차를 거친다고 생각하셔도 무방합니다. 그렇다면 한국부동산원 상담절차가 꼭 필요할까요? 주택도시보증공사로부터 자금지원을 받아 자율주택 정비사업을 추진하고자 하는 경우 반드시 한국부동산원 상담절차를 거쳐야 합니다. 만일 상담절차를 건너뛰고 곧바로 주택도시보증공사로 가면 어떻게 될까요? 다시 한국부동산원으로 가셔야겠죠!

 ## 자율주택 정비사업 추진 시 인센티브

자율주택 정비사업 시 기대할 수 있는 인센티브는 어떤 것들이 있을까요?

첫 번째로 용적률 인센티브가 있습니다.

단, 조건이 있는데요. 신축건물 연면적의 20% 이상을 임대주택으로 공급할 경우에만 법적 상한까지 용적률 완화를 받을 수 있답니다.

두 번째로, 주차장 설치기준의 완화 인센티브가 있습니다.

공급하는 임대주택이 다세대주택 또는 다가구주택일 경우 세대당 0.5~0.6대의 주차대수를 적용하는 것은 물론 사업지 인근에 주차장 사용권을 확보할 경우 사업부지내 법정 주차대수의 79%만 설치 가능하도록 하고 있죠.

세 번째로, 공동이용시설 설치에 따른 특례라는 인센티브가 있습니다.

신축하는 건물에 공동이용시설을 설치하는 경우 이에 해당하는 바닥면적은 시·도 조례에 따라 용적률 산정에서 제외가 가능하죠.

네 번째로, 주택도시보증공사의 저리 자금지원이라는 인센티브가 있습니다.

아마도 이 부분이 가장 강력한 인센티브가 아닐까 하는 생각을 하게 되는데요. 기본적인 사업비 대출이율은 연 1.5%^{변동금리}인데요. 사업구역 내 빈집을 1호 이상 포함하거나 공공이 참여할 경우에는 연 1.2%까지 이율이 낮아지게 됩니다. 다음으로 사업비는 초기사업비와 본사업비로 구분되는데요. 초기사업비는 총사업비의 5%이고 본사업비는 임대주택을 공급하느냐 공공이 참여하느냐에 따라 최저 50%에서 90%까지 다양합니다.

위와 같은 자금지원은 자율주택 정비사업을 추진하는 데 있어 매우 큰 도움이 될 수 있다는 점에서 강력한 인센티브라고 할 수 있답니다.

● **주택도시보증공사의 본사업비 융자한도**

전체 연면적 또는 세대수 20% 이상 임대주택 공급	공공 참여	90%
	공공 미참여	70%
임대주택 미공급	그외	50%

자료 : 주택도시보증공사 www.khug.or.kr

3.
대세 중 대세인
가로주택 정비사업

소규모주택 정비사업에 대한 관심이 1~2년 전과는 비교할 수 없을 정도로 높아졌습니다. 그 원인으로 재개발·재건축 규제에 따른 풍선효과라고 보는 분들이 있습니다. 코로나로 인해 저금리 기조가 유지되고 있어 부동자금이 부동산 시장에 유입된 결과라고 주장하는 분들도 있습니다. 모두 틀린 말은 아니죠. 하지만 단순히 풍선효과나 저금리 기조 때문에 소규모주택 정비사업에 대한 관심이 높아졌다고 평가절하 하기에는 다소 무리가 있습니다. 언론이나 주택수요자들의 관심이 상당하기 때문이죠.

실제로 요즘 가로주택 정비사업에 대한 관심이 정말 뜨겁습니다. 그럴 수밖에 없는 것이 가로주택 정비사업이 곳곳에서 추진되고 있기 때문이죠. 가로주택 정비사업이 추진되고 있는 곳들이 급증하고 있다는 사실을 보면 알 수 있죠. 서울특별시를 예로 들자면

2021년 5월 말 현재 가로주택 정비사업이 추진되고 있는 사업장이 무려 102곳에 달하는 것으로 나타났습니다. 큰 폭으로 증가했음을 확인할 수 있습니다.

사설이 조금 길었군요. 가로주택 정비사업에 대한 관심이 고조되고 있고 전국적으로 1~2년 전에 비해 획기적으로 가로주택 정비사업을 추진하고 있는 사업장들이 증가추세에 있지만 토지등소유자들이 마음만 먹으면 아무 곳에서나 가로주택 정비사업을 추진할 수 있는 것은 아니죠. 소규모주택 정비법은 소규모주택 정비사업을 '노후·불량건축물의 밀집 등 대통령령으로 정하는 요건에 해당하는 지역 또는 가로구역街路區域에서 시행하는 사업'이라고 정의하고 있습니다.

또한 가로주택 정비사업을 '가로구역에서 종전의 가로를 유지하면서 소규모로 주거환경을 개선하기 위한 사업'이라고 정의하고 있습니다. 요약하면 가로주택 정비사업은 노후·불량건축물이 일정 수준 이상이면서 가로구역이라는 조건을 충족한 곳에서 시행할 수 있다는 것을 알 수 있죠.

소규모주택 정비사업은 다양한 혜택이 있습니다. 그 중 대세라고 할 수 있는 가로주택 정비사업도 마찬가지죠. 실제로 가로주택 정비사업은 건축규제완화 등에 관한 혜택, 임대주택 건설에 따른 특례, 자금지원과 같은 혜택이 있습니다. 하지만 여기서 그 내용을 자세하게 다루지는 않겠습니다. 다음 장에서 밀도 있게 살펴볼 예정이니까요.

4.
미니 재건축인
소규모 재건축사업

소규모주택 정비법은 소규모 재건축사업을 '정비기반시설이 양호한 지역에서 소규모로 공동주택을 재건축하기 위한 사업'이라고 정의하고 있습니다. 여기서 공동주택은 아파트, 연립주택, 다세대주택, 기숙사라고 한 것 기억나시죠. 여기서 다시 한 번 확인해볼게요. 정비기반시설은 뭐죠?

정비기반시설 : 도로·상하수도·구거溝渠: 도랑·공원·공용주차장·공동구「국토의 계획 및 이용에 관한 법률」제2조 제9호에 따른 공동구를 말한다. 이하 같다. 그밖에 주민의 생활에 필요한 열·가스 등의 공급시설로서 대통령령으로 정하는 시설녹지, 하천, 공공공지, 광장, 소방용수시설, 비상대피시설, 가스공급시설, 지역난방시설 등입니다.

이미 살펴본 내용이죠. 그런데 이처럼 기반시설이 잘 갖춰진 지역에서 시행할 수 있는 소규모 재건축사업이 가로주택 정비사업에 비해 아직 활성화가 덜 된 측면이 있는 것이 사실입니다. 참 아이러니하지 않나요? 그 이유는 소규모 재건축사업에 대해 좀 더 알아본 후 살펴볼게요.

소규모 재건축사업의 대상지역

소규모 재건축사업도 소규모주택 정비사업의 한 종류인 이상 소규모주택 정비법에서 규정하고 요건을 충족해야 사업을 시행할 수 있죠. 그런데 소규모주택 정비법을 분석해보면 2가지 요건이 존재한다는 것을 알 수 있습니다. 첫 번째로 법에서 규정하고 있는 노후 · 불량 건축물 요건을 충족하고, 두 번째로 대통령령시행령에서 정하고 있는 요건을 충족하는 것이 바로 그것이죠. 노후 · 불량 건축물 요건은 Chapter 3에서 자세하게 다룰 예정이니 간단하게 오래되고 낡은 건축물이라는 정도로 정의하고 넘어가도록 하겠습니다.

다음으로 대통령령시행령에서 규정하고 있는 요건인데요. 그 내용은 다음과 같습니다. 요약하면 소규모 재건축사업 대상지역이 되기 위해서는 3가지 요건을 모두 충족한 주택단지여야 함을 알 수 있죠. 먼저 노후불량건축물이 사업을 시행하고자 하는 구역의 총 건축물의 3분의 2 이상이고, 다음으로 기존 세대수가 200세대 미만

이면서, 마지막으로 사업을 시행하고자 하는 구역의 면적이 1만㎡ 미만인 주택단지여야 하기 때문이죠. 어렵지 않죠? 그렇습니다. 소규모 재건축사업의 대상지역 요건은 단순 명확합니다. 그런데 한 가지. 주택단지라는 표현이 좀 어색하지 않나요? 그래서 주택단지의 개념을 정리해보았습니다.

제7호에 따른 도시·군계획시설이하 "도시·군계획시설"이라 한다인 도로나
그밖에 이와 유사한 시설로 분리되어 따로 관리되고 있는 각각의 토지
다. 가목에 따른 일단의 토지 둘 이상이 공동으로 관리되고 있는 경우 그 전
체 토지
라. 제67조에 따라 분할된 토지 또는 분할되어 나가는 토지
마. 「건축법」 제11조에 따라 건축허가를 받아 아파트 또는 연립주택을 건설
한 일단의 토지

 ## 소규모 재건축 추진 시 인센티브

소규모 재건축은 가로주택 정비사업과는 달리 건축규제의 완화 등
에 관한 특례를 2가지만 적용받을 수 있습니다.

첫 번째는 정비기반시설이나 공동이용시설, 「주택법」 제2조 제
14호에 따른 복리시설로서 대통령령으로 정하는 공동시설을 설치
하는 경우에 한해 해당 지역에 적용되는 용적률에 그 시설에 해당
하는 용적률을 더한 범위에서 시·도 조례로 정하는 용적률을 적
용받을 수 있다는 것이죠.

두 번째는 대통령령으로 정하는 범위에서 「주차장법」 제2조 제1
호에 따른 노상주차장 및 노외주차장을 사용할 수 있는 권리이하 '주
차장 사용권'이라 한다를 확보하는 경우 그에 상응하는 범위에서 주차장
설치기준을 완화할 수 있다는 것입니다.

확실히 가로주택 정비사업에 비해 혜택이 작다는 것을 알 수 있네요. 참, 소규모 재건축에 적용되는 첫 번째 특례부분에서 낯선 단어가 보이죠? 공동시설은 어떤 시설을 말하는 것일까요? 바로 주민공동시설입니다. 대표적인 주민공동시설로는 경로당, 어린이놀이터, 어린이집 등을 들 수 있는데요. 보다 자세한 내용은 다음과 같습니다.

주민공동시설
주택건설기준 등에 관한 규정 제2조정의

"주민공동시설"이란 해당 공동주택의 거주자가 공동으로 사용하거나 거주자의 생활을 지원하는 시설로서 다음 각 목의 시설을 말한다.

가. 경로당

나. 어린이놀이터

다. 어린이집

라. 주민운동시설

마. 도서실정보문화시설과 「도서관법」 제2조 제4호가목에 따른 작은도서관을 포함한다

바. 주민교육시설영리를 목적으로 하지 아니하고 공동주택의 거주자를 위한 교육장소를 말한다

사. 청소년 수련시설

아. 주민휴게시설

자. 독서실

차. 입주자집회소

카. 공용취사장

타. 공용세탁실

파. 「공공주택 특별법」 제2조에 따른 공공주택의 단지 내에 설치하는 사회복

소규모 재건축사업이 덜 활성화된 원인

이제 소규모 재건축사업이 가로주택 정비사업에 비해 상대적으로 활성화가 덜 된 이유를 알아볼 차례군요. 소규모 재건축이 활성화가 더딘 이유는 크게 3가지 정도로 압축해볼 수 있습니다.

첫 번째는 규제에서 완전히 자유롭지 못하다는 점입니다.

실제로 소규모 재건축은 재건축과 동일하게 재건축 초과이익 환수제의 적용대상입니다. 이에 비해 가로주택 정비사업은 재건축 초과이익 환수제가 적용되지 않습니다. 투기과열지구에서의 조합원 지위 전매제한도 적용됩니다. 가로주택 정비사업에는 적용되지 않는 규제죠. 다음은 소규모 재건축사업에서의 조합원 지위 전매제한 관련 내용입니다.

두 번째로 건축규제의 완화 폭이 크지 않다는 점입니다.

소규모 재건축사업은 조경기준, 건폐율 산정기준, 대지안의 공지

빈집 및 소규모주택 정비에 관한 특례법

제24조 조합원의 자격 등

② 「주택법」 제63조 제1항에 따른 투기과열지구(이하 "투기과열지구"라 한다)로 지정된 지역에서 소규모 재건축사업을 시행하는 경우 조합설립인가 후 해당 사업의 건축물 또는 토지를 양수(매매·증여 그 밖의 권리의 변동을 수반하는 모든 행위를 포함하되, 상속·이혼으로 인한 양도·양수의 경우는 제외한다. 이하 이 조에서 같다)한 자는 제1항에도 불구하고 조합원이 될 수 없다. 다만, 양도인이 다음 각 호의 어느 하나에 해당하는 경우 그 양도인으로부터 그 건축물 또는 토지를 양수한 자는 그러하지 아니하다. 〈개정 2020. 6. 9., 2021. 7. 20.〉

1. 세대원(세대주가 포함된 세대의 구성원을 말한다. 이하 이 조에서 같다)의 근무상 또는 생업상의 사정이나 질병치료(「의료법」 제3조에 따른 의료기관의 장이 1년 이상의 치료나 요양이 필요하다고 인정하는 경우로 한정한다)·취학·결혼으로 세대원 모두 해당 사업 시행구역이 위치하지 아니한 특별시·광역시·특별자치시·특별자치도·시 또는 군으로 이전하는 경우
2. 상속으로 취득한 주택으로 세대원 모두 이전하는 경우
3. 세대원 모두 해외로 이주하거나 세대원 모두 2년 이상 해외에 체류하는 경우
4. 그 밖에 불가피한 사정으로 양도하는 경우로서 대통령령으로 정하는 경우

빈집 및 소규모주택 정비에 관한 특례법 시행령

제22조 조합원의 자격 등

법 제24조 제2항 제4호에서 "대통령령으로 정하는 경우"란 다음 각 호의 어느 하나에 해당하는 경우를 말한다.

1. 조합설립인가일부터 2년 이내에 법 제29조에 따른 사업시행계획인가(이하 "사업시행계획인가"라 한다) 신청이 없는 경우로서 해당 사업의 건축물을 2년 이상 계속하여 소유하고 있는 경우
2. 사업시행계획인가일부터 2년 이내에 착공신고 등을 하지 아니한 경우로서 해당 사업의 건축물 또는 토지를 2년 이상 계속하여 소유하고 있는 경우

기준, 건축물의 높이 제한, 부대시설 및 복리시설의 설치기준, 단지 안의 시설 설치기준 등의 완화 적용을 받을 수 없습니다. 눈치 채셨겠지만 가로주택 정비사업은 완화 적용받을 수 있죠.

세 번째로 사업비를 주택도시보증공사가 직접 융자하지 않고 대출보증만 하고 있다는 점입니다.

사업진행절차는 가로주택 정비사업과 동일한데 사업비는 대출보증만 하고 있기 때문에 부득이하게 시공사를 조기 선정하거나 신탁사 등을 통해 자금을 조달하는 경우가 대부분이죠. 가로주택 정비사업과 비교했을 때 적어도 이자비용 부담은 훨씬 클 수밖에 없는 구조인 셈이죠. 여기서 정비사업대출보증은 조합이 금융기관으로부터 정비사업의 필요자금이주비, 부담금, 사업비을 조달할 때 이용하는 상품으로 금융기관에 대출 원리금 상환을 책임지는 보증으로, 소규모 재건축사업을 시행하는 조합을 지원하기 위해 주택도시보증공사에서 취급하고 있는 보증상품입니다.

5.
새롭게 도입된
소규모 재개발사업

2021년 9월 21일부터 시행되는 개정 소규모주택 정비법부터 소규모 재개발사업이 제도권에 진입하였습니다. 소규모 재개발사업은 '역세권 또는 준공업지역에서 소규모로 주거환경 또는 도시환경을 개선하기 위한 사업'이라고 정의되었는데요. 소규모 재개발사업은 사업추진과정이 종전의 자율주택 정비사업이나 가로주택 정비사업, 소규모 재건축과는 큰 차이가 있습니다. 소규모 재개발사업만 시행예정구역 지정을 시장·군수에게 제안하는 절차를 거쳐야 하기 때문이죠. 이 같은 차이때문에 사업진행속도라는 측면에서 종전의 소규모주택 정비사업에 비해 더디게 진행될 수밖에 없을 것으로 보입니다.

소규모 재개발사업은 시행예정구역 지정이 필요하다

소규모 재개발사업을 추진하고자 하는 경우 반드시 시행예정구역 지정이 선행되어야 합니다. 시행예정구역의 지정을 위해서는 먼저 토지등소유자 4분의1 이상의 동의를 받아 시장·군수에게 제안을 해야 되는데요. 이때 필요한 서류는 소규모주택 정비법 제17조의 2소규모 재개발사업의 시행예정구역 지정와 동법 시행령 제15조의 4소규모 재개발사업의 시행예정구역 지정 등 및 시행규칙 제7조의 2소규모 재개발사업의 시행예정구역 지정 제안에서 정하고 있는 서류를 첨부하면 됩니다. 조금 복잡해보이죠? 그래서 단순하게 정리했습니다.

● **소규모 재개발사업 사업시행예정구역 지정을 제안하는 경우 필요서류**

구 분	필요서류
법	1. 사업시행예정구역 및 그 면적 2. 사업시행예정구역 내 기존 주택의 호수·세대수 3. 사업시행에 따른 건폐율·용적률 등 건축물의 밀도계획 4. 그 밖에 대통령령으로 정하는 사항
시행령	1. 사업의 명칭 및 시행예정기간 2. 토지이용계획·정비기반시설·공동이용시설 설치계획 및 교통계획 3. 사업시행예정구역 및 주변지역의 도시·군계획시설 및 정비기반시설의 설치현황 4. 그 밖에 시·도 조례로 정하는 사항
시행규칙	1. 토지등소유자의 명부 2. 토지등소유자의 동의서 3. 건축계획주택을 건축하는 경우에는 주택건설예정세대수를 포함한다, 도시·군관리계획상의 용도지역, 대지 및 주변현황을 기재한 사업계획서 4. 그 밖에 시·도 조례로 정하는 서류

곧 각 지자체별로 조례개정이 완료될 것으로 예상됩니다. 참고로 필요서류와 관련된 법규정을 정리했으니 참고하세요. 어렵게 느껴지신다면 그냥 넘어가셔도 무방합니다!

빈집 및 소규모주택 정비에 관한 특례법
제17조의 2 소규모 재개발사업의 시행예정구역 지정

① 소규모 재개발사업을 시행하려는 토지등소유자는 사업을 시행하려는 구역 이하 "사업시행예정구역"이라 한다의 토지등소유자의 4분의 1 이상 동의를 받아 해당 사업시행예정구역의 지정변경지정을 포함한다. 이하 같다을 시장·군수 등에게 제안하여야 한다.

② 토지등소유자는 제1항에 따라 사업시행예정구역의 지정을 제안하는 경우 다음 각 호의 사항과 관련된 자료와 그 밖에 국토교통부령으로 정하는 서류를 제출하여야 한다.

1. 사업시행예정구역 및 그 면적

2. 사업시행예정구역 내 기존 주택의 호수·세대수

3. 사업시행에 따른 건폐율·용적률 등 건축물의 밀도계획

4. 그 밖에 대통령령으로 정하는 사항

③ 시장·군수 등은 사업시행예정구역을 지정하려면 주민에게 서면으로 통보한 후 주민설명회를 개최하고 30일 이상 주민에게 공람하여 의견을 들어야 하며, 제시된 의견이 타당하다고 인정되면 이를 사업시행계획에 반영하여야 한다.

④ 시장·군수 등은 제3항에 따른 주민 공람과 함께 지방의회 및 시·도지사의 의견을 들어야 한다. 이 경우 지방의회 및 시·도지사는 시장·군수 등이 주민에게 공람한 날부터 60일 이내에 의견을 제시하여야 하며, 의견제시 없이 60일이 지난 경우 이의가 없는 것으로 본다.

⑤ 제3항 및 제4항에도 불구하고 대통령령으로 정하는 경미한 사항을 변경하는 경우에는 주민에 대한 서면 통보, 주민설명회, 주민 공람과 지방의회 및 시·도지사의 의견청취 절차를 거치지 아니할 수 있다.

⑥ 시장·군수 등은 제1항에 따라 제안된 사업시행예정구역을 지정한 때에는 사업시행예정구역 지정의 내용을 해당 지방자치단체의 공보에 고시하여야 한다.

⑦ 제6항에 따라 사업시행예정구역의 지정에 대한 고시가 있은 날부터 1년 이내에 제18조소규모주택 정비사업의 공공시행자 지정 또는 제19조소규모주택 정비사업의 지정개발자 지정에 따른 사업시행자의 지정, 제22조에 따른 주민합의체 구성의 신고 또는 제23조에 따른 조합설립인가를 신청하지 아니한 때에는 해당 고시가 있은 날부터 1년이 지난 다음 날에 그 사업시행예정구역의 지정이 취소된 것으로 본다.

⑧ 그 밖에 소규모 재개발사업의 사업시행예정구역에 대한 검토 기준·절차 및 방법 등에 필요한 사항은 대통령령으로 정한다.

[본조신설 2021. 7. 20.]

[시행일 : 2021. 9. 21.] 제17조의 2

빈집 및 소규모주택 정비에 관한 특례법 시행령

제15조의 4 소규모 재개발사업의 시행예정구역 지정 등

② 법 제17조의 2 제2항 제4호에서 "대통령령으로 정하는 사항"이란 다음 각 호의 사항을 말한다.

1. 사업의 명칭 및 시행예정기간
2. 토지이용계획·정비기반시설·공동이용시설 설치계획 및 교통계획
3. 사업시행예정구역 및 주변지역의 도시·군계획시설 및 정비기반시설의 설치현황
4. 그 밖에 시·도 조례로 정하는 사항

빈집 및 소규모주택 정비에 관한 특례법 시행규칙

제17조의 2 소규모 재개발사업의 시행예정구역 지정 제안

② 법 제17조의 2 제2항에서 "국토교통부령으로 정하는 서류"란 다음 각 호의 서류전자문서를 포함한다 및 도면을 말한다.

1. 토지등소유자의 명부

2. 토지등소유자의 동의서

3. 건축계획주택을 건축하는 경우에는 주택건설예정세대수를 포함한다, 도시·군 관리계
   획 상의 용도지역, 대지 및 주변현황을 기재한 사업계획서

4. 그 밖에 시·도 조례로 정하는 서류

 ## 소규모 재개발사업의 대상지역

이제 소규모 재개발사업의 대상지역이 될 수 있는 요건을 알아볼
차례군요. 대상지역 요건은 간단합니다.

첫 번째로 역세권 혹은 준공업지역 둘 중 하나에 속해야 합니다.
단, 역세권은 승강장 경계로 부터 350m 이내여야 하는데 시도조례
로 30% 범위에서 증감 가능하죠.

두 번째로 역세권과 준공업지역 모두 충족해야 할 3가지 공통
요건이 있습니다. 사업시행구역의 면적이 5천m² 미만일 것, 노후
건축물의 수가 3분의 2 이상일 것, 국토교통부령으로 정하는 도로
에 접할 것입니다.

어색하게 다가오는 내용은 없죠? 그런데 공통요건 가운데 한
가지는 주의를 기울일 필요가 있을 것 같군요. '국토교통부령으
로 정하는 도로'라는 내용인데요. 참고로 국토교통부령은 시행규
칙을 말하는 것입니다. 시행규칙 제2조가로구역의 범위를 보면 너비
가 각각 6m 이상과 4m 이상인 도로라는 것을 확인할 수 있죠. 그

러므로 소규모 재개발사업의 도로 요건은 가로주택 정비사업과는 다르게 6m 이상인 도로와 4m 이상인 도로에 각각 접해야 한다는 것이 되죠. 보다 자세한 내용이 궁금하시다면 아래의 법령을 확인하세요.

빈집 및 소규모주택 정비에 관한 특례법 시행령
제3조 소규모주택 정비사업 대상지역

①항 4. 소규모재개발사업: 다음 각 목의 지역
　가. 「철도의 건설 및 철도시설 유지관리에 관한 법률」, 「철도산업발전기본법」
　　또는 「도시철도법」에 따라 건설·운영되는 철도역(개통 예정인 역을 포함한다)
　　의 승강장 경계로부터 반경 350m 이내인 지역으로서 다음의 기준을 모
　　두 충족하는 지역. 다만, 승강장 경계로부터의 반경은 지역 여건을 고려
　　해 100분의 30 범위에서 시·도 조례로 정하는 비율로 증감할 수 있다.
　　1) 해당 사업시행구역의 면적이 5천㎡ 미만일 것
　　2) 노후·불량건축물의 수가 해당 사업시행구역의 전체 건축물 수의 3분
　　　의 2 이상일 것. 다 만, 지역 여건 등을 고려해 100분의 25 범위에서
　　　시·도 조례로 정하는 비율로 증감할 수 있다.
　　3) 해당 사업시행구역이 국토교통부령으로 정하는 도로에 접할 것
　나. 「국토의 계획 및 이용에 관한 법률 시행령」 제30조 제1항 제3호다목의 준공
　　업지역으로 서 가목1)부터 3)까지에서 규정한 기준을 모두 충족하는 지역
　　　　　　　　　　　　　　　　━━━ 생략 ━━━

빈집 및 소규모주택 정비에 관한 특례법 시행규칙
제2조 가로구역의 범위 등

① 「빈집 및 소규모주택 정비에 관한 특례법 시행령」(이하 "영"이라 한다) 제3조 제1
　항 제4호 가목3)에서 "국토교통부령으로 정하는 도로"란 다음 각 호의 도로
　및 예정도로를 말한다. 다만, 해당 사업시행구역에 이러한 도로 또는 예정도

로가 둘 이상 접한 경우로 한정한다. 〈신설 2021. 9. 17.〉

1. 「국토의 계획 및 이용에 관한 법률」 제2조 제7호에 따른 도시·군계획시설인 도로 및 같은 법 제32조 제4항에 따라 신설·변경에 관한 지형도면의 고시가 된 도로
2. 「건축법」 제2조 제1항 제11호에 따른 도로
3. 다음 각 목의 지정을 받거나 신고·신청을 하기 위하여 「국토의 계획 및 이용에 관한 법률」, 「사도법」 또는 그 밖의 관계 법령에 따라 도로를 신설·변경할 수 있는 계획을 제출한 경우 그 계획에 따른 예정도로
   가. 법 제18조 및 제19조에 따른 사업시행자 지정
   나. 법 제22조에 따른 주민합의체 구성 신고
   다. 법 제23조에 따른 조합설립인가 신청
② 제1항에 따른 도로의 너비는 각각 4m 이상이어야 하며, 둘 이상의 도로 중 하나는 6m[지역 여건을 고려하여 40퍼센트의 범위에서 특별시·광역시·특별자치시·도·특별자치도 또는 「지방자치법」 제175조에 따른 서울특별시·광역시 및 특별자치시를 제외한 인구 50만 이상 대도시의 조례이하 "시·도 조례"라 한다로 넓게 정하는 경우에는 그 너비로 한다] 이상이어야 한다. 〈신설 2021. 9. 17.〉

 소규모 재개발사업의 혜택은 어떤 것이 있나?

소규모 재개발사업에 따른 혜택은 크게 2가지로 세분할 수 있습니다.

첫 번째는 종전의 소규모주택 정비사업에 부여되던 혜택이고, 두 번째는 역세권 소규모 재개발사업인 경우에만 적용되는 혜택

이 있습니다.

먼저 종전의 혜택을 간단히 정리하면 다음과 같으니 참고하시기 바랍니다. 간단하게 정리한 것인데도 꽤 많군요.

- ▶ 대지의 조경기준1/2범위,
- ▶ 건폐율의 산정기준(건축면적에서 주차정 면적을 제외),
- ▶ 대지안의 공지기준1/2범위,
- ▶ 건축법 제60조에 따른 건축물의 높이제한 기준1/2범위,
- ▶ 인접 대지경계선 등의 방향으로 채광을 위한 창문 등을 두는 경우의 건축물의 높이 제한 7층 이하 1/2범위, 관리지역에 위치한 15층 이하 건축물 1/2범위
- ▶ 부대시설 및 복리시설의 설치기준 완화(어린이놀이터 설치기준 중 일부 적용배제 등
- ▶ 단지안의 시설 설치기준 완화폭 6m 이상인 일반도로에 연접하여 주택을 「건축법 시행령」 별표 1 제1호에 따른 제1종 근린생활시설과 복합건축물로 건설할 수 있음
- ▶ 소규모주택 정비사업 시행구역 내 건축물 또는 대지의 일부에 정비기반시설, 공동이용시설, 주민공동시설 설치 시 해당 지역에 적용되는 용적률에 그 시설에 해당되는 용적률을 더한 범위에서 시·도 조례로 정하는 용적률을 적용
- ▶ 노상주차장 및 노외주차장을 사용할 수 있는 권리이하 "주차장 사용권"이라 한다를 확보하는 경우 그에 상응하는 범위에서 주차장 설치기준을 완화
- ▶ 관리지역에서 거점사업을 시행하는 경우 대통령령으로 정하는 바에 따라 서로 연접한 사업시행구역을 하나의 사업시행구역으로 통합하여 시행할 수 있음신규 도입
- ▶ 서로 연접한 사업시행구역을 하나의 사업시행구역으로 통합하여 시행하는 경우에는 제49조 제1항에 따른 공공임대주택의 임대주택 비율을 해당 사업시행구역마다 적용하지 아니하고 전체 사업시행구역의 전부 또는 일부를 대상으로 통합하여 적용할 수 있음신규 도입
- ▶ 공공임대주택 또는 공공지원민간임대주택 비율이 20퍼센트 이상의 범위에서 시·도 조례로 정하는 비율 이상이 되도록 건설하는 경우 용적률 상한 적

위와 같은 혜택들이 소규모주택정비사업의 사업성 개선에 의미
있는 역할을 하고 있다고 보시면 되죠. 위 내용 중 복리시설이라
는 단어가 나오는데 복리시설에는 다음과 같은 시설이 있답니다.

다음으로 역세권 소규모 재개발사업인 경우에만 적용되는 혜택
을 살펴보시죠. 역세권 소규모 재개발사업에만 적용되는 혜택은 소
규모주택 정비법 제49조의 2소규모 재개발사업의 용적률 등에 관한 특례에 따

복리시설

주택법 제2조 정의

이 법에서 사용하는 용어의 뜻은 다음과 같다. 〈개정 2017. 12. 26., 2018. 1. 16.,
2018. 8. 14., 2020. 6. 9., 2020. 8. 18.〉

14. "복리시설"이란 주택단지의 입주자 등의 생활복리를 위한 다음 각 목의 공
    동시설을 말한다.

　가. 어린이놀이터, 근린생활시설, 유치원, 주민운동시설 및 경로당

　나. 그 밖에 입주자 등의 생활복리를 위하여 대통령령으로 정하는 공동시설

　　　제1종 및 제2종 근린생활시설, 종교시설, 소매시장 및 상점, 교육연구시설, 노유자시설, 수
　　　련시설, 업무시설 중 금융업소, 지식산업센터, 사회복지관, 공동작업장, 주민공동시설, 도
　　　시·군계획시설인 시장, 그 밖에 국토교통부령으로 정하는 공동시설 등

른 혜택입니다. 법개정으로 소규모 재개발에 반영되면서 이번에 새롭게 도입된 내용입니다. 역세권 소규모 재개발사업의 사업성 개선에 크게 기여할 수 있는 내용이 담겨 있습니다. 용적률 상향이 가능하도록 하는 내용이기 때문이죠. 구체적으로 보면,

1종 일반주거지역은 제2종 일반주거지역 또는 제3종 일반주거지역으로, 제2종 일반주거지역은 제3종 일반주거지역 또는 준주거지역으로 제3종 일반주거지역은 준주거지역으로 결정·고시된 것으로 보아 해당 지역에 적용되는 용적률 상한까지 용적률을 정할 수 있도록 규정하고 있습니다.

물론 이렇게 용적률 상향에 따라 '시·도조례로 정한 용적률을 초과한 경우 그 초과한 용적률의 100분의 50 이하로서 시·도 조례로 정하는 비율에 해당하는 면적에 대통령령으로 정하는 주택 등 건축물을 건설하여 시·도지사, 시장·군수등 또는 토지주택공사등에 공급하여야 한다'고 규정하고 있는데요.

용적률 상향에 따라 추가로 지을 수 있는 건축면적의 일부를 임대주택으로 공급하라는 의미죠. 다음은 위와 법률규정입니다.

빈집 및 소규모주택 정비에 관한 특례법
제49조의 2 소규모 재개발사업의 용적률 등에 관한 특례

① 제2조 제1항 제3호 라목에 따른 역세권에서 시행하는 소규모 재개발사업의 사업시행구역은 제29조에 따른 사업시행계획인가가 있은 날부터 「국토의

계획 및 이용에 관한 법률」 제36조제1항 제1호 가목 및 같은 조 제2항에 따라 주거지역을 세분하여 정하는 지역 중 대통령령으로 정하는 지역으로 결정·고시된 것으로 보아 법적상한용적률까지 용적률을 정할 수 있으며, 이 경우 제27조에 따른 통합심의를 거쳐야 한다. 다만, 시장·군수 등이 소규모 재개발사업을 위하여 필요하다고 인정하여 해당 사업시행구역의 일부를 종전 용도지역으로 그대로 유지하거나 동일 면적의 범위에서 위치를 변경하는 내용으로 사업시행 예정구역을 지정한 경우에는 그러하지 아니하다. 〈개정 2021. 10. 19.〉

② 사업시행자는 제1항에 따른 용적률이 「국토의 계획 및 이용에 관한 법률」 제78조에 따라 시·도 조례로 정한 용적률을 초과한 경우 그 초과한 용적률의 100분의 50 이하로서 시·도 조례로 정하는 비율에 해당하는 면적에 대통령령으로 정하는 주택 등 건축물을 건설하여 시·도지사, 시장·군수 등 또는 토지주택공사 등에 공급하여야 한다. 이 경우 사업시행자는 건축설계가 확정되기 전에 미리 주택 등 건축물에 관한 사항을 시·도지사, 시장·군수 등 또는 토지주택공사등과 협의한 후 이를 사업시행계획서에 반영하여야 한다.

③ 제2항에 따른 주택 등의 공급가격은 「공공주택 특별법」 제50조의4에 따라 국토교통부장관이 고시하는 공공건설임대주택의 표준건축비로 하며, 부속토지는 시·도지사, 시장·군수등 또는 토지주택공사 등에게 기부채납한 것으로 본다.

④ 제2항 및 제3항에 따라 인수된 주택 등은 대통령령으로 정하는 임대주택 등으로 활용하여야 한다. 이 경우 주택 등의 인수를 위한 절차와 방법 등에 필요한 사항은 대통령령으로 정한다.

[본조신설 2021. 7. 20.]

소규모 재개발사업을 가로막게 될 청산 리스크

소규모 재개발사업이 강력한 당근책을 제시하고 있는 것만큼은 분명합니다. 하지만 당근보다 더 큰 두려움을 주게 될 가능성이 매우 높은 것도 부인하기 어렵습니다. 그 두려움은 바로 청산 리스크입니다. 소유자가 분양받고 싶어도 분양받을 수 없는 청산 리스크! 소유자임에도 불구하고, 분양을 받고 싶어도 받을 수 없다는 것이 가능할까요? 개정된 소규모주택 정비법상 분명 그렇습니다. 만일 소규모 재개발사업이 지지부진한 모습을 보인다면 그 이유는 바로 청산 리스크 때문일 것입니다. 따라서 소규모 재개발사업을 활성화하는 것이 목표라면 경직된 청산 리스크를 법개정을 통해 보완해야 할 필요가 있습니다.

지금부터 단순하게 소규모 재개발사업에서 청산 리스크가 구체적으로 어떻게 적용될지 살펴보겠습니다.

2021년 7월 20일 개정된 소규모주택 정비법 부칙 제3조에 따르면 개정 법률이 국회에서 의결된 6월 29일 이후 다시 말해 6월 30일부터 소유권을 취득한 소유자상속이나 이혼으로 인한 토지 등의 소유권이 변경된 경우는 제외는 분양신청자격이 없고, 청산이 됩니다. 예외적으로 2021년 2월 4일 전까지 건축허가를 받은 주택을 분양받은 경우 사업시행자 지정이나 주민합의체 구성의 신고 혹은 조합설립인가의 신청 전까지 소유권 이전등기를 마친 경우에만 분양받을 권리가 이전되죠.

현재로서는 어떤 지역이 소규모 재개발사업 대상지역이 될지 전혀 알 수 없는 상황에서 매매계약을 체결하고 소유권을 이전받았는데, 단지 6월 29일 이후 소유권을 이전받았다는 이유만으로 분양 자격을 주지 않겠다는 것이므로 소규모 재개발에 상당한 장애물이 될 것이 분명합니다. 좀 더 자세하게 관련 내용을 알고자 한다면 다음의 내용을 참조하세요.

빈집 및 소규모주택 정비에 관한 특례법 부칙〈법률 제18314호, 2021. 7. 20.〉

제3조 토지등소유자의 분양신청에 관한 특례

① 소규모 재개발사업 또는 가로주택 정비사업 시장·군수 등 또는 제18조 제1항에 따라 공공시행자로 지정된 토지주택공사 등이 관리지역에서 시행하는 경우로 한정한다. 이하 이 조에서 같다를 시행하는 경우 이 법을 국회가 의결한 날의 다음 날부터 토지 등에 대한 소유권을 취득하기 위한 등기를 마쳐 토지등소유자가 된 자는 제28조 제3항에 따른 대지 또는 건축물의 분양을 신청할 수 없다. 다만, 상속이나 이혼을 원인으로 토지 등의 소유권이 변동된 경우에는 그러하지 아니하다.

② 제1항에도 불구하고 소규모 재개발사업을 시행하는 경우로서 2021년 2월 4일까지 「건축법」 제2조 제2항 제2호에 따른 공동주택의 건축을 위한 건축허가「주택법」 제19조에 따라 주택사업계획승인을 받아 건축허가가 의제되는 경우를 포함한다를 받은 주택에 대하여 제17조의 2 제6항의 개정규정에 따른 고시가 있은 날 이전에 분양계약을 체결하고 제18조 또는 제19조에 따른 사업시행자의 지정, 제22조에 따른 주민합의체 구성의 신고 또는 제23조에 따른 조합설립인가의 신청 전까지 공동주택의 소유권을 이전받는 자는 제28조 제3항에 따른 대지 또는 건축물의 분양을 신청할 수 있다.

③ 제1항에도 불구하고 가로주택 정비사업을 시행하는 경우로서 2021년 2월 4

일까지 「건축법」 제2조 제2항 제2호에 따른 공동주택의 건축을 위한 건축
허가(「주택법」 제19조에 따라 주택사업계획승인을 받아 건축허가가 의제되는 경우를 포함한
다)를 받은 주택에 대하여 제43조의 2 제3항의 개정규정에 따른 관리계획의
고시일 이전에 분양계약을 체결하고 제18조 제2항에 따른 사업시행자의 지
정·고시 전까지 공동주택의 소유권을 이전받는 자는 제28조 제3항에 따른
대지 또는 건축물의 분양을 신청할 수 있다.

제4조 건축물을 분양받을 권리의 산정에 관한 특례

제28조의 2 제1항 및 제43조의 4 제4항(시장·군수 등 또는 제18조 제1항에 따라 공공시
행자로 지정된 토지주택공사 등이 관리지역에서 시행하는 가로주택 정비사업에 한정한다)의 개
정규정에 따른 건축물을 분양받을 권리의 산정일은 이 법을 국회가 의결한 날
을 기준으로 한다.

6.
소규모주택 정비사업의
큰 물줄기를 바꾸게 될
소규모주택 정비관리계획

2021년 9월 21일부터 소규모주택 정비사업의 큰 물줄기가 바뀌기 시작했습니다. 그 동안 상대적으로 규제에서 자유로운 소규모주택 정비사업에 비로소 공공의 개입을 구체화하는 방향으로 법 개정이 이루어졌기 때문이죠. 그 중심에는 소규모주택 정비관리계획이 자리 잡고 있습니다. 기본적으로 소규모주택 관리계획의 수립 권자는 시장·군수인데요. 토지주택공사 등도 시장·군수 등에게 관리계획의 수립을 제안할 수 있도록 하고 있죠. 시장·군수가 소규모주택정비 관리계획을 수립한 경우 시·도지사에게 승인을 신청할 수 있습니다.

소규모주택 정비관리계획의 수립대상 지역

큰 틀에서 소규모주택 정비관리계획의 수립대상지역이 될 수 있는 곳은 크게 3가지입니다.

첫 번째로 노후·불량 건축물과 신축건물이 혼재하여 개발이 곤란한 지역이지만 노후·불량 건축물에 대한 소규모주택 정비사업은 필요한 지역입니다.

두 번째로 빈집밀집구역이어서 범죄 발생우려가 높아 신속한 소규모주택 정비사업이 필요한 지역입니다.

세 번째로 재해 등이 발생할 경우 위해의 우려가 있기 때문에 신속히 소규모주택 정비사업을 추진할 필요가 있는 지역입니다.

조금은 막연한 기준이라고 느껴지시죠? 그럴 수밖에 없죠. 좀 더 자세한 수립대상지역 요건은 대통령령빈집 및 소규모주택 정비에 관한 특별법 시행령에 규정되어 있으니까요. 대통령령을 보면 소규모주택 정비관리계획의 수립대상지역 요건은 다음과 같습니다.

소규모주택 정비관리계획의 수립대상지역 요건

▶ 해당 지역의 면적이 10만㎡ 미만일 것
▶ 노후·불량건축물의 수가 해당 지역의 전체 건축물 수의 2분의 1 이상일 것
▶ 정비구역·정비예정구역, 존치지역을 제외한 재정비촉진지구, 도시개발구역, 광역적 개발이 필요한 구역·지구로서 시·도 조례로 정하는 구역·지구 등은 제외

즉, 큰 틀에서 소규모주택 정비법에서 제시하고 있는 요건을 충족하고 대통령령으로 정하는 요건까지 충족한 지역을 대상으로 소규모주택 정비관리계획을 수립하는 것이죠. 좀 더 자세하게 법령을 확인하고 싶으신 독자분들은 이어지는 법령을 확인하시면 됩니다.

빈집 및 소규모주택 정비에 관한 특례법
제43조의 2 소규모주택 정비관리계획의 수립

① 시장·군수 등은 다음 각 호의 어느 하나에 해당하는 경우로서 대통령령으로 정하는 요건을 갖춘 지역에 대하여 소규모주택 정비관리계획(이하 "관리계획"이라 한다)을 수립(변경수립을 포함한다. 이하 이 조, 제43조의 4 제1항 및 제50조 제2항에서 같다)하여 시·도지사에게 승인을 신청할 수 있다. 이 경우 토지주택공사 등은 시장·군수 등에게 관리계획의 수립을 제안할 수 있다.

1. 노후·불량 건축물에 해당하는 단독주택 및 공동주택과 신축 건축물이 혼재하여 광역적 개발이 곤란한 지역에서 노후·불량 건축물을 대상으로 소규모주택 정비사업이 필요한 경우

2. 빈집밀집구역으로서 안전사고나 범죄발생의 우려가 높아 신속히 소규모주택 정비사업을 추진할 필요가 있는 경우

3. 재해 등이 발생할 경우 위해의 우려가 있어 신속히 소규모주택 정비사업을 추진할 필요가 있는 경우

② 시·도지사가 제1항에 따라 관리계획을 승인하려면 14일 이상 지역 주민에게 공람하여 의견을 수렴하여야 하고 지방도시계획위원회의 심의 또는 「도시재생 활성화 및 지원에 관한 특별법」 제8조에 따른 지방도시재생위원회의 심의(제27조 제3항 각 호 중 둘 이상의 심의를 거쳐야 하는 경우에는 통합심의를 말한다)를 거쳐야 한다. 다만, 대통령령으로 정하는 경미한 사항을 변경하는 경우에는 주민 공람 및 제27조 제3항 각 호의 심의를 거치지 아니할 수 있다.

③ 시·도지사는 관리계획을 승인한 경우에는 지체 없이 해당 지방자치단체의

공보에 고시하여야 하며, 이를 국토교통부장관에게 보고하여야 한다.

④ 관리계획의 수립과 승인에 필요한 기준·절차 및 방법은 국토교통부장관이 정하여 고시한다.

[본조신설 2021. 7. 20.]

[시행일 : 2021. 9. 21.] 제43조의 2

빈집 및 소규모주택 정비에 관한 특례법 시행령

제38조의 2 소규모주택 정비관리계획의 대상지역

법 제43조의 2 제1항에서 "대통령령으로 정하는 요건을 갖춘 지역"이란 다음 각 호의 요건을 모두 충족한 지역을 말한다.

1. 해당 지역의 면적이 10만㎡ 미만일 것

2. 노후·불량 건축물의 수가 해당 지역의 전체 건축물 수의 2분의 1 이상일 것

3. 다음 각 목에 해당하는 구역·지구는 제외할 것

　가. 「도시 및 주거 환경정비법」 제2조 제1호·제5조 9호에 따른 정비구역·정비예정구역. 다만, 같은 법 제23조 제1항 제1호의 방법으로 주거환경개선사업을 시행하는 정비구역 정비예정구역은 제외한다.

　나. 「도시재정비 촉진을 위한 특별법」 제2조 제1호에 따른 재정비촉진지구. 다만, 같은 법 제2조 제6호에 따른 존치지역은 제외한다.

　다. 「도시개발법」 제2조 제1항 제1호에 따른 도시개발구역

　라. 광역적 개발이 필요한 구역·지구로서 시·도 조례로 정하는 구역·지구

소규모주택 정비관리계획의 수립대상지역을 알아보았습니다. 이제 어떤 내용이 소규모주택정비 관리계획에 포함되는지를 살펴볼 차례군요. 참고로 소규모주택 정비관리계획에 대한 내용은 소규모주택 정비법 제43조의 3소규모주택 정비관리계획의 내용에 상세하게 나와 있습니다. 다행이 내용이 그다지 어렵지는 않습니다.

첫째, 관리지역의 규모와 정비방향

둘째, 토지이용계획, 정비기반시설·공동이용시설 설치계획 및 교통계획

셋째, 시장·군수 등 또는 토지주택공사 등이 조합과 공동으로 또는 공공시행자로 단독 시행하 는 소규모주택 정비사업이하 "거점사업"이라 한다에 관한 계획

넷째, 거점사업 이외의 소규모주택 정비사업에 대한 추진계획

다섯째, 건폐율·용적률 등 건축물의 밀도계획

여섯째, 임대주택의 공급 및 인수 계획

일곱째, 용도지구·용도지역의 지정 및 변경에 관한 계획

여덟째, 특별건축구역 및 특별가로구역에 관한 계획

아홉째, 그 밖에 대통령령으로 정하는 사항공공주택사업, 도시재생사업, 정비기반시설·공동 이용시설 설치를 위한 재원조달에 관한 사항, 관리지역에서 소규모주택 정비사업의 시행 을 위한 사항으로 시·도 조례로 정하는 사항 등입니다.

다음은 특별건축구역과 특별가로구역의 개념을 정리한 내용

입니다.

이어지는 내용은 '소규모주택 정비관리계획의 내용' 관련 법령 자료입니다. 좀 더 꼼꼼하게 분석하고 싶은 분들께 강추합니다!

제9호까지의 사항은 필요한 경우로 한정한다.

1. 관리지역의 규모와 정비방향

2. 토지이용계획, 정비기반시설·공동이용시설 설치계획 및 교통계획

3. 시장·군수 등 또는 토지주택공사 등이 제17조 제3항 또는 제18조 제1항에 따라 공동 또는 단독으로 시행하는 소규모주택 정비사업이하 "거점사업"이라 한다에 관한 계획

4. 거점사업 이외의 소규모주택 정비사업에 대한 추진계획

5. 건폐율·용적률 등 건축물의 밀도계획

6. 제43조의 5 또는 제49조에 따른 임대주택의 공급 및 인수 계획

7. 용도지구·용도지역의 지정 및 변경에 관한 계획

8. 「건축법」 제69조에 따른 특별건축구역 및 같은 법 제77조의 2에 따른 특별가로구역에 관한 계획

9. 그 밖에 대통령령으로 정하는 사항

[본조신설 2021. 7. 20.]

[시행일 : 2021. 9. 21.] 제43조의 3

빈집 및 소규모주택 정비에 관한 특례법 시행령

제38조의 4 소규모주택 정비관리계획의 내용

법 제43조의 3 제9호에서 "대통령령으로 정하는 사항"이란 다음 각 호의 사항을 말한다.

1. 시장·군수 등이나 토지주택공사등이 시행하는 다음 각 목의 사업계획

   가. 「공공주택 특별법」 제2조 제3호의 공공주택사업 시행계획

   나. 「도시재생 활성화 및 지원에 관한 특별법」 제2조 제1항 제7호의 도시재생사업 시행계획

2. 정비기반시설·공동이용시설의 설치를 위한 재원조달에 관한 사항

3. 그밖에 소규모주택 정비사업 시행에 필요한 사항으로서 시·도 조례로 정

하는 사항

[본조신설 2021. 9. 17.]

7.
소규모주택 정비관리지역에서 공공이 시행하는
소규모 재개발 & 가로주택 정비사업

소규모주택 정비법은 소규모주택 정비관리지역을 이렇게 정의하고 있습니다.

'소규모주택 정비관리지역'이란 노후·불량 건축물에 해당하는 단독주택 및 공동주택과 신축 건축물이 혼재하여 광역적 개발이 곤란한 지역에서 정비기반시설과 공동이용시설의 확충을 통하여 소규모주택 정비사업을 계획적·효율적으로 추진하기 위하여 제43조의 2에 따라 소규모주택 정비 관리계획이 승인·고시된 지역을 말한다.

소규모주택 정비관리지역 제도의 도입은 소규모주택 정비사업에 상당한 영향을 주게 될 것이 틀림없습니다. 가장 큰 이유는 두

가지입니다.

첫 번째로, 노후·불량 건축물과 신축건물이 혼재하는 지역을 대상으로 하기 때문입니다.

노후도 요건을 충족하지 못해 소규모주택 정비사업을 추진하지 못하는 지역 중 상당수가 소규모주택 정비사업을 진행할 수 있게 된다는 의미가 됩니다. 그만큼 소규모주택 정비사업이 활발하게 추진 될 수 있는 환경이 조성된 셈이죠.

두 번째로, 소규모주택 정비관리지역에 부여된 혜택 때문입니다.

사업성 개선을 위한 확실한 지원을 하고 있다는 의미가 되죠. 다만, 분양자격과 관련된 엄격한 규제는 독소조항이 될 가능성이 높습니다. 특히, 투자목적으로 매입한다면 심각한 문제가 될 수 있으니 반드시 유의해야 합니다.

 소규모주택 정비관리지역에 대한 특례

소규모주택 정비관리지역에 대한 특례를 규정하고 있는데요. 그야말로 확실한 혜택을 부여하는 내용이라고 생각하시면 됩니다. 그 혜택의 핵심이 용도지구·용도지역의 지정 및 변경에 관한 계획이 포함된 소규모주택 정비관리계획이 수립된 관리지역인 경우 기존 제1종 일반주거지역은 제2종 일반주거지역으로, 제2종 일반주거지역은 제3종 일반주거지역으로 결정 고시된 것으로 본다고 규정함으로써 용적률을 팍팍 밀어주는 것이기 때문이죠.

다음의 소규모주택 정비법 제43조의 4소규모주택 정비관리지역에 대한 특례와 동법 시행령 제38조의 5소규모주택 정비관리지역에 대한 특례를 통해 확인할 수 있습니다. 딱딱하게 느껴지신다면 간단하게 내용만 이해하고 넘어가셔도 충분합니다.

빈집 및 소규모주택 정비에 관한 특례법
제43조의 4 소규모주택 정비관리지역에 대한 특례

① 제43조의 2 제3항에 따라 관리계획의 수립에 대한 승인·고시가 있는 경우 해당 관리지역 및 관리계획 중 「국토의 계획 및 이용에 관한 법률」 제52조 제1항 각 호의 어느 하나에 해당하는 사항은 같은 법 제50조에 따라 지구단위계획구역 및 지구단위계획으로 결정·고시된 것으로 본다.

② 관리계획에 제43조의 3 제7호의 사항이 포함된 경우 관리지역은 관리계획이 고시된 날부터 「국토의 계획 및 이용에 관한 법률」 제36조 제1항 제1호 가목 및 같은 조 제2항에 따라 주거지역을 세분하여 정하는 지역 중 대통령령으로 정하는 지역으로 결정·고시된 것으로 본다.

③ 관리지역에서 소규모주택 정비사업의 시행으로 건축물 또는 대지의 일부에 공동이용시설을 설치하는 경우 제48조 제2항에도 불구하고 「국토의 계획 및 이용에 관한 법률」 제78조에 따라 해당 지역에 적용되는 용적률에 공동이용시설의 용적률을 더한 범위에서 용적률을 정할 수 있다.

④ 관리지역에서 소규모주택 정비사업의 시행으로 건축물을 분양받을 권리에 관하여는 제28조의 2를 준용한다. 이 경우 "제17조의 2 제6항에 따른 고시"는 "제43조의 2 제3항에 따른 관리계획의 고시"로, "시장·군수 등"은 "시·도지사"로, "사업시행예정구역 지정 고시"는 "관리계획 승인·고시"로 각각 본다.

[본조신설 2021. 7. 20.]

[시행일 : 2021. 9. 21.] 제43조의 4

소규모주택 정비관리지역에서의 분양자격 문제

소규모주택 정비관리지역 제도를 도입한 가장 큰 이유는 시장·군수 또는 토지주택공사 등이 단독 또는 공동으로 소규모주택 정비사업을 시행하는 데 있다고 보아도 큰 무리가 없습니다. 관리계획이 수립된 관리지역에서 종상향을 통해 용적률 혜택을 부여하는 이유이기도 하죠. 하지만 의외로 시장·군수, 토지주택공사 등이 관리지역에서 가로주택 정비사업을 시행하는 것이 쉬워 보이지 않습니다. 그 원인은 분양자격과 관련된 부칙에 있습니다. 즉, 소규모재개발과 관리지역에서 공공이 시행하는 가로주택 정비사업인 경우 상속이나 이혼을 원인으로 소유권이 변동되는 경우를 제외하고 2021년 6월 29일 이후 다시 말해 6월 30일부터 매매로 사업시행구역 내 부동산을 취득했다면 분양신청자격을 갖지 못하도록 규정하고 있습니다. 다시 말해 현금청산된다는 의미인 것이죠.

다만 예외적 경우가 있습니다.

첫째, 관리지역에서 공공이 시행하는 가로주택 정비사업인 경우 2021년 2월 4일까지 건축허가를 받은 주택을 관리계획 고시일 이전에 분양계약을 체결하고 사업시행자의 지정·고시 전까지 소유권 이전을 받은 경우입니다. 둘째, 소규모 재개발사업인 경우 2021년 2월 4일까지 건축허가를 받은 주택을 분양받아 조합설립인가 신청 전까지 이전등기를 받은 경우에는 분양신청자격을 가질 수 있습니다.

어떤 곳이 관리지역으로 지정될지 모르는 상태에서 선의로 부동산을 구입한 소유자들이 예상치 못하게 청산당하는 상황이 충분히 발생할 수 있을 것으로 보입니다. 그렇기 때문에 이 부분에 대한 입법보완이 이루어지지 않을 경우 청산대상자가 되는 소유자들의 반발이나 공공시행 자체에 대한 거부감을 해소하기 어려워 공공참여 활성화는 쉽지 않을 것으로 예상됩니다.

다음은 관련 부칙이니 참고하시기 바랍니다.

빈집 및 소규모주택 정비에 관한 특례법
제3조 토지등소유자의 분양신청에 관한 특례

① 소규모 재개발사업 또는 가로주택 정비사업시장·군수 등 또는 제18조 제1항에 따라 공공시행자로 지정된 토지주택공사 등이 관리지역에서 시행하는 경우로 한정한다. 이하

이 조에서 같다을 시행하는 경우 이 법을 국회가 의결한 날의 다음 날2021년 6월 30일부터 토지 등에 대한 소유권을 취득하기 위한 등기를 마쳐 토지등소유자가 된 자는 제28조 제3항에 따른 대지 또는 건축물의 분양을 신청할 수 없다. 다만, 상속이나 이혼을 원인으로 토지 등의 소유권이 변동된 경우에는 그러하지 아니하다.

② 제1항에도 불구하고 소규모 재개발사업을 시행하는 경우로서 2021년 2월 4일까지 「건축법」 제2조 제2항 제2호에 따른 공동주택의 건축을 위한 건축허가「주택법」 제19조에 따라 주택사업계획승인을 받아 건축허가가 의제되는 경우를 포함한다를 받은 주택에 대하여 제17조의 2 제6항의 개정규정에 따른 고시가 있은 날 이전에 분양계약을 체결하고 제18조 또는 제19조에 따른 사업시행자의 지정, 제22조에 따른 주민합의체 구성의 신고 또는 제23조에 따른 조합설립인가의 신청 전까지 공동주택의 소유권을 이전받는 자는 제28조 제3항에 따른 대지 또는 건축물의 분양을 신청할 수 있다.

③ 제1항에도 불구하고 가로주택 정비사업을 시행하는 경우로서 2021년 2월 4일까지 「건축법」 제2조 제2항 제2호에 따른 공동주택의 건축을 위한 건축허가「주택법」 제19조에 따라 주택사업계획승인을 받아 건축허가가 의제되는 경우를 포함한다를 받은 주택에 대하여 제43조의 2 제3항의 개정규정에 따른 관리계획의 고시일 이전에 분양계약을 체결하고 제18조 제2항에 따른 사업시행자의 지정·고시 전까지 공동주택의 소유권을 이전받는 자는 제28조 제3항에 따른 대지 또는 건축물의 분양을 신청할 수 있다.

제4조 건축물을 분양받을 권리의 산정에 관한 특례 제28조의 2 제1항 및 제43조의 4 제4항시장·군수 등 또는 제18조 제1항에 따라 공공시행자로 지정된 토지주택공사 등이 관리지역에서 시행하는 가로주택정비사업에 한정한다의 개정규정에 따른 건축물을 분양받을 권리의 산정일은 이 법을 국회가 의결한 날을 기준으로 한다.

임대주택의 공급

관리지역에서 종상향을 통해 용적률이 증가한 경우 사업시행자는
다음과 같이 임대주택을 공급해야 합니다.

임대주택 공급면적	≤	(늘어난 용적률 − 종전 용적률) × 0.5 범위내 시·도 조례로 정하는 비율

용적률 혜택을 받은 것보다 작은 규모로 임대주택을 공급하는
것이기 때문에 사업성 개선에 따라 발생하게 되는 개발이익의 일
부를 공공이 환수한다는 점에서는 바람직합니다. 하지만 임대주택
이 함께 공급되는 단지라는 인식을 최소화해야 한다는 점은 변수
가 될 소지가 있습니다. 특히, 서울이나 우량지역인 경우 이 문제가
더 도드라지게 될 가능성이 높죠. 다음은 관리지역에서 임대주택
공급과 관련된 법규정이니 참고하시기 바랍니다.

빈집 및 소규모주택 정비에 관한 특례법
제43조의 5 관리지역에서의 임대주택의 공급 및 인수

① 사업시행자는 관리지역에서 소규모주택 정비사업의 시행으로 제43조의 4 제

2항에 따라 용도지역이 변경된 경우 변경된 용도지역에서의 용적률에서 종전의 용도지역의 용적률을 뺀 용적률의 100분의 50 이하로서 시·도 조례로 정하는 비율에 해당하는 면적에 임대주택을 건설하여 시·도지사, 시장·군수 등 또는 토지주택공사등에 공급하여야 한다. 이 경우 사업시행자는 건축설계가 확정되기 전에 미리 주택에 관한 사항을 시·도지사, 시장·군수 등 또는 토지주택공사등과 협의한 후 이를 사업시행계획서에 반영하여야 한다.

② 관리지역에서 시행하는 거점사업의 사업시행자는 제1항에도 불구하고 변경된 용도지역에서의 용적률에서 종전의 용도지역의 용적률을 뺀 용적률의 100분의 15 이상 100분의 30 이하의 범위에서 시·도 조례로 정하는 비율 이상이 되도록 임대주택을 건설하여야 한다.

③ 제1항에 따른 임대주택의 공급가격은 「공공주택 특별법」 제50조의 4에 따라 국토교통부장관이 고시하는 공공건설임대주택의 표준건축비로 하며, 부속토지는 시·도지사, 시장·군수 등 또는 토지주택공사 등에게 기부채납한 것으로 본다.

④ 제1항부터 제3항까지의 규정에 따라 인수된 주택은 대통령령으로 정하는 임대주택으로 활용하여야 한다. 이 경우 주택의 인수를 위한 절차와 방법 등에 필요한 사항은 대통령령으로 정한다.

[본조신설 2021. 7. 20.]

[시행일 : 2021. 9. 21.] 제43조의 5

왜
소규모주택 정비사업인가?

지금 왜 소규모주택 정비사업에 주목해야 하는지를 8가지 측면에서 살펴보게 됩니다. 서울이나 수도권 신도시와 주요 경쟁력 있는 지역에서 내 집 마련하기 얼마나 힘든지 우리는 이미 뼈저리게 실감하고 있습니다. 무주택자가 되었던 아니면 살고 있던 집에서 새 집으로 옮겨가는 환승주거를 계획하는 경우이던 녹록치 않은 것은 매한가지죠. 그렇다면 5년이라는 짧은 시간 내에 월급만으로, 혹은 자영업으로 열심히 저축한 돈으로 과연 치솟는 집값을 따라잡고 내 집 마련에 성공할 수 있는 방법이 있을까요? 있습니다!! 바로 소규모주택 정비사업입니다. 짧은 사업기간, 사업성 개선을 위한 파격적인 인센티브, 주택도시보증공사를 통한 확실한 금융지원, 각종 거래관련 규제완화 등이 제공되고 있기 때문이죠. 지금부터 왜 소규모주택 정비사업에 주목하고 철저하게 스터디 해야 하는지를 확인해보시기 바랍니다.

1.
신속한 사업진행으로
조합설립인가부터 입주까지
5년이면 가능하다

소규모주택 정비사업 그 중에서도 특히 가로주택 정비사업과 소규모 재건축에 주목해야 하는 이유는 무엇보다 신속한 사업추진이라는 장점에 있습니다. 우리에게 친숙한 재개발이나 재건축이 통상 10년 정도의 기간이 소요되는 데 비해 소규모주택 정비사업은 소요기간이 4~5년 정도로 매우 짧죠. 그렇다면 이렇게 소요기간의 차이가 발생하는 이유는 무엇일까요?

다음의 그림에서 답을 찾을 수 있습니다.

그림을 보면 재개발·재건축 정비사업에서는 필수적 절차인 정비기본계획수립과 정비구역 지정 및 정비계획 수립절차가 소규모주택 정비사업에는 없습니다. 또한 재개발·재건축 정비사업은 사업시행계획인가와 관리처분계획인가를 따로 따로 받아야 하지만

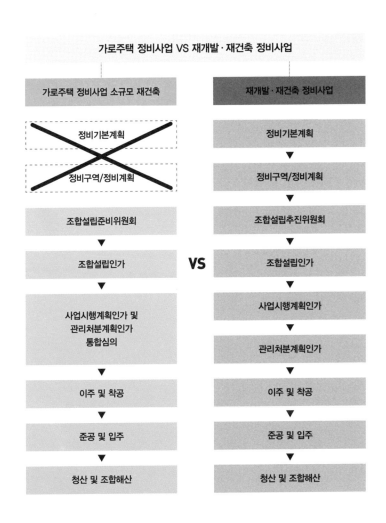

가로주택 정비사업 VS 재개발·재건축 정비사업

가로주택 정비사업 소규모 재건축	재개발·재건축 정비사업
~~정비기본계획~~	정비기본계획
~~정비구역/정비계획~~	정비구역/정비계획
조합설립준비위원회	조합설립추진위원회
조합설립인가	조합설립인가
사업시행계획인가 및 관리처분계획인가 통합심의	사업시행계획인가
	관리처분계획인가
이주 및 착공	이주 및 착공
준공 및 입주	준공 및 입주
청산 및 조합해산	청산 및 조합해산

VS

소규모주택 정비사업은 통합심의를 하죠. 그만큼 사업추진 속도가 빨라질 수밖에 없습니다. 일단 재개발·재건축 등 정비사업을 시작하면 그 사업의 성패는 사업추진 속도에 좌우된다고 해도 과언이 아닙니다. 정비사업은 사업추진 속도에 따라 사업비가 변동할 수

밖에 없는 구조이기 때문이죠.

　이런 점에서 볼 때 재개발·재건축에 비해 사업기간을 절반 이상 줄일 수 있는 소규모주택 정비사업을 주목하는 것은 지극히 합리적인 선택이라고 할 수 있을 것입니다. 단, 소규모 재개발은 사업시행구역 지정 과정을 거쳐야 하고 소규모주택 정비관리지역은 관리계획수립이 선행되어야 합니다. 신속한 사업추진이라는 측면에서 볼 때 종전의 가로주택 정비사업이나 소규모 재건축에는 미치지 못한다고 보아야 할 것 같습니다.

2.
사업성 개선을 위한
다양한 혜택이 있다

소규모주택 정비사업은 소규모로 진행되는 경우가 대부분입니다. 이를 위해 신속한 사업추진이 가능하도록 사업추진 절차를 간소화했죠. 하지만 절차를 간소화했다고 해서 부족한 사업성까지 해결되는 것은 아닙니다. 그래서 소규모주택 정비법은 다양한 혜택을 규정하고 있는데요. 자세한 내용은 Chapter 1과 동일하지만 아직 익숙하지 않은 내용일수도 있으니 다시 한 번 확인해보면 다음과 같습니다.

▶ 대지의 조경기준 1/2범위.
▶ 건폐율의 산정기준건축면적에서 주차장 면적을 제외.
▶ 대지안의 공지기준 1/2범위.
▶ 건축법 제60조에 따른 건축물의 높이제한기준 1/2범위.
▶ 인접 대지경계선 등의 방향으로 채광을 위한 창문 등을 두는 경우의 건축물

의 높이 제한7층 이하 1/2범위, 관리지역에 위치한 15층 이하 건축물 1/2범위

▶ 부대시설 및 복리시설의 설치기준 완화어린이놀이터 설치기준 중 일부 적용배제 등

▶ 단지안의 시설 설치기준 완화폭 6m 이상인 일반도로에 연접하여 주택을 「건축법 시행
령」 별표 1 제1호에 따른 제1종 근린생활시설과 복합건축물로 건설할 수 있음

▶ 소규모주택 정비사업 시행구역 내 건축물 또는 대지의 일부에 정비기반시설,
공동이용시설, 주민공동시설 설치시 해당 지역에 적용되는 용적률에 그 시설
에 해당되는 용적률을 더한 범위에서 시·도 조례로 정하는 용적률을 적용

▶ 노상주차장 및 노외주차장을 사용할 수 있는 권리이하 "주차장 사용권"이라 한다
를 확보하는 경우 그에 상응하는 범위에서 주차장 설치기준을 완화

▶ 관리지역에서 거점사업을 시행하는 경우 대통령령으로 정하는 바에 따라
서로 연접한 사업시행구역을 하나의 사업시행구역으로 통합하여 시행할 수
있음신규 도입

▶ 서로 연접한 사업시행구역을 하나의 사업시행구역으로 통합하여 시행하는
경우에는 제49조 제1항에 따른 공공임대주택의 임대주택 비율을 해당 사업
시행구역마다 적용하지 아니하고 전체 사업시행구역의 전부 또는 일부를 대
상으로 통합하여 적용할 수 있음신규 도입

▶ 공공임대주택 또는 공공지원민간임대주택 비율이 20퍼센트 이상의 범위에
서 시·도 조례로 정하는 비율 이상이 되도록 건설하는 경우 용적률 상한 적
용 및 공공임대주택을 임대주택 비율이 10퍼센트 이상 20퍼센트 미만이 되
도록 건설하는 경우: 임대주택 비율에 비례하여 시·도조례로 정하는 방법
에 따라 산정된 용적률의 상한 적용

위 혜택은 자율주택 정비사업, 가로주택 정비사업, 소규모 재건
축 모두에 적용된다고 보시면 됩니다. 글로만 보니 확 다가오지 않
죠? 그래서 중요한 개념과 소규모주택 정비법에 따라 완화된 내용
에 대해서는 뒤이어 그림을 통해 확인해보도록 하겠습니다.

서울시의 층수 완화

서울시는 제2종 일반주거지역을 7층 이하 제2종 일반주거지역과 제2종 일반주거지역으로 세분하고 있죠. 그런데 소규모주택 정비사업을 시행하는 곳 중에 7층 이하만 건축할 수 있는 제2종 일반주거지역이 많았었는데요. 이를 반영해 소규모주택 정비사업인 경우 층수를 완화받을 수 있도록 하고 있습니다.

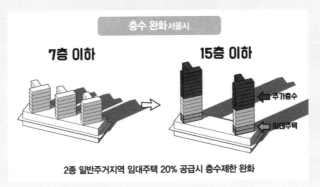

자료 : 어반플롯건축설계사무소

3.
건축규제의 완화 등에 관한
특례 적용을 받을 수 있다

소규모주택 정비법 제48조가 건축규제 완화 등에 관한 다양한 특례를 담고 있음을 큰틀에서 살펴보았습니다. 이제 좀 더 구체적인 내용을 그림을 통해 확인해볼 차례입니다. 이에 앞서 가장 기초적인 개념 3가지를 먼저 짚어볼까요?

 ## 건폐율과 용적률

의외로 건폐율과 용적률, 연면적이 뭔지 모르는 분들이 적지 않습니다. 그래서 건폐율, 용적률, 연면적에 대한 개념을 살펴보도록 하겠습니다. 건폐율은 대지면적에 대한 건축면적의 비율을 뜻합니다. 그리고 용적률은 대지면적에 대한 건축물 연면적의 비율을 뜻하죠.

연면적이란 하나의 건축물 각 층의 바닥면적의 합계를 의미한답니다. 건폐율과 용적률은 사업성과 밀접한 관계가 있습니다. 개발밀도를 보여주는 개념이기 때문이죠.

● **건폐율, 연면적, 용적률**

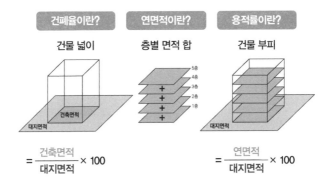

자료 : 어반플롯건축설계사무소

 **대지의 조경기준 완화**

건축법 제42조대지의 조경는 면적이 200㎡ 이상인 대지에 건축을 하는 경우 용도지역 및 건축물의 규모에 따라 해당 지방자치단체의 조례로 정하는 기준에 따라 대지에 조경이나 그밖에 필요한 조치를 하여야 한다고 규정하고 있습니다.

그런데 소규모주택 정비법은 건축법 제42조에서 규정하고 있는 대지의 조경 기준을 건축심의를 거쳐 1/2범위 내에서 완화받을 수

● 대지의 조경기준 완화

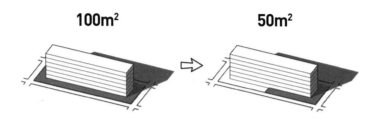

자료 : 어반플롯건축설계사무소

있도록 규정하고 있습니다.

 ## 대지안의 공지기준 완화

건축법 제58조대지안의 공지에 따르면 건축물을 건축 시 '국토의 계
획 및 이용에 관한 법률'에 따른 용도지역·용도지구, 건축물의 용
도 및 규모 등에 따라 건축선 및 인접 대지경계선으로부터 6m 이
내의 범위에서 대통령령으로 정하는 바에 따라 해당 지방자치단
체의 조례로 정하는 거리 이상을 띄우도록 하고 있습니다. 이를
가리켜 대지안의 공지라고 하는데요. 소규모주택 정비사업인 경
우 건축심의를 거쳐 1/2범위 내에서 대지안의 공지기준을 완화받
을 수 있습니다.

● **대지안의 공지기준 완화**

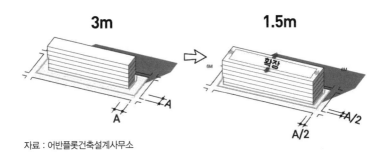

자료 : 어반플롯건축설계사무소

　이 그림을 보시면 대지안의 공지기준을 완화받은 후 건축면적
이 늘어나게 된다는 것을 알 수 있습니다. 당연히 사업성 개선에
도움이 되겠죠?

🏠 용적률 완화

건폐율과 용적률은 개발밀도를 보여주는 개념인 것을 앞서 언급
했습니다. 특히 용적률이 그렇습니다. 실제로 용적률의 변화에 따
라 사업성이 크게 변동되죠. 재건축이나 재개발 정비사업을 진행
하는 조합들이 종상향예를 들어 제2종 일반주거지역 ⇒ 제3종 일반주거지역을
적극 추진하는 이유도 결국 종상향을 통해 기대할 수 있는 '용적
률 상승 → 사업성 향상'이라는 효과를 기대할 수 있기 때문이라고

이해하시면 됩니다. 소규모주택 정비법이 용적률의 완화와 관련된 조문을 '임대주택 건설에 따른 특례'라는 이름으로 제정한 이유를 이제 이해하시겠죠?

자, 그럼 지금부터 용적률 완화에 따른 효과가 어떻게 나타나게 되는지를 그림을 통해 확인해보시죠.

용적률 완화

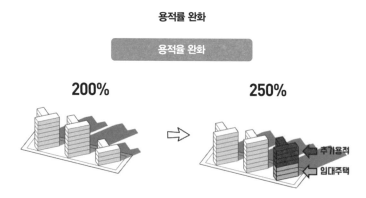

임대주택 20% 공급시 국토계획법상 용적률 상한까지 적용

자료 : 어반플롯건축설계사무소

용적률이 200%에서 250%로 완화되면 동일한 토지 위에 더 많은 아파트를 건축할 수 있다는 것을 알 수 있습니다. 명확하게 사업성이 개선될 수 있는 혜택인 셈이죠.

 **건폐율 완화**

이어서 건폐율 완화를 살펴보겠습니다. 소규모주택 정비사업인 경우 건축심의를 거쳐 건폐율 산정 시 건축면적에서 주차장 면적을 제외받을 수 있도록 규정하고 있습니다.

건폐율 완화

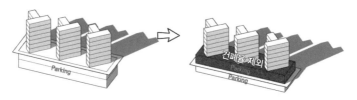

지상주차장 건설 시 건폐율 제외

자료 : 어반플롯건축설계사무소

지상주차장 면적이 건폐율 산정에서 배제되는 만큼 아파트나 상가를 건설할 수 있는 면적이 증가하게 됩니다. 건폐율 완화가 사업성 개선에 기여할 수 있는 이유죠.

높이제한 완화

계속해서 높이제한 완화를 보겠습니다. 건축법 제60조 건축물의 높이 제한에 따르면 "허가권자는 가로구역街路區域을 단위로 하여 대통령령으로 정하는 기준과 절차에 따라 건축물의 높이를 지정·공고할 수 있다."라고 규정하고 있는데요. 소규모주택 정비법은 소규모주택 정비사업을 시행하는 경우 건축심의를 거쳐 높이 제한 기준을 1/2의 범위 내에서 완화 적용받을 수 있도록 규정하고 있습니다.

높이제한 완화

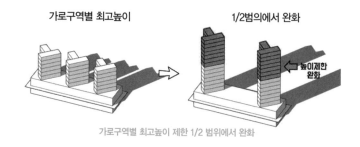

가로구역별 최고높이 제한 1/2 범위에서 완화

자료 : 어반플롯건축설계사무소

그림을 보면 높이제한 완화 덕분에 더 많은 아파트를 공급할 수 있음을 확인할 수 있죠.

높이제한이 '건축규제의 완화 등에 관한 특례'인 이유죠.

4.
주택도시보증공사를 통한
파격적인 금융지원이 가능하다

주택도시보증공사는 소규모주택 정비사업을 시행하는 데 있어 매우 강력한 지원을 하고 있습니다. 바로 금융지원이죠. 자율주택 정비사업과 가로주택 정비사업에 대해서는 직접적인 융자 즉, 대출을 해주고 있고 소규모 재건축인 경우에는 보증을 통해 지원을 하고 있습니다. 금융지원 측면에서 볼 때 자율주택 정비사업과 가로주택 정비사업이 소규모 재건축에 비해 비교우위라고 볼 수 있는 대목이죠.

 자율주택 정비사업에 대한 금융지원

자율주택 정비사업을 추진하는 경우 주택도시보증공사로부터 직접 융자지원을 받을 수 있는데요. 융자는 크게 초기사업비와 본사업비로 구분됩니다. 초기사업비는 총사업비의 5%를 한도로하고, 본사업비는 공공참여여부와 임대주택의 공급여부에 따라 총사업비의 50%~90%를 한도로 하고 있습니다. 이자율은 사업시행구역 내 빈집을 1호 이상 포함하거나 공공참여 시 연 1.2%이고 그 외의 경우에는 연 1.5%입니다. 이자율이 정말 저렴하죠! 다음은 자율주택 정비사업에 대한 금융지원 내용을 좀 더 자세하게 표로 정리한 것입니다.

● **자율주택정비사업 융자 지원**

분류	초기사업비	본사업비		
융자대상	토지등소유자, 공동시행자 ※ 단독 10호, 다세대주택 20호 미만 대상			
이율	연1.5% 변동금리 ※ 단, 사업구역 내 빈집 1호이상 포함하거나 공공이 참여할 경우 연1.2%			
용도	주민합의체 신고 이후부터 사업시행계획인가 이전까지의 사업비(운영비, 용역비 등)	사업시행계획인가 이후 준공에 소요되는 사업비(초기사업비 포함, 선순위물권해지비, 공사비, 이주비 등) ※ 차주가 공공시행자가 아닌 경우 이주비는 임차보증금을 제외한 월차임 및 이사관련 부대비용에 한함		
한도	총사업비의 5%	공적임대주택공급 시건축연면적 또는 세대수 20% 이상 공급시	공공시행자	총사업비의 90%
			공공외 시행자	총 사업비의 70%
		그외		총사업비의 50%
기간	주민합의세신고 이후부터 해당 사업장 사업비 대출일까지(최초 융자 실행일로부터 5년 이내에서 연장 가능)	공적임대주택공급 시 전체 연면적 또는 세대수 20% 이상 공급시	준공 후 6개월까지 융자 실행일로부터 10년 이내에서 2년 단위 연장 가능	
		그 외	준공 후 6개월까지 융자 실행일로부터 5년 이내에서 1년 다위 연장 가능	
상환방법	만기일시상환(중도상환수수료 없음)			

🏠 가로주택 정비사업에 대한 금융지원

가로주택 정비사업은 조합, 공동시행자, 공공시행자가 융자대상이 됩니다. 자율주택 정비사업에는 조합이 없죠. 하지만 가로주택 정비사업은 조합이 있죠. 그래서 융자대상에 조합이 포함되는 것입니다. 융자는 크게 초기사업비와 본사업비로 구분되는데요. 이 부분은 자율주택 정비사업과 같죠. 하지만 한도는 다릅니다. 초기사업비는 총사업비의 5%이기는 하지만 15억 원을 한도로 규정하고 있다는 점이 다릅니다. 다만, 본사업비는 자율주택정비사업과 마찬가지로 공공참여여부, 임대주택 공급 여부에 따라 총사업비의 50%~90%를 한도로 지원되죠.

이자율이 저렴한 것은 자율주택 정비사업과 동일합니다. 사업시행구역 내 빈집이 10호 이상이거나 빈집의 대지면적이 전체 사업면적의 20% 이상을 포함하는 경우, 공공이 참여하는 경우에는 연 1.2%이고 그 외에는 연 1.5%입니다. 다음은 가로주택 정비사업에 대한 융자지원 내용을 정리한 것이니 참고하세요.

● **가로주택 정비사업 융자 지원**

분류	초기사업비	본사업비
융자대상	조합, 공동시행자, 공공시행자 ※ 단독 10호, 다세대주택 20호 이상	
이율	연1.5% 변동금리 ※ 단, 사업구역 내 빈집 10호이상이거나 빈집의 대지면적이 전체 사업면적의 20% 이상을 포함하는 경우 또는 공공이 참여할 경우 연1.2%	

분류	초기사업비	본사업비		
용도	조합설립인가 이후 사업시행계획인가 이전까지의 사업비 조합운영비, 용역비, 총회비용 등	사업시행계획인가 이후 준공에 소요되는 사업비 비초기사업비 상환자금, 공사비, 이주비, 금융비용 등		
한도	총사업비의 5%15억 원 한도	공적임대주택공급 시건축연면적 또는 세대수 20% 이상 공급시	공공시행자	총사업비의 90%
			공공외 시행자	총 사업비의 70%
		그외		총사업비의 50%
기간	조합설립인가 이후부터 해당 사업장 사업비 대출일까지 최초 융자 실행일로부터 5년 이내에서 연장 가능	사업시행계획인가 이후부터 준공 후 6개월까지 이주비를 제외한 용자금액은 최초 용자실행일로부터 5년 이내에서 1년 단위로 연장 가능		
상환방법	만기일시상환중도상환수수료 없음			

소규모 재건축에 대한 금융지원

소규모 재건축은 직접 금융지원 즉, 대출을 해주는 가로주택 정비사업이나 자율주택 정비사업과 달리 정비사업 대출보증을 지원해주는 데 그치고 있습니다. 정비사업 대출보증은 조합이 금융기관으로부터 정비사업의 필요자금이주비, 부담금, 사업비을 조달할 때 이용하는 상품으로 금융기관에 대출 원리금 상환을 책임지는 보증을 말하죠. 보증금액은 이주비대출원금, 부담금대출원금, 사업비대출원금 등이고 보증기간은 보증서 발급일로부터 대출원금 상환기일까지인데요.

한편, 보증한도는 조합사업비 대출보증은 임대주택에 대한 매입

확약비율에 따라 총사업비의 50~90%이고, 조합원부담금 대출보증은 조합원 부담금의 70%, 조합원 이주비 대출보증은 조합원별 종전 토지 및 건축물 평가액의 70%입니다. 하지만 직접적인 금융지원이 아니기 때문에 소규모 재건축을 진행하는 대다수의 조합은 사업초기부터 시공사를 선정하거나 신탁방식으로 사업을 진행하고 있죠. 어쩔 수 없는 경우이기는 하지만 시공사나 신탁사의 도움을 받기보다 주택도시보증공사가 직접 융자지원을 해주면 좋을 텐데 아쉬운 부분이 있습니다.

 ## 소규모 재개발의 금융지원은?

소규모주택 정비법의 개정에 따라 새롭게 소규모주택 정비사업에 포함된 소규모 재개발에 대한 금융지원은 가로주택 정비사업이나 자율주택 정비사업과 대동소이할 것이 분명합니다. 소규모 재개발의 특성이 공공참여를 더욱 활성화하기 위함이라는 점 때문이죠. 추후 주택도시보증공사가 소규모 재개발에 대한 금융지원을 확정하게 되면 구체적인 내용을 네이버카페 도시부자 김사부에 관련 자료를 공유해드릴 예정입니다.

5.
재개발·재건축과 다르게
조합원 지위
전매제한에서 자유롭다

도시 및 주거 환경정비법에 따라 시행되는 재개발이나 재건축 정비사업은 조합원 지위의 전매가 제한될 수 있습니다. 전매가 제한된다고 해서 매매 자체가 금지된다는 의미는 아닙니다.

도시 및 주거 환경정비법에도 매매 자체를 금지한다는 법규정은 없죠. 그래서 종종 매매금지가 아니니 사고 팔아도 되는 것이 아니냐고 생각하는 분들도 더러 있으시더군요. 정 그렇게 매매를 하고 싶으시다면 사고 파셔도 됩니다. 조합원 자격으로 새 아파트를 분양받지 못해도 괜찮다면 말이죠.

청천벽력 같은 얘기죠? 모든 재개발·재건축 정비사업에 전매제한 규정이 적용되는 것은 아니니 일단 안심하시기 바랍니다. 실제로 전매제한은 투기과열지구 내에서 진행되고 있는 재건축·재개발 정비사업에만 적용된답니다. 다음은 도시 및 주거 환경정비법 제39조조합원의 자격 등에서 규정하고 있는 이른바 전매제한이라고 해석할 수 있는 내용입니다.

도시 및 주거 환경정비법

제39조 조합원의 자격 등

② 「주택법」 제63조 제1항에 따른 투기과열지구이하 "투기과열지구"라 한다로 지정된 지역에서 재건축사업을 시행하는 경우에는 조합설립인가 후, 재개발사업을 시행하는 경우에는 제74조에 따른 관리처분계획의 인가 후 해당 정비사업의 건축물 또는 토지를 양수매매·증여, 그 밖의 권리의 변동을 수반하는 모든 행위를 포함하되, 상속·이혼으로 인한 양도·양수의 경우는 제외한다. 이하 이 조에서 같다한 자는 제1항에도 불구하고 조합원이 될 수 없다. 다만, 양도인이 다음 각 호의 어느 하나에 해당하는 경우 그 양도인으로부터 그 건축물 또는 토지를 양수한 자는 그러하지 아니하다. 〈개정 2017. 10. 24., 2020. 6. 9., 2021. 4. 13.〉

1. 세대원세대주가 포함된 세대의 구성원을 말한다. 이하 이 조에서 같다의 근무상 또는 생업상의 사정이나 질병치료「의료법」 제3조에 따른 의료기관의 장이 1년 이상의 치료나 요양이 필요하다고 인정하는 경우로 한정한다·취학·결혼으로 세대원이 모두 해당 사업구역에 위치하지 아니한 특별시·광역시·특별자치시·특별자치도·시 또는 군으로 이전하는 경우

2. 상속으로 취득한 주택으로 세대원 모두 이전하는 경우

3. 세대원 모두 해외로 이주하거나 세대원 모두 2년 이상 해외에 체류하려는 경우

4. 1세대 제1항제2호에 따라 1세대에 속하는 때를 말한다 1주택자로서 양도하는 주택에 대한 소유기간 및 거주기간이 대통령령으로 정하는 기간 이상인 경우

5. 제80조에 따른 지분형주택을 공급받기 위하여 건축물 또는 토지를 토지주택공사등과 공유하려는 경우

6. 공공임대주택, 「공공주택 특별법」에 따른 공공분양주택의 공급 및 대통령령

으로 정하는 사업을 목적으로 건축물 또는 토지를 양수하려는 공공재개발사

업 시행자에게 양도하려는 경우

7. 그밖에 불가피한 사정으로 양도하는 경우로서 대통령령으로 정하는 경우

요약하면 7가지의 예외적인 경우를 제외하고 투기과열지구 내 재건축은 조합설립인가 후부터, 재개발은 관리처분계획인가 후부터 조합원 지위의 전매가 제한된다는 것을 알 수 있습니다.

그런데 위와 같은 제한이 가로주택 정비사업에는 적용되지 않습니다. 실제로 그런지 소규모주택 정비법 제24조조합원의 자격 등를 확인해보겠습니다.

빈집 및 소규모주택 정비에 관한 특례법
제24조 조합원의 자격 등

② 「주택법」 제63조 제1항에 따른 투기과열지구이하 "투기과열지구"라 한다로 지정된 지역에서 소규모재건축사업을 시행하는 경우 조합설립인가 후 해당 사업의 건축물 또는 토지를 양수매매 · 증여 그 밖의 권리의 변동을 수반하는 모든 행위를 포함하되, 상속 · 이혼으로 인한 양도 · 양수의 경우는 제외한다. 이하 이 조에서 같다한 자는 제1항에도 불구하고 조합원이 될 수 없다. 다만, 양도인이 다음 각 호의 어느 하나에 해당하는 경우 그 양도인으로부터 그 건축물 또는 토지를 양수한 자는 그러하지 아니하다. 〈개정 2020. 6. 9., 2021. 7. 20.〉

1. 세대원세대주가 포함된 세대의 구성원을 말한다. 이하 이 조에서 같다의 근무상 또는 생업상의 사정이나 질병치료「의료법」 제3조에 따른 의료기관의 장이 1년 이상의 치료나 요

투기과열지구로 지정된 지역에서 소규모 재건축사업을 시행하는 경우에만 조합설립인가 후 전매가 제한되는 것이죠. 법 어디에도 소규모재건축 이외의 소규모주택 정비사업을 언급하고 있지 않으니까요. 그러므로 위와 같은 전매제한으로부터 자유롭다는 장점은 분명 소규모재건축을 제외한 소규모주택 정비사업 그 중에서도 특히 가로주택 정비사업을 주목해야 하는 이유라고 볼 수 있는 것이죠.

다만, 노파심에서 다시 한 번 강조해야 할 부분이 있습니다. 2021년 9월 21일 시행된 소규모주택 정비법 부칙을 기억해두어야 한다는 점인데요. 핵심은 소규모 재개발사업이나 관리지역에서 공공이 단독으로 혹은 공동사업자로 시행자인 경우 2021년 6월 29일 이후 소유권을 취득한 소유자는 조합원이 될 수 없다는 말입니다. 물론 예외 조항도 있습니다만 극히 예외적인 경우인지라 큰 의미가 없을 듯합니다. 다음은 관련 법규정이니 참고해주시기 바랍니다.

빈집 및 소규모주택 정비에 관한 특례법

토지등소유자의 자격 등에 관한 적용례

① 소규모 재개발사업 또는 가로주택 정비사업 시장·군수 등 또는 제18조 제1항에 따라 공공시행자로 지정된 토지주택공사 등이 관리지역에서 시행하는 경우로 한정한다. 이하 이 조에서 같다을 시행하는 경우 이 법을 국회가 의결한 날의 다음 날부터 토지 등에 대한 소유권을 취득하기 위한 등기를 마쳐 토지등소유자가 된 자는 제28조 제3항에 따른 대지 또는 건축물의 분양을 신청할 수 없다. 다만, 상속이나 이혼을 원인으로 토지등의 소유권이 변동된 경우에는 그러하지 아니하다.

② 제1항에도 불구하고 소규모 재개발사업을 시행하는 경우로서 2021년 2월 4일까지 「건축법」 제2조 제2항 제2호에 따른 공동주택의 건축을 위한 건축허가「주택법」 제19조에 따라 주택사업계획승인을 받아 건축허가가 의제되는 경우를 포함한다를 받은 주택에 대하여 제17조의 2제 6항의 개정규정에 따른 고시가 있는 날 이전에 분양계약을 체결하고 제18조 또는 제19조에 따른 사업시행자의 지정, 제22조에 따른 주민합의체 구성의 신고 또는 제23조에 따른 조합설립인가의 신청 전까지 공동주택의 소유권을 이전받는 자는 제28조 제3항에 따른 대지 또는 건축물의 분양을 신청할 수 있다.

③ 제1항에도 불구하고 가로주택 정비사업을 시행하는 경우로서 2021년 2월 4일까지 「건축법」 제2조 제2항 제2호에 따른 공동주택의 건축을 위한 건축허가「주택법」 제19조에 따라 주택사업계획승인을 받아 건축허가가 의제되는 경우를 포함한다를 받은 주택에 대하여 제43조의 2 제3항의 개정규정에 따른 관리계획의 고시일 이전에 분양계약을 체결하고 제18조 제2항에 따른 사업시행자의 지정·고시 전까지 공동주택의 소유권을 이전받는 자는 제28조 제3항에 따른 대지 또는 건축물의 분양을 신청할 수 있다.

6.
노후 건축물이
계속 증가하고 있다

소규모주택 정비사업을 주목해야 하는 이유는 여러 가지가 있지만 그 중에서도 노후·불량 건축물의 증가와 인구감소에도 불구하고 도심 주요 지역에 대한 주택수요는 오히려 증가할 것이라는 점을 들 수 있죠. 인구문제는 짧게 언급하기에는 너무 방대한 양이 될 수밖에 없기 때문에 여기서 따로 언급하지는 않고 노후·불량 건축물 현황과 그 추이를 서울과 경기도를 사례로 간략하게 살펴보겠습니다. 이를 통해 노후 건축물이 증가하고 있다는 사실을 좀 더 명확하게 알 수 있을 것입니다.

주택 종류별 노후도 현황으로 본 서울특별시의 장래 노후 건축물 수준

서울특별시의 주택 종류별 노후도를 살펴보겠습니다. 2020년 기준 서울특별시의 총주택동수는 44만 3,800동입니다. 가장 큰 비중을 차지하고 있는 것은 단독주택 19만 5,692동인 것으로 나타났는데요. 놀라실 필요까지는 없습니다. 호수가 아닌 동수로 계산했기 때문이니까요. 다음으로 다가구 11만 4,288동, 다세대 9만 1,505동, 아파트 2만 4,439동, 연립 9,014동의 순서인 것으로 나타났습니다.

● **2020년 기준 서울특별시 주택종류별 동수현황**

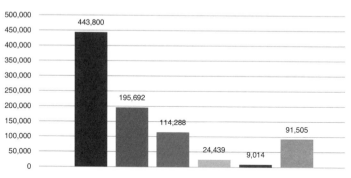

자료 : 건축물 생애이력 관리시스템 www.blcm.go.kr

다음으로 노후도별 주택현황을 보겠습니다. 참고로 2020년 기준입니다.

● 2020년 기준 서울특별시 노후도별 주택 현황

구분	25년 이상	20년~25년 미만	15년~20년 미만	10년~15년 미만	10년 미만
총주택동	289,616	29,620	37,535	18,537	45,740
단독주택동	165,514	3,324	1,809	920	1,882
다가구주택동	84,451	13,051	7,176	2,706	6,708
아파트동	6,612	4,000	6,425	3,438	3,900
연립주택동	6,691	1,346	447	190	274
다세대주택동	25,905	7,817	21,343	9,567	26,703

25년 이상 주택은 총 28만 9,616동 입니다. 20년 이상 25년 미만인 주택동수와 15년 이상 20년 미만 주택 동수도 각각 2만 9,620동, 3만 7,535동인데요. 그 중 다가구주택과 아파트, 다세대주택의 비중이 높죠. 동수로 표기되었기 때문에 세대수로 계산하면 그 규모가 상당함을 알 수 있습니다. 노후주택이 증가하면서 아파트가 아닌 단독주택이나 다가구주택, 연립주택, 다세대주택의 비중이 높다는 것은 그만큼 대규모 재개발·재건축이 아닌 소규모 정비사업이 필요한 지역이 증가한다는 것을 의미하는 것이라고 볼 수 있습니다.

사실 서울시에서 규모가 큰 재개발이나 재건축을 추진할 수 있는 곳은 의외로 많지 않죠. 규모가 있고 사업성을 확보할 수 있을 것으로 예상되는 지역들보다 광역적 정비사업이 어렵거나 사업성이 떨어지는 지역이 더 많다는 의미죠. 따라서 소규모주택 정비사업의 중요성은 갈수록 커질 것입니다.

주택 종류별 노후도 현황으로 분석한 경기도
노후 건축물 총량

2020년 기준 경기도의 주택동수는 65만 829동입니다. 비중을 보면 단독주택 → 다가구주택 → 다세대주택 → 아파트 → 연립주택의 순서인데요. 서울시와 숫자만 다를 뿐 순서는 같다는 것을 알 수 있습니다.

● **2020년 기준 경기도 주택종류별 동수현황**

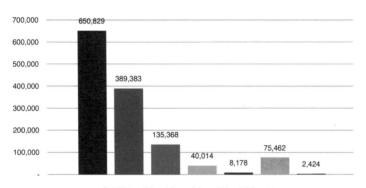

자료 : 건축물 생애이력 관리시스템 www.blcm.go.kr

노후도별 주택현황을 보면, 총주택은 65만 829동입니다. 이중 단독주택이 38만 9,383동이고 다가구주택이 13만 5,368동, 다세대주택이 7만 5,462동, 아파트가 4만 14동, 연립주택이 8,718동, 기타가 2,424동입니다. 이어서 경기도의 노후도별 주택현황을 보시죠.

● 2020년 기준 경기도 노후도별 주택현황

구분	25년 이상	20년~25년 미만	15년~20년 미만	10년~15년 미만	10년 미만
총주택동	269,171	62,063	59,483	56,265	136,235
단독주택동	172,832	34,136	25,202	27,549	63,208
다가구주택동	58,509	13,494	16,185	27,549	31,707
아파트동	8,904	6,163	7,559	7,002	10,265
연립주택동	4,502	1,046	429	560	1,518
다세대주택동	23,627	6,969	9,926	5,886	28,765

　　25년 이상 주택이 26만 9,171동이네요. 20년 이상 25년 미만 주택도 6만 2,063동이고 이어서 15년 이상 20년 미만과 10년 이상 15년 미만이 각각 5만 9,483동, 5만 6,265동입니다. 25년 이상 주택이 많은 만큼 머지않아 신축주택에 대한 수요가 상당할 것임을 예상해 볼 수 있습니다. 동수만 놓고 보면 단독주택과 다가구주택의 비중이 높습니다. 세대수가 많은 다세대주택과 아파트는 동수는 작아도 중요한 의미가 있습니다. 이처럼 경기도 역시 신축에 대한 수요가 증가할 것이 확실시됩니다. 소규모주택 정비사업에 대한 수요 역시 지속적으로 증가할 것이라는 뜻이죠. 소규모주택 정비사업을 주목해야 하는 강력한 이유가 되겠습니다.

7.
양보다 적재적소가
중요한 시대다

최근 몇 년 집값이 불안할 정도로 급등하는 모습을 보여왔습니다. 그래서일까요? 집값도 경기순환과 마찬가지로 상승이 있으면 필연적으로 하락도 있음을 간과하는 분위기인 것 같습니다.

게다가 대한민국은 주택수요의 주체인 인구까지 감소하고 있죠. 그런데 말이죠. 인구감소는 정말 재미있는 현상을 초래하게 될 것이 분명합니다. 재미있는 현상이라고 표현은 했지만 엄밀하게 말하면 매우 충격적인 현상이라고 말하는 것이 더 적당하긴 합니다.

어떤 현상이냐고요? 주택가격 양극화 현상과 도심주택에 대한 수요 폭증이 그것입니다. 가격 양극화는 인구감소에 따라 필연적으로 발생하는 현상이라고 볼 수 있죠. 현재 대한민국 모든 지역에서 가격 양극화 현상이 진행되고 있는데요. 심지어 대한민국 집값 1번지라고 할 수 있는 강남구 내에서조차 2배 이상의 가격격차를 보이는 경우까지 나타나고 있습니다. 문제는 이런 양극화 현상이 '우량지역 VS 비우량지역', '도심 VS 비도심', '대장지역 VS 비대장지역' 등 보편화될 것으로 예상된다는 점에 있습니다. 이로 인해 모든 지역에서 동시다발적으로 주택수요가 나타나는 대신 특정 지역 예를 들면 '우량지역', '도심', '대장지역'처럼 자족기능이 뛰어난 지역이 해당됨에 주택수요가 집중되는 현상이 나타나게 될 것입니다.

결국 인구감소에도 불구하고 주택수요가 집중되는 지역은 초과수요 현상이 발생함으로써 주택가격이 상승하게 되는 데 비해, 그렇지 않은 지역은 주택 재고물량에 못 미치는 과소수요 문제 즉, 초과공급 현상이 발생함으로써 주택가격이 장기하락을 면치 못하게 되는 것이죠. 수요가 있는 곳에 공급을 해야 한다는 것은 가장 기본적인 경제법칙입니다. 서울로 대표되는 수도권이나 지방 주요 도심지역을 아우르는 주요 우량지역으로 범위를 넓혀보아도 기존 도심 내에는 대규모 주택을 공급할만한 마땅한 땅이 많지 않습니다.

그에 비해 노후 건축물은 많죠. 또한 지금까지 남아 있는 노후 건축물들은 대부분 재개발 혹은 재건축처럼 대규모 정비사업이 어렵다는 공통점이 있습니다. 이런 상황이라면 수요가 있는 지역 다시 말해 적재적소에 신속한 주택 공급이 가능한 소규모주택 정비사업을 적극 고려해야 하는 충분한 이유가 되지 않을까요? 정부는 소규모주택 정비사업의 활성화를 목적으로 소규모주택 정비법을 관리지역제도에 도입했습니다. 이에 따라 관리지역으로 지정된 지역에서는 민간이 가로주택 정비사업을 추진할 경우에도 2만㎡까지 가로구역이 확대되었죠.

그 뿐만 아니라 관리지역 내에서 추진되는 자율주택 정비사업인 경우에도 전원 동의가 아닌 80% 동의_{토지면적 2/3이상 동의 포함}만으로 자율주택 정비사업을 추진할 수 있음은 물론 대상지역의 제한도 없어졌습니다. 그만큼 소규모주택 정비사업이 보다 활발하게 추진될 수 있는 환경이 갖춰진 것이죠. 소규모주택 정비사업이 더욱 빛을 발하게 될 이유라고 할 수 있습니다.

8.
내 집 마련에 더해 투기가 아닌
적절한 기대수익의 확보가 가능하다

내 집 마련의 방법 가운데 하나라는 점 이외에도 많은 사람들이 재개발이나 재건축에 열광해온 이유가 있습니다. 실제로 거주하기 위한 목적으로 구입했더라도 상황에 따라 처분해 상당한 시세차익을 기대할 수 있다는 점이 그것입니다. 그러나 이제 시쳇말로 황금알을 낳는 거위 역할을 해주던 재개발·재건축 정비사업이 그리 많지 않습니다. 과거와 같은 엄청난 시세차익을 거두는 것이 그만큼 어려워질 것이라는 뜻이죠. 그렇다면 이제 내 집 마련과 시세차익이라는 두 마리 토끼를 잡을 수 있는 방법은 청약밖에 없을까요? 그렇지 않습니다.

대규모로 정비사업이 진행되던 과거와 비교하면 정도의 차이는 분명 있겠지만 다가 올 미래에도 여전히 내 집 마련에 더해 적절한 기대수익 창출이 가능한 방법이 남아 있답니다. 뭐냐고요? 이미 여러분도 그 답을 예상하고 있을 듯 합니다만. 바로 소규모주택 정비사업입니다. 어떻게 소규모주택 정비사업으로 두 마리 토끼를 잡을 수 있냐고요? 간단합니다.

먼저, 스스로 소규모주택 정비사업을 시행할 수 있는 요건을 충족하는 지역을 선택하고, 다음으로 선택된 지역을 대상으로 사업성 분석을 해봄으로써 매입여부를 결정하면 됩니다. 소규모주택 정비사업을 시행할 수 있는 지역에 대해서는 Chapter 1~3까지를 정독하시면 명확하게 이해하실 수 있을 것이라고 생각하고요. 사업성 분석에 대해서는 Chapter 4~5를 정독하시면 확실히 감을 잡으실 수 있으실 것으로 기대하셔도 좋습니다.

마지막으로 소규모주택 정비사업은 여야의 지위가 바뀌어도 지속적으로 추진되어야 할 국가과제라는 점 또한 장기적인 관점에서 볼 때 내 집 마련은 물론 적절한 기대수익 창출도 가능한 근거라고 볼 수 있답니다. 도시재생 활성화 및 지원에 관한 특별법 제2조정의는 도시재생사업에 포함되는 사업을 열거하고 있는데요. 한번 볼까요?

도시재생 활성화 및 지원에 관한 특별법
제2조 정의

① 이 법에서 사용하는 용어의 뜻은 다음과 같다. 〈개정 2017. 12. 26., 2018. 4. 17., 2019. 8. 27., 2020. 1. 29., 2021. 7. 20.〉

7. "도시재생사업"이란 다음 각 목의 사업을 말한다.

   가. 도시재생활성화지역에서 도시재생활성화계획에 따라 시행하는 다음 어느 하나의 사업

     1) 국가 차원에서 지역발전 및 도시재생을 위하여 추진하는 일련의 사업

     2) 지방자치단체가 지역발전 및 도시재생을 위하여 추진하는 일련의 사업

     3) 주민 제안에 따라 해당 지역의 물리적·사회적·인적 자원을 활용함으로써 공동체를 활성화하는 사업

     4) 「도시 및 주거 환경정비법」에 따른 정비사업 및 「도시재정비 촉진을 위한 특별법」에 따른 재정비촉진사업

     5) 「도시개발법」에 따른 도시개발사업 및 「역세권의 개발 및 이용에 관한 법률」에 따른 역세권개발사업

     6) 「산업입지 및 개발에 관한 법률」에 따른 산업단지개발사업 및 산업단지 재생사업

     7) 「항만 재개발 및 주변지역 발전에 관한 법률」에 따른 항만재개발사업

     8) 「전통시장 및 상점가 육성을 위한 특별법」에 따른 상권활성화사업 및 시장정비사업

     9) 「국토의 계획 및 이용에 관한 법률」에 따른 도시·군계획시설사업 및 시범도시시범 지구 및 시범단지를 포함한다 지정에 따른 사업

     10) 「경관법」에 따른 경관사업

     11) 「빈집 및 소규모주택 정비에 관한 특례법」에 따른 빈집정비사업 및 소규모주택 정비사업

     12) 「공공주택 특별법」에 따른 공공주택사업

     13) 「민간임대주택에 관한 특별법」에 따른 공공지원민간임대주택 공급에 관한 사업

     14) 그밖에 도시재생에 필요한 사업으로서 대통령령으로 정하는 사업

   나. 혁신지구에서 혁신지구계획 및 시행계획에 따라 시행하는 사업 이하 "혁신지구재생사업"이라 한다

11번째에 소규모주택 정비사업이 있습니다. 이는 소규모주택 정비사업이 단순한 주택을 개량하거나 정비하는 사업을 넘어 도시재생 수준에서 접근하는 정비사업이라는 것을 보여주는 것입니다. '왜 지금 소규모주택 정비사업인가?'라는 질문에 대한 답이 될 수 있겠죠?

03
Chapter

소규모주택 정비사업,
무엇을 알아야 하는가?

소규모주택 정비사업을 이해하고 이를 통해 내 집 마련을 하기 위해 반드시 알아야 할 16가지를 검토하게 됩니다. 16가지를 검토하게 되지만 크게 보면 3가지로 분류할 수 있겠습니다.

첫 번째는 소규모주택 정비사업의 전제조건이 되는 개념입니다. 소규모주택 정비사업의 대상지역이나 가로구역, 사업시행구역, 노후 · 불량건축물 등이 이에 속하죠.

두 번째는 각각의 소규모주택 정비사업과 관련된 핵심 개념입니다. 소규모 재건축사업의 조합원, 가로주택 정비사업과 소규모 재개발사업의 토지등소유자, 분양자격, 입주권의 수 등이 해당됩니다.

세 번째는 사업성과 관련된 핵심 개념들입니다. 비용과 수익의 구성 요소인 총사업비, 시공비 그리고 총수입이나 종전자산평가액, 비례율, 권리가액, 분담금, 사업진행절차 등이 해당되죠.

사실 소규모주택 정비사업은 16가지가 가장 중요한 핵심이라고 할 수 있습니다. 특별히 꼼꼼하게 한 줄 한 줄 짚어가면서 읽어나가시기 바랍니다!

1.
어떤 곳이 소규모 주택
정비사업 대상지역이 될 수 있을까?

소규모주택 정비법은 소규모주택 정비사업을 시행할 수 있는 대상 지역을 정해놓고 있습니다. 따라서 그 요건에 부합되는 지역에서 소규모주택 정비사업을 시행할 수 있죠. 이와 관련해서는 Chapter 1~2에서도 개략적인 내용을 살펴보았는데요. 여기서 가로주택 정비사업과 소규모 재건축, 소규모 재개발을 중심으로 다시 한 번 자세하게 검토해보도록 하겠습니다.

 가로주택 정비사업 대상지역

가로주택 정비사업의 대상지역은 소규모주택 정비법 시행령 제3조 소규모주택 정비사업 대상지역와 동법 시행규칙 제2조 가로구역의 범위에 꼼꼼

하게 규정되어 있죠. 단순하게 정리하면 다음과 같은데요. 가로주택
정비사업의 대상지역은 가로구역의 전부 또는 일부로서 원칙에 따
른 대상지역과 예외적인 경우의 대상지역으로 세분할 수 있는데요.
법령의 주요 내용을 간략하게 표로 정리해보면 다음과 같습니다.

원칙	가로구역 면적요건	▶면적이 1만㎡ 미만
	노후·불량 건축물 요건	▶노후불량 건축물의 수가 해당 사업시행구역 전체 건축물 수의 3 분의 2 이상
	호수 또는 세대수 요건	▶기존주택이 모두 단독주택 : 10호 이상 ▶기존주택이 모두 공동주택인 경우 : 20세대 이상 ▶기존주택이 단독주택과 공동주택으로 구성된 경우 : 20채 이상
예외	가로구역 면적요건	▶면적을 시·도 조례로 기준 면적을 달리하는 경우 1만 3천㎡ 미 만 ▶사업시행계획서 작성 전 지방도시계획위원회 심의를 거친 경우 2만㎡ 미만
	사업시행구역 면적요건 등	▶2만㎡ 미만단, 아래의 요건을 모두 충족해야 함 ☞특별자치시장·특별자치도지사·시장·군수 또는 자치구의 구청 장 토지주택공사 등이 공동 또는 단독으로 사업을 시행할 것 ☞가로주택 정비사업으로 건설하는 건축물의 전체 연면적 대비 공 공임대주택 연면적의 비율 혹은 건설하는 주택의 전체 세대수 대 비 공공임대주택 세대수의 비율이 10% 이상 ☞사업시행계획서 작성 전 첫째, 토지소유자의 동의를 받고, 둘째, 지방도시계획위원회의 심의를 받을 것
	노후·불량 건축물 요건	▶노후불량 건축물의 수가 해당 사업시행구역 전체 건축물 수의 3 분의 2 이상

이 표를 보면 가로구역 면적요건은 1만㎡ 미만, 1만 3천㎡ 미
만, 2만㎡ 미만으로 구분할 수 있고 이 중 1만 3천㎡ 미만은 시·
조례로 달리 정하는 경우이고 2만㎡ 미만은 사업시행계획서 작성

전 지방도시계획위원회 심의를 거친 경우에만 가능하다는 것을 알 수 있습니다. 여기서 가로구역이라는 개념이 어색하죠? 곧 나오니 조금만 참으세요.

가로주택 정비사업의 대상지역과 관련한 전체 법규정을 살펴보기 원한다면 다음을 참고하시면 됩니다. 먼저 소규모주택 정비법 시행령입니다. 계속해서 소규모주택 정비법 시행규칙도 함께 읽어주시기 바랍니다.

빈집 및 소규모주택 정비에 관한 특례법 시행령
제3조 소규모주택 정비사업 대상 지역

① 법 제2조 제1항 제3호 각 목 외의 부분에서 "노후·불량 건축물의 밀집 등 대통령령으로 정하는 요건에 해당하는 지역 또는 가로구역街路區域"이란 다음 각 호의 구분에 따른 지역을 말한다. 〈개정 2018. 6. 12., 2019. 10. 22., 2020. 3. 17., 2021. 9. 17〉

──────────── 생략 ────────────

2. 가로주택 정비사업 : 가로구역의 전부 또는 일부로서 다음 각 목의 요건을 모두 충족한 지역

가. 해당 사업시행구역의 면적이 1만㎡ 미만일 것. 다만, 법 제43조의 2 제3항에 따라 승인·고시된 소규모주택 정비관리계획이하 "관리계획"이라 한다에 법 제43조의 3 제3호 및 제4호의 사항을 포함하는 경우 또는 다음의 요건을 모두 충족하는 경우에는 2만㎡ 미만으로 할 수 있다.

1) 특별자치시장·특별자치도지사·시장·군수 또는 자치구의 구청장이하 "시장·군수 등"이라 한다 또는 법 제10조 제1항 제1호에 따른 토지주택공사등이하 "토지주택공사 등"이라 한다이 법 제17조 제3항 또는 제18조 제1항에 따라 공동 또는 단독으로 사업을 시행할 것

2) 다음의 어느 하나에 해당하는 비율이 10퍼센트 이상일 것

가) 가로주택 정비사업으로 건설하는 건축물의 전체 연면적 대비 공공임대
주택 연면적의 비율

나) 가로주택 정비사업으로 건설하는 주택의 전체 세대수 대비 공공임대주
택 세대수의 비율

3) 사업시행자는 법 제30조에 따른 사업시행계획서사업시행구역 면적을 1만㎡ 미
만에서 1만㎡ 이상 2만㎡ 미만으로 변경하는 경우로서 법 제29조 제1항 본문에 따라 사업
시행계획서를 변경하는 경우를 포함한다를 작성하기 전에 다음의 요건을 모두 충
족할 것. 이 경우 「국토의 계획 및 이용에 관한 법률」 제51조에 따라 지구
단위계획구역을 지정할 수 있거나 지정해야 하는 경우 또는 지구단위계
획구역 및 지구단위계획이 지정·수립되어 있는 경우로서 같은 법 제30조
제5항 본문에 따라 이를 변경해야 하는 경우로 한정한다.

가) 「국토의 계획 및 이용에 관한 법률 시행령」 제19조의 2 제2항 제2호에 따
른 토지소유자 의 동의를 받을 것

나) 가) 요건을 갖춘 후 「국토의 계획 및 이용에 관한 법률」 제113조 제1항 및
제2항에 따라 특별자치시·특별자치도·시·군·구자치구를 말한다에 설치
하는 도시계획위원회이하 "지방도시계획위원회"라 한다의 심의를 받을 것. 이
경우 지방도시계획위원회는 제2항 제2호 나목에 따른 사항을 함께 심의
할 수 있다.

나. 노후·불량 건축물의 수가 해당 사업시행구역 전체 건축물 수의 3분의 2
이상일 것

다. 기존주택의 호수 또는 세대수가 다음의 구분에 따른 기준 이상일 것

1) 기존주택이 모두 단독주택인 경우: 10호

2) 기존주택이 모두 「주택법」 제2조 제3호의 공동주택이하 "공동주택"이라 한다
인 경우: 20세 대

3) 기존주택이 단독주택과 공동주택으로 구성된 경우: 20채단독주택의 호수와
공동주택의 세대수를 합한 수를 말한다. 이하 이 목에서 같다. 다만, 기존주택 중 단독
주택이 10호 이상인 경우에는 기존주택의 총합이 20채 미만인 경우에도

20채로 본다.

──────────── 생략 ────────────

② 제1항 제2호 각 목 외의 부분에 따른 가로구역은 다음 각 호의 요건을 모두 충족해야 한다. 〈신설 2019. 10. 22., 2020. 3. 17., 2021. 9. 17〉

1. 해당 가로구역은 국토교통부령으로 정하는 도로 및 시설로 둘러싸인 일단-團의 지역일 것. 다만, 법제 43조의 2에 따라 소규모주택 정비관리계획이 승인·고시된 지역은 제외한다.

2. 해당 가로구역의 면적은 1만m² 미만일 것. 다만, 다음 각 목의 어느 하나에 해당하는 경우에는 다음 각 목의 구분에 따른 면적 미만으로 할 수 있다.

　가. 지역여건 등을 고려하여 시·도 조례로 기준 면적을 달리 정하는 경우: 1 만 3천m²

　나. 사업시행자가 법 제30조에 따른 사업시행계획서법 제29조 제1항 본문에 따라 사업 시행계획서를 변경하는 경우를 포함한다를 작성하기 전에 사업시행에 따른 정비기반 시설 및 공동이용시설의 적정성 여부에 대하여 지방도시계획위원회의 심의를 거친 경우: 2만m²

3. 「국토의 계획 및 이용에 관한 법률」에 따른 도시·군계획시설인 도로같은 법 제32조 제4항에 따라 신설·변경에 관한 지형도면의 고시가 된 도로를 포함한다로서 폭이 4m를 초과하는 도로가 해당 가로구역을 통과하지 않을 것

빈집 및 소규모주택 정비에 관한 특례법 시행규칙
제2조 가로구역의 범위

③ 영 제3조 제2항 제1호 본문에서 "국토교통부령으로 정하는 도로 및 시설"이란 다음 각 호의 도로 및 시설을 말한다. 〈개정 2021. 9. 17.〉

1. 다음 각 목의 도로 및 예정도로

　가. 제1항 제1호의 도로

　나. 「건축법」 제2조 제1항 제11호에 따른 도로로서 너비 6m 이상의 도로. 이

경우 「사도법」에 따라 개설되었거나 신설·변경에 관한 고시가 된 도로는 「국토의 계획 및 이용에 관한 법률」 제36조 제1항 제1호 가목부터 다목까지의 규정에 따른 주거지역·상업지역 또는 공업지역에서의 도로로 한정한다.

　다. 제1항 제3호의 도로로서 너비 6m 이상인 도로

2. 다음 각 목의 기반시설

　가. 공용주차장

　나. 광장, 공원, 녹지, 공공공지

　다. 하천

　라. 철도

　마. 학교

[전문개정 2019. 10. 24.]

[제목개정 2021. 9. 17.]

 ## 소규모 재건축사업 대상지역

소규모 재건축사업의 대상지역은 짧고 분명합니다. 소규모 재건축은 정비기반시설이 양호한 지역에서 소규모로 공동주택을 재건축하기 위한 사업이라고 정의되어 있는데요. 주택단지로 다음의 세 가지 요건을 모두 충족한 지역들이 대상지역이 될 수 있습니다.

　첫째, 해당 사업시행구역의 면적이 1만㎡ 미만일 것

　둘째, 노후·불량 건축물의 수가 해당 사업시행구역 전체 건축물 수의 3분의 2 이상일 것

셋째, 기존주택의 세대수가 200세대 미만일 것

너무 분명하기 때문에 별도의 설명이 필요 없을 정도네요.

소규모 재개발사업 대상지역

소규모주택 정비법의 개정에 따라 새로 도입된 '소규모 재개발사업'은 '역세권 또는 준공업지역에서 소규모로 주거환경 또는 도시환경을 개선하기 위한 사업'이라고 정의되어 있습니다. 따라서 일단 소규모 재개발사업은 역세권이나 준공업지역이 대상지역이 될 수 있는데요.

시행령을 보면 보다 더 자세하게 대상지역을 규정해 놓았답니다.

역세권 소규모 재개발	공통요건	▶사업시행구역 면적이 5천㎡ 미만 ▶노후불량 건축물의 수가 해당 사업시행구역 전체 건축물 수의 3분의 2 이상단. 시·도 조례로 25% 범위에서 증감 가능 ▶국토교통부령으로 정하는 도로에 접할 것
	고유요건	▶역의 승강장 경계로부터 350m 이내 ▶역의 승강장 경계로부터 350m 이내 거리요건은 시·도 조례로 30% 범위에서 증감가능
준공업지역 소규모 재개발	공통요건	▶사업시행구역 면적이 5천㎡ 미만 ▶노후불량 건축물의 수가 해당 사업시행구역 전체 건축물 수의 3분의 2 이상단. 시·도 조례로 25% 범위에서 증감 가능 ▶국토교통부령으로 정하는 도로에 접할 것
	고유요건	▶준공업지역일 것

소규모 재개발사업의 대상지역을 보면 역세권 소규모 재개발과 준공업지역 소규모 재개발 모두에 적용되는 공통요건과 각각의 경우에 적용되는 고유요건으로 구분할 수 있는데요. 공통요건은 사업시행구역의 면적이 5천㎡ 미만이고 노후불량 건축물의 수가 사업시행구역 전체 건축물수의 3분의 2 이상이어야 하며, 국토교통부령으로 정하는 도로에 접해야 한다는 것입니다.

다음으로 고유요건을 보면 역세권 소규모 재개발은 역의 승강장 경계로부터 350m 이내여야 하는데 예외적으로 시·도 조례로 30% 범위에서 증감할 수 있습니다. 한편, 준공업지역 소규모 재개발은 반드시 준공업지역만 대상지역이 될 수 있습니다. 다음은 관련 법규정이니 좀 더 자세히 검토하고 싶다면 참고하시기 바랍니다.

빈집 및 소규모주택 정비에 관한 특례법
제2조 정의

① 이 법에서 사용하는 용어의 뜻은 다음과 같다. 〈개정 2019. 4. 23., 2021. 7. 20.〉

———————————— 생략 ————————————

3. "소규모주택 정비사업"이란 이 법에서 정한 절차에 따라 노후·불량 건축물의 밀집 등 대통령령으로 정하는 요건에 해당하는 지역 또는 가로구역街路區域에서 시행하는 다음 각 목의 사업을 말한다.

———————————— 생략 ————————————

라. 소규모 재개발사업: 역세권 또는 준공업지역에서 소규모로 주거환경 또는 도시환경을 개선하기 위한 사업

빈집 및 소규모주택 정비에 관한 특례법 시행령

제3조 소규모주택 정비사업 대상 지역

① 법 제2조 제1항 제3호 각 목 외의 부분에서 "노후·불량 건축물의 밀집 등 대통령령으로 정하는 요건에 해당하는 지역 또는 가로구역街路區域"이란 다음 각 호의 구분에 따른 지역을 말한다.

―――――――――― 생략 ――――――――――

4. 소규모 재개발사업: 다음 각 목의 지역

　가. 「철도의 건설 및 철도시설 유지관리에 관한 법률」, 「철도산업발전기본법」 또는 「도시철도법」에 따라 건설·운영되는 철도역개통 예정인 역을 포함한다의 승강장 경계로부터 반 경 350m 이내인 지역으로서 다음의 기준을 모두 충족하는 지역. 다만, 승강장 경계로부 터의 반경은 지역 여건을 고려해 100분의 30 범위에서 시·도조례로 정하는 비율로 증감 할 수 있다.

　　1) 해당 사업시행구역의 면적이 5천㎡ 미만일 것

　　2) 노후·불량건축물의 수가 해당 사업시행구역의 전체 건축물 수의 3분의 2 이상일 것. 다 만, 지역 여건 등을 고려해 100분의 25 범위에서 시·도조례로 정하는 비율로 증감할 수 있다.

　　3) 해당 사업시행구역이 국토교통부령으로 정하는 도로에 접할 것

　나. 「국토의 계획 및 이용에 관한 법률 시행령」 제30조 제1항 제3호 다목의 준공업지역으로 서 가목1)부터 3)까지에서 규정한 기준을 모두 충족하는 지역

알아두어야 할 소규모 재개발사업의 도로요건

소규모 재개발사업의 대상지 요건 중 도로요건이 있고 가로주택 정비사업을 추진할 수 있는 가로구역이 되기 위한 도로요건은 서로 다르기 때문에 소규모 재개발사업의 대상지역이 되기 위해 충족해야 할 도로요건을 별도로 알아두어

야 하죠. 다음은 소규모 재개발사업의 도로요건입니다.

빈집 및 소규모주택 정비에 관한 특례법 시행규칙

제2조 가로구역의 범위 등

① 「빈집 및 소규모주택 정비에 관한 특례법 시행령」(이하 "영"이라 한다) 제3조 제1항 제4호 가목3)에서 "국토교통부령으로 정하는 도로"란 다음 각 호의 도로 및 예정도로를 말한다. 다만, 해당 사업시행구역에 이러한 도로 또는 예정도로가 둘 이상 접한 경우로 한정한다. 〈신설 2021. 9. 17.〉

1. 「국토의 계획 및 이용에 관한 법률」 제2조제7호에 따른 도시·군계획시설인 도로 및 같은 법 제32조 제4항에 따라 신설·변경에 관한 지형도면의 고시가 된 도로

2. 「건축법」 제2조 제1항 제11호에 따른 도로

3. 다음 각 목의 지정을 받거나 신고·신청을 하기 위하여 「국토의 계획 및 이용에 관한 법률」, 「사도법」 또는 그 밖의 관계 법령에 따라 도로를 신설·변경할 수 있는 계획을 제출한 경우 그 계획에 따른 예정도로

   가. 법 제18조 및 제19조에 따른 사업시행자 지정

   나. 법 제22조에 따른 주민합의체 구성 신고

   다. 법 제23조에 따른 조합설립인가 신청

② 제1항에 따른 도로의 너비는 각각 4m 이상이어야 하며, 둘 이상의 도로 중 하나는 6m[지역 여건을 고려하여 40퍼센트의 범위에서 특별시·광역시·특별자치시·도·특별자치도 또는 「지방자치법」 제175조에 따른 서울특별시·광역시 및 특별자치시를 제외한 인구 50만 이상 대도시의 조례(이하 "시·도 조례"라 한다)로 넓게 정하는 경우에는 그 너비로 한다] 이상이어야 한다. 〈신설 2021. 9. 17.〉

2.
가로주택 정비사업의
가로구역이란 무엇인가?

가로주택 정비사업은 가로구역의 전부 또는 일부에서 시행할 수 있습니다. 그렇기 때문에 가로주택 정비사업에 관심이 있다면 우선 어떤 지역이 가로주택 정비사업을 시행할 수 있는 가로구역 요건을 충족하고 있는지를 확인할 수 있는 능력을 배양하는 것이 중요합니다. 그렇다면 가로주택 정비사업을 시행할 수 있는 가로구역이란 어떤 곳일까요?

 ## 가로주택 정비사업을 추진할 수 있는 가로구역이란?

가로구역에 대한 정의는 소규모 주택정비법 시행령 제3조 소규모주택 정비사업 대상 지역 ①항과 ②항과 동법 시행령 제2조 가로구역의 범위에 규정되어 있는데요. 이렇게 법령만 나열하면 다소 어렵게 느껴질 수밖에 없죠. 그래서 최대한 단순하게 가로구역에 대해서만 검토해 보았는데요. 소규모주택 정비법 시행령은 가로구역을 다음의 3가지를 모두 충족하는 지역으로 규정하고 있습니다.

첫째, 가로구역은 국토교통부령으로 정하는 도로 및 시설로 둘러싸인 일단의 지역[다만, 관리계획에 공공이 공동 또는 단독으로 시행하는 소규모주택 정비사업거점사업에 관한 계획의 수립 및 거점사업 이외의 소규모주택 정비사업에 대한 추진계획을 포함하는 경우는 제외]이어야 하고

둘째, 면적이 1만㎡ 미만단, 예외적으로 시·도 조례로 1만 3천㎡ 미만, 사업시행자가 사업시행계획서를 작성하기 전에 사업시행에 따른 정비기반시설 및 공동이용시설의 적정성 여부에 대하여 지방도시계획위원회의 심의를 거친 경우 2만㎡ 미만이어야 한다.

셋째, 폭이 4m를 초과하는 도로가 해당 가로구역을 통과하지 않아야 합니다.

그런데 첫 번째 요건을 보면 가로구역은 '국토교통부령으로 정하는 도로 및 시설로 둘러싸인 지역'이어야 하는데요. 이때 국토교통부령은 시행규칙이니까 최종적으로 소규모주택 정비법 시행규칙을 확인해봄으로써 가로구역에 대한 개념정리를 마무리할 수 있을 것 같습니다.

그럼 볼까요? 가로구역은 '도로 및 시설로 둘러싸인 일단의 지역'입니다. 여기서 중요한 것은 '도로', '시설', '둘러싸인 일단의 지역'입니다. 시행규칙을 보면 도로는 크게 세 가지로 세분되어 있다

는 것을 알 수 있습니다.

첫째, 도시계획도로,

둘째, 건축법에 따른 도로로 너비 6m 이상의 도로_{사도법에 따라 개}
선되었거나 신설·변경에 관한 고시가 된 도로는 주거지역, 상업지역 또는 공업지역에서
의 도로로 한정

셋째, 너비 6m 이상의 예정도로 등입니다.

다음으로 시설은 도로는 아니지만 도로로 보는 것들을 의미하죠.

첫째, 공용주차장

둘째, 광장, 공원, 녹지, 공공공지

셋째, 하천

넷째, 철도

다섯째, 학교 등이 있죠.

참고로 철도와 학교는 소규모주택 정비법 개정으로 새롭게 도로
로 간주되는 시설에 포함되었습니다.

마지막으로 '둘러싸인 일단의 지역'이란 도로나 시설로 사면이
둘러싸인 지역이어야 한다는 의미죠. 만일 위의 도로나 시설로 사
면이 둘러싸여 있지 않다면 원칙적으로 가로구역이 될 수 없습니다.

이제 가로구역에 대한 개념이 잡히시나요? 궁금해 할 수도 있
어서 가로구역과 관련된 법규정을 다시 한 번 정리해보았습니다.
Chapter 1~2에서 살펴본 내용들과 같죠? 그렇다 할지라도 한번쯤
은 꼼꼼하게 정독해주시기 바랍니다.

빈집 및 소규모주택 정비에 관한 특례법 시행령

제3조 소규모주택 정비사업 대상 지역

2. 가로주택 정비사업: 가로구역의 전부 또는 일부로서 다음 각 목의 요건을 모두 갖춘 지역

　가. 해당 사업시행구역의 면적이 1만㎡ 미만일 것. 다만, 사업시행구역이 법 제43조의 2에 따라 소규모주택 정비관리계획(이하 "소규모주택 정비관리계획"이라 한다)이 승인·고시된 지역인 경우이거나 다음의 요건을 모두 갖춘 경우에는 2만㎡ 미만으로 할 수 있다.

　　1) 특별자치시장·특별자치도지사·시장·군수 또는 자치구의 구청장(이하 "시장·군수 등"이라 한다) 또는 법 제10조 제1항 제1호에 따른 토지주택공사등(이하 "토지주택공사등"이라 한다)이 법 제17조 제3항 또는 제18조 제1항에 따라 공동 또는 단독으로 사업을 시행할 것

　　2) 다음의 어느 하나에 해당하는 비율이 10퍼센트 이상일 것

　　　가) 가로주택 정비사업으로 건설하는 건축물의 전체 연면적 대비 공공임대주택 연면적의 비율

　　　나) 가로주택 정비사업으로 건설하는 주택의 전체 세대수 대비 공공임대주택 세대수의 비율

　　3) 사업시행자는 법 제30조에 따른 사업시행계획서(사업시행구역 면적을 1만㎡ 미만에서 1만㎡ 이상 2만㎡ 미만으로 변경하는 경우로서 법 제29조 제1항 본문에 따라 사업시행계획서를 변경하는 경우를 포함한다)를 작성하기 전에 다음의 요건을 모두 충족할 것. 이 경우 「국토의 계획 및 이용에 관한 법률」 제51조에 따라 지구단위계획구역을 지정할 수 있거나 지정해야 하는 경우 또는 지구단위계획구역 및 지구단위계획이 지정·수립되어 있는 경우로서 같은 법 제30조 제5항 본문에 따라 이를 변경해야 하는 경우로 한정한다.

　　　가) 「국토의 계획 및 이용에 관한 법률 시행령」 제19조의 2 제2항 제2호에 따른 토지소유자의 동의를 받을 것

　　　나) 가) 요건을 갖춘 후 「국토의 계획 및 이용에 관한 법률」 제113조 제

1항 및 제2항에 따 라 특별자치시·특별자치도·시·군·구자치구를 말한다에 설치하는 도시계획위원회이하 "지방도시계획위원회"라 한다의 심의를 받을 것. 이 경우 지방도시계획위원회는 제2항 제 2호 나목 에 따른 사항을 함께 심의할 수 있다.

나. 노후·불량건축물의 수가 해당 사업시행구역 전체 건축물 수의 3분의 2 이상일 것. 다 만, 소규모주택정비 관리지역의 경우에는 100분의 15 범위 에서 시·도 조례로 정하는 비율 로 증감할 수 있다.

다. 기존주택의 호수 또는 세대수가 다음의 구분에 따른 기준 이상일 것

1) 기존주택이 모두 단독주택인 경우: 10호

2) 기존주택이 모두 「주택법」 제2조제3호의 공동주택이하 "공동주택"이라 한 다인 경우: 20세대

3) 기존주택이 단독주택과 공동주택으로 구성된 경우: 20채단독주택의 호 수와 공동주택의 세대수를 합한 수를 말한다. 이하 이 목에서 같다. 다만, 기존주택 중 단독주택이 10호 이 상인 경우에는 기존주택의 총합이 20채 미만 인 경우에도 20채로 본다.

——————————————— 생략 ———————————————

② 제1항 제2호 각 목 외의 부분에 따른 가로구역은 다음 각 호의 요건을 모두 갖춰야 한다. 〈신설 2019. 10. 22., 2020. 3. 17., 2021. 9. 17.〉

1. 해당 가로구역은 국토교통부령으로 정하는 도로 및 시설로 둘러싸인 일단— 圓의 지역일 것. 다만, 법 제43조의 2에 따라 소규모주택 정비관리계획이 승 인·고시된 지역인 경우는 제외한다.

2. 해당 가로구역의 면적은 1만㎡ 미만일 것. 다만, 다음 각 목의 어느 하나에 해당하 는 경우에는 다음 각 목의 구분에 따른 면적 미만으로 할 수 있다.

가. 지역여건 등을 고려하여 시·도 조례로 기준 면적을 달리 정하는 경우: 1 만3천㎡

나. 사업시행자가 법 제30조에 따른 사업시행계획서법 제29조제1항 본문에 따라 사업시행계 획서를 변경하는 경우를 포함한다를 작성하기 전에 사업시행에 따른 정비기반시설 및 공동 이용시설의 적정성 여부에 대하여 지방도시계획

위원회의 심의를 거친 경우: 2만㎡

다. 법 제43조의 2에 따라 소규모주택 정비관리계획이 승인·고시된 지역인
경우: 2만㎡

3. 「국토의 계획 및 이용에 관한 법률」에 따른 도시·군계획시설인 도로같은 법
제32조제4항 에 따라 신설·변경에 관한 지형도면의 고시가 된 도로를 포함한다로서 폭이
4m를 초과 하는 도로가 해당 가로구역을 통과하지 않을 것

3.
가로구역과 사업시행구역은 다른 개념이다

가로구역과 사업시행구역을 혼동하는 분들이 아주 많습니다. 충분히 그럴 수 있다고 생각이 드는데요. 그도 그럴 것이 꼼꼼하게 공부하지 않으면 진짜 헷갈릴 수 있는 개념이 가로구역과 사업시행구역입니다. 그래서 가로구역과 사업시행구역이 어떻게 다른지 알기 쉽게 정리할 필요가 있는데요. 일단 가로구역은 바로 위에서 살펴보았으니 아직 충분히 이해가 되지 않았다면 윗글을 다시 한 번 읽어주시기 바라고요. 지금부터는 사업시행구역에 좀 더 초점을 맞춰보도록 하겠습니다.

소규모주택 정비법에서는 사업시행구역을 '빈집정비사업 또는 소규모주택 정비사업을 시행하는 구역을 말한다.'라고 정의해 놓았는데요. 다시 말해, 가로주택 정비사업에 있어서 사업시행구역이란 가로주택 정비사업이 실제로 시행되는 구역이라는 뜻이죠. 사업시행구역이 되려면 먼저 가로구역 요건을 충족해야 합니다. 그러나 가로구역 요건을 충족했다고 해서 무조건 사업시행구역이 될 수 있는 것은 아닙니다. 어떻게 그런 일이 있을 수 있냐고요? 충분히 그럴 수 있습니다. 소규모주택 정비법 시행령과 시행규칙에 따르면 사업시행구역은 면적에 제한이 있죠. 실제로 사업시행구역 면적은 원칙적으로 1만㎡ 미만이어야 합니다. 물론 예외적으로 2만㎡까지 완화될 수 있는데요. 다음의 경우가 이에 해당됩니다.

빈집 및 소규모주택 정비에 관한 특례법 시행령
제3조 소규모주택정비사업 대상 지역

2. 가로주택정비사업: 가로구역의 전부 또는 일부로서 다음 각 목의 요건을 모두 갖춘 지역

가. 해당 사업시행구역의 면적이 1만㎡ 미만일 것. 다만, 사업시행구역이 법 제43조의 2 에 따라 소규모주택정비 관리계획(이하 "소규모주택 정비관리계획"이라 한다)이 승인·고시 된 지역인 경우이거나 다음의 요건을 모두 갖춘 경우에는 2만㎡ 미만으로 할 수 있다.

1) 특별자치시장·특별자치도지사 · 시장 · 군수 또는 자치구의 구청장(이하 "시장 · 군수 등" 이라 한다) 또는 법 제10조 제1항 제1호에 따른 토지주택공사 등(이하 "토지주택공사 등" 이라 한다)이 법 제17조 제3항 또는 제18조 제1항에 따라 공동 또는 단독으로 사업을 시행할 것

2) 다음의 어느 하나에 해당하는 비율이 10퍼센트 이상일 것
  가) 가로주택 정비사업으로 건설하는 건축물의 전체 연면적 대비 공공임대주택 연면적의 비율
  나) 가로주택 정비사업으로 건설하는 주택의 전체 세대수 대비 공공임대주택 세대수의 비율

3) 사업시행자는 법 제30조에 따른 사업시행계획서(사업시행구역 면적을 1m²
미만에서 1만m² 이상 2만m² 미만으로 변경하는 경우로서 법 제29조 제1항 본문에 따
라 사업시행계 획서를 변경하는 경우를 포함한다)를 작성하기 전에 다음의 요
건을 모두 충족할 것. 이 경 우 「국토의 계획 및 이용에 관한 법률」 제
51조에 따라 지구단위계획구역을 지정할 수 있거 나 지정해야 하는
경우 또는 지구단위계획구역 및 지구단위계획이 지정·수립되어 있는
경 우로서 같은 법 제30조 제5항 본문에 따라 이를 변경해야 하는 경
우로 한정한다.
가) 「국토의 계획 및 이용에 관한 법률 시행령」 제19조의 2 제2항 제2
호에 따른 토지소유 자의 동의를 받을 것
나) 가) 요건을 갖춘 후 「국토의 계획 및 이용에 관한 법률」 제113조 제
1항 및 제2항에 따라 특별자치시·특별자치도·시·군·구자치구를
말한다)에 설치하는 도시계획위원회 이하 "지방도시계획위원회"라 한다)의
심의를 받을 것. 이 경우 지방도시계획위원회는 제2항 제2호 나목
에 따른 사항을 함께 심의할 수 있다.

　자, 그럼 위 법조항에 근거해 가로구역 요건을 충족하더라도 사
업시행구역 요건을 충족하지 못하는 경우가 어떻게 발생할 수 있는
지 예를 들어보겠습니다. 시·도 조례로 1만 3천m²까지 가로구역이
완화된 A라는 지역이 있다고 합시다. 가로구역 요건을 충족했으니
1만 3천m² 전부를 사업시행구역으로 정해서 가로주택 정비사업을
추진할 수 있을까요? 안 됩니다. 예외적인 경우가 아닌 이상 사업
시행구역은 1만m² 미만이어야 한다고 규정되어 있기 때문입니다.
그렇다면 사례의 A구역은 가로주택 정비사업을 추진할 수 없을까

요? 그렇지는 않습니다. 사업시행구역을 1만m² 미만으로 쪼갠다면 가로주택 정비사업 추진이 가능합니다. 다음은 가로구역과 사업시행구역의 면적기준을 단순화해 정리한 것이니 참고해주세요.

● **가로구역 VS 사업시행구역의 면적기준 비교**

구분	가로구역	사업시행구역
원칙	– 1만m² 미만	– 1만m² 미만
예외	– 1만 3천m² 미만 – 2만m² 미만	– 2만m² 미만

4.
노후·불량 건축물의
의미

소규모주택 정비법에 따른 소규모주택 정비사업이나 도시정비법에 따른 재개발·재건축 정비사업 모두 노후·불량 건축물에 대한 개념이 필수적인데요. 노후·불량 건축물에 대한 개념파악이 중요한 이유는 소규모주택 정비법에서 소규모주택 정비사업을 '노후·불량 건축물의 밀집 등 대통령령으로 정하는 요건에 해당하는 지역 또는 가로구역街路區域에서 시행할 수 있다'라고 규정하고 있기 때문입니다. 그렇기 때문에 소규모주택 정비사업을 추진하는 데 있어 가장 기본적인 요건이라고 할 수 있는 노후·불량 건축물에 대한 개념을 파악하는 것이 중요한 것입니다.

특히, 원칙적으로 소규모주택 정비사업을 시행하려면 '노후·불량 건축물의 수가 해당 사업시행구역의 전체 건축물 수의 3분의 2 이상일 것'이라는 요건을 충족해야 한다는 점에 유의해야 합니다.

노후·불량 건축물에 대한 정의는 '빈집 및 소규모주택 정비에 관한 특례법'이 아닌 도시 및 주거 환경정비법과 관련 지방자치단체의 조례를 통해 확인할 수 있습니다. 자, 그럼 지금부터 관련된 내용을 하나씩 정리해보죠. 먼저 노후·불량 건축물에 대한 정의는 '도시 및 주거 환경정비법 제2조정의'를 보면 확인할 수 있는데요. 그 내용은 다음과 같습니다.

도시 및 주거 환경정비법
제2조 정의

3. "노후·불량 건축물"이란 다음 각 목의 어느 하나에 해당하는 건축물을 말한다.

가. 건축물이 훼손되거나 일부가 멸실되어 붕괴, 그 밖의 안전사고의 우려가 있는 건축물

나. 내진성능이 확보되지 아니한 건축물 중 중대한 기능적 결함 또는 부실 설계·시공으로 구조적 결함 등이 있는 건축물로서 대통령령으로 정하는 건축물

다. 다음의 요건을 모두 충족하는 건축물로서 대통령령으로 정하는 바에 따라 특별시·광역시·특별자치시·도·특별자치도 또는 「지방자치법」 제198조에 따른 서울특별시·광역시 및 특별 자치시를 제외한 인구 50만 이상 대도시이하 "대도시"라 한다의 조례이하 "시·도 조례"라 한다로 정하는 건축물

　　1) 주변 토지의 이용 상황 등에 비추어 주거환경이 불량한 곳에 위치할 것

　　2) 건축물을 철거하고 새로운 건축물을 건설하는 경우 건설에 드는 비용과 비교하여 효용의 현저한 증가가 예상될 것

라. 도시미관을 저해하거나 노후화된 건축물로서 대통령령으로 정하는 바에 따라 시·도 조례로 정하는 건축물

단순하게 보이지만 법이 어렵게 다가오는 이유는 법에서 모든 것을 정의하지 않고 시행령, 시행규칙, 조례에 자세한 사항을 위임하고 있기 때문이죠. 그렇다고 좌절하시면 안 되는 것 아시죠? 지금부터 해당 내용들을 하나씩 찾아서 정리해보면 됩니다.

우선 '제2조 3호 나목'을 보니 대통령령으로 정하는 건축물이라는 표현이 등장합니다. 대통령령은 곧 시행령의 다른 이름이니 시행령을 확인해보시면 될 듯합니다.

급수·배수·오수설비나 지붕, 외벽 등이 노후화되었거나 손상되어 제 기능하기 어렵다면 그런 곳에서 살기 정말 힘들 것 같습니다. 게다가 안전이 우려되는 건축물이라면 더더욱 사람 살 곳이

도시 및 주거 환경정비법 시행령

제2조 노후·불량 건축물의 범위

① 「도시 및 주거 환경정비법」(이하 "법"이라 한다) 제2조 제3호 나목에서 "대통령령
으로 정하는 건축물"이란 건축물을 건축하거나 대수선할 당시 건축법령에
따른 지진에 대한 안전 여부 확인 대상이 아닌 건축물로서 다음 각 호의 어
느 하나에 해당하는 건축물을 말한다.

1. 급수·배수·오수 설비 등의 설비 또는 지붕·외벽 등 마감의 노후화나 손상
으로 그 기능을 유지하기 곤란할 것으로 우려되는 건축물

2. 법 제12조 제4항에 따른 안전진단기관이 실시한 안전진단 결과 건축물의 내
구성·내하력耐荷力 등이 같은 조 제5항에 따라 국토교통부장관이 정하여 고
시하는 기준에 미치지 못할 것으로 예상되어 구조 안전의 확보가 곤란할 것
으로 우려되는 건축물

못 된다는 뜻이겠죠? 확인해보니 특별히 이해하기 어려운 내용은 없네요. 계속해서 '도시 및 주거 환경정비법 제2조 3호 다목'을 보니 '대통령령으로 정하는'이라는 표현이 또 다시 눈에 띄네요. 역시 '도시 및 주거 환경정비법 시행령'을 확인해보라는 말입니다. 한번 확인해보시죠.

도시 및 주거 환경정비법 시행령
제2조 노후·불량 건축물의 범위

② 법 제2조 제3호 다목에 따라 특별시·광역시·특별자치시·도·특별자치도 또는 「지방자치법」 제175조에 따른 서울특별시·광역시 및 특별자치시를 제외한 인구 50만 이상 대도시의 조례이하 "시·도 조례"라 한다로 정할 수 있는 건축물은 다음 각 호의 어느 하나에 해당하는 건축물을 말한다.

1. 「건축법」 제57조 제1항에 따라 해당 지방자치단체의 조례로 정하는 면적에 미치지 못하거나 「국토의 계획 및 이용에 관한 법률」 제2조 제7호에 따른 도시·군계획시설이하 "도시·군계획시설"이라 한다 등의 설치로 인하여 효용을 다할 수 없게 된 대지에 있는 건축물

2. 공장의 매연·소음 등으로 인하여 위해를 초래할 우려가 있는 지역에 있는 건축물

3. 해당 건축물을 준공일 기준으로 40년까지 사용하기 위하여 보수·보강하는 데 드는 비용이 철거 후 새로운 건축물을 건설하는 데 드는 비용보다 클 것으로 예상되는 건축물

위 시행령 제2조를 보니 '건축법 제57조 제1항'이 나오고 이에 기초해 조례로 정하는 면적에 미치지 못하거나 도시·군계획시설의 설

치로 효용을 다할 수 없게 된 대지에 있는 건축물이 불량 건축물에 해당됩니다. 그렇다면 건축법 제57조 제1항을 검토해보아야 겠군요. 다소 복잡해 어렵게 느껴지더라도 조금만 더 참고 검토해보시죠!

건축법
제57조 대지의 분할 제한

① 건축물이 있는 대지는 대통령령으로 정하는 범위에서 해당 지방자치단체의 조례로 정하는 면적에 못 미치게 분할할 수 없다.

건축법 제57조 ①항은 건축물이 있는 대지는 대통령령_{건축법 시행}령으로 정하는 범위 내에서 각 지방자치단체의 조례로 정하는 면적에 못 미치게 분할할 수 없다는 내용입니다. 이렇게 정의한 것을 보

건축법 시행령
제80조 건축물이 있는 대지의 분할제한

법 제57조 제1항에서 "대통령령으로 정하는 범위"란 다음 각 호의 어느 하나에 해당하는 규모 이상을 말한다.
1. 주거지역: 60㎡
2. 상업지역: 150㎡
3. 공업지역: 150㎡
4. 녹지지역: 200㎡
5. 제1호부터 제4호까지의 규정에 해당하지 아니하는 지역: 60㎡

니 건축법 시행령을 또 다시 찾아보아야 할 것 같네요.

건축법 시행령에서 정한 건축물이 있는 대지의 분할제한은 용도지역별로 최저 60㎡에서 최대 200㎡ 이상인 경우에만 분할할 수 있음을 확인할 수 있습니다. 하지만 이게 끝이 아닙니다. 지방자치단체별로 시행령에서 정한 것보다 조례로 분할을 더 어렵게 만들어 놓은 경우도 있을 수 있기 때문이죠. 다음은 서울특별시와 인천광역시의 건축물이 있는 대지의 분할제한 관련 조례입니다.

서울특별시 건축 조례
제29조 건축물이 있는 대지의 분할제한

법 제57조 제1항 및 영 제80조에 따라 건축물이 있는 대지의 분할은 다음 각 호의 어느 하나에 해당하는 규모 이상으로 한다. 〈개정 2018. 7. 19.〉

1. 주거지역 : 90㎡
2. 상업지역 : 150㎡
3. 공업지역 : 200㎡
4. 녹지지역 : 200㎡
5. 제1호부터 제4호까지에 해당하지 아니한 지역 : 90㎡

인천광역시 건축 조례
제28조 대지의 분할 제한

① 법 제57조제1항 및 영 제80조에 따라 건축물이 있는 대지의 분할은 다음 각 호의 어느 하나에 해당하는 규모이하로 분할할 수 없다. 〈개정 2007. 7. 30〉 〈개정 2009. 10. 5〉

1. 주거지역 : 90㎡
2. 상업지역 : 150㎡

3. 공업지역 : 150m²

4. 녹지지역 : 200m²

5. 제1호 내지 제4호에 해당하지 아니하는 지역 : 60m²

② 제1항에도 불구하고 「산업입지 및 개발에 관한 법률」에 따른 산업단지의 경우 「산업집적 활성화 및 공장설립에 관한 법률」에 의한 산업단지관리기본 계획에서 정하는 면적 미만으로 분할할 수 없다

서울특별시와 인천광역시의 조례를 보니 건축법 시행령에서 정한 것보다 건축물이 있는 대지의 분할을 더 어렵게 면적기준이 강화되어 있음을 확인할 수 있습니다. 소규모주택 정비사업이나 재개발·재건축 정비사업의 법적용은 위와 같은 체계로 하면 됩니다. 조금 번거롭더라도 법에서 규정하고 있는 내용만 하나씩 찾아가면서 정리하면 되는 것이죠.

마지막으로 '도시 및 주거 환경정비법 제2조 3호 라목'을 보니 도시미관을 저해하거나 노후화된 건축물로서 대통령령으로 정하는 바에 따라 시·도 조례로 정하는 건축물이라는 표현이 눈에 들어옵니다. 그러니 우선 대통령령 '도시 및 주거 환경정비법 시행령'을 검토해보아야 할 것 같습니다.

시행령을 살펴보았으니 이제 다음 차례는 각 지방자치단체의 조례를 살펴보는 것일 텐데요. 서울특별시와 경기도, 인천광역시 조례를 살펴보겠습니다. 이를 통해 수도권의 노후·불량 건축물 기준이 어떻게 되는지를 분명하게 정리할 수 있을 테니까요. 수도권 이

도시 및 주거 환경정비법 시행령
제2조 노후·불량 건축물의 범위

③ 법 제2조 제3호 라목에 따라 시·도 조례로 정할 수 있는 건축물은 다음 각
   호의 어느 하나에 해당하는 건축물을 말한다.

1. 준공된 후 20년 이상 30년 이하의 범위에서 시·도 조례로 정하는 기간이
   지난 건축물

2. 「국토의 계획 및 이용에 관한 법률」 제19조 제1항 제8호에 따른 도시·군기본
   계획의 경관에 관한 사항에 어긋나는 건축물

외 지역은 어떻게 하냐고요? 위와 같은 과정을 거쳐 분석하시면 되
지 않을까요? 참고로 지방자치단체의 조례는 자치법규정보 시스템
www.elis.go.kr에서 확인할 수 있으니 참고하시기 바랍니다.

서울특별시 도시 및 주거 환경 정비조례
제4조 노후·불량 건축물

① 영 제2조 제3항 제1호에 따라 노후·불량 건축물로 보는 기준은 다음 각 호
   와 같다.

1. 공동주택
   가. 철근콘크리트·철골콘크리트·철골철근콘크리트 및 강구조인 공동주택:
      별표 1에 따른 기간
   나. 가목 이외의 공동주택: 20년

2. 공동주택 이외의 건축물
   가. 철근콘크리트·철골콘크리트·철골철근콘크리트 및 강구조 건축물「건축

법 시행령」별표 1 제1호에 따른 단독주택을 제외한다: 30년

나. 가목 이외의 건축물: 20년

② 영 제2조 제2항 제1호에 따른 노후·불량 건축물은 건축대지로서 효용을 다할 수 없는 과소필지 안의 건축물로서 2009년 8월 11일 전에 건축된 건축물을 말한다.

③ 미사용승인 건축물의 용도별 분류 및 구조는 건축허가 내용에 따르며, 준공 연도는 재산세 및 수도요금·전기요금 등의 부과가 개시된 날이 속하는 연도로 한다.

경기도 도시 및 주거 환경 정비조례
제3조 노후·불량 건축물

① 「도시 및 주거 환경정비법 시행령」이하 "영"이라 한다 제2조 제2항에 따른 노후·불량 건축물이란 다음 각 호의 어느 하나에 해당하는 건축물을 말한다.

1. 「건축법」제57조 제1항에 따라 해당 시·군 조례가 정하는 면적에 미달되거나 「국토의 계획 및 이용에 관한 법률」제2조 제7호에 따른 도시·군계획시설 등의 설치로 인하여 효용을 다할 수 없게 된 대지에 있는 건축물

2. 공장의 매연·소음 등으로 인하여 위해를 초래할 우려가 있는 지역 안에 있는 건축물

3. 해당 건축물을 준공일 기준으로 40년까지 사용하기 위하여 보수·보강하는 데 드는 비용이 철거 후 새로운 건축물을 건설하는 데 드는 비용보다 클 것으로 예상되는 건축물

② 영 제2조 제3항 제1호에 따른 노후·불량 건축물이란 다음 각 호의 어느 하나에 해당하는 기간을 경과한 건축물을 말한다.

1. 철근콘크리트구조 공동주택은 별표 1에서 정하는 기간. 다만, 주택단지 내 주택으로 쓰이는 건축물 동수의 2분의 1 이상이 도로·철도 등 공익사업 부지에 편입되는 경우 해당 주택단지의 건축물은 20년

2. 제1호 이외의 건축물은 다음 각 목에 따른 기간 〈개정 2020. 7. 15.〉

　　가. 단독주택「건축법 시행령」별표 1 제1호에 따른 단독주택을 말한다이 아닌 건축물로서 철근콘크리트·철골철근콘크리트구조 또는 철골구조건축물은 30년

나. 가목 이외의 건축물 기존무허가건축물 포함은 20년

③ 영 제2조 제3항 제2호에 따른 노후·불량 건축물은 「국토의 계획 및 이용에 관한 법률」 제19조 제1항 제8호에 따른 도시·군기본계획의 경관에 관한 사항에 저촉되는 건축물을 말한다.

④ 미사용승인건축물의 준공일을 결정하는 경우 용도별 분류와 구조는 건축허가 내용에 따르며, 준공일은 재산세 또는 수도요금·전기요금 등의 최초 부과 개시일로 한다.

[전문개정 2020. 7. 15.]

인천광역시 도시 및 주거환경정비조례
제3조 노후·불량 건축물

① 법 제2조 제3호 다목에서 "대통령령이 정하는 바에 따라 시·도 조례로 정하는 건축물"이란 다음 각 호의 어느 하나에 해당하는 건축물을 말한다.

1. 건축조례 제28조 제1항에 따른 분할제한면적에 미치지 못하거나 「국토의 계획 및 이용에 관한 법률」 제2조 제7호에 따른 도시계획시설 등의 설치로 인하여 효용을 다할 수 없게 된 대지에 있는 건축물

2. 공장의 매연·소음 등으로 인하여 위해를 초래할 우려가 있는 지역에 있는 건축물

3. 해당 건축물을 준공일 기준으로 40년까지 사용하기 위하여 보수·보강하는 데 드는 비용이 철거 후 새로운 건축물을 건설하는 데 드는 비용보다 클 것으로 예상되는 건축물

② 법 제2조 제3호 라목에서 "시·도조례로 정하는 건축물"이란 다음 각 호의 어느 하나에 해당하는 건축물을 말한다.

1. 공동주택

　가. 철근콘크리트·철골콘크리트·철골철근콘크리트 및 강구조인 공동주택은 30년

　나. 가목 이외의 공동주택은 20년

2. 공동주택 이외의 건축물

　가. 철근콘크리트·철골콘크리트·철골철근콘크리트 및 강구조 건축물은 30

년「건축법 시행령」 별표 1 제1호에 따른 단독주택은 제외한다

나. 가목 이외의 건축물은 20년

③ 미사용승인건축물의 경우 용도별 분류 및 구조는 건축허가 내용에 따르며, 준공 연도는 재산세 및 수도요금·전기요금 등의 부과가 개시된 날이 속하는 연도로 한다.

〈신설 2021. 6. 4.〉

　　서울특별시와 경기도처럼 별표로 기간에 따른 노후·불량 건축물 기준을 규정하고 있다면 그 내용까지 확인해야 합니다. 자 그럼 먼저 서울특별시 철근콘크리트·철골콘크리트·철골철근콘크리트 및 강구조 공동주택의 노후·불량 주택 기준 관련 별표를 봅시다.

● 서울특별시 철근콘크리트 · 철골콘크리트 · 철골철근콘크리트 및 강구조 공동주택의 노후 · 불량 건축물 기준

구분 준공년도	5층 이상 건축물	4층 이하 건축물
1981. 12. 31. 이전	20년	20년
1982	22년	21년
1983	24년	22년
1984	26년	23년
1985	28년	24년
1986	30년	25년
1987		26년
1988		27년
1989		28년

구분 준공년도	5층 이상 건축물	4층 이하 건축물
1990	30년	29년
1991. 1. 1. 이후		30년

다음으로 경기도를 보죠.

● **경기도 철근콘크리트구조 공동주택의 노후·불량 건축물 기준**

구분 준공년도	5층 이상 건축물	4층 이하 건축물
1983년12.31.이전	20년	20년
1984	22년	21년
1985	24년	22년
1986	26년	23년
1987	28년	24년
1988		25년
1989		26년
1990	30년	27년
1991		28년
1992		29년
1993년 1. 1. 이후		30년

복잡해보이지만 위 조례들이 노후·불량 건축물을 정의하는 것
인만큼 관심 있는 지역의 조례도 꼼꼼하게 검토해보시기 바랍니다.
그런데 말이죠. 많이 복잡하죠? 저렇게 복잡하게 일일이 계산해야
만 할까요? 소규모주택 정비사업에서도 과연 도시 및 주거 환경정

비법에서 규정하고 있는 것처럼 노후·불량 주택 기준을 적용할까요? 그럴 필요까지는 없습니다. 좀 더 쉬운 방법이 있으니까요. 왜 단순한 방법을 먼저 알려주지 않았냐고요? 그래야 재개발·재건축에 적용되는 노후·불량 건축물을 이해할 수 있으니까요. 지금부터는 실제로 소규모주택 정비사업에서 주로 활용되고 있는 노후·불량 건축물의 기준을 아주 단순하게 알려드릴게요.

소규모주택 정비사업은 노후·불량 건축물인지 여부를 준공년도를 기준으로 판단합니다. 다시 말해 준공년도가 지방자치단체의 조례에서 규정하고 있는 연도를 충족하면 노후·불량 건축물로 인정받을 수 있다는 말이죠. 따라서 위에서 살펴본 서울특별시와 경기도는 별표에 따라 계산하면 되고, 인천광역시는 별표가 없으니 조례 본문에서 정하고 있는 기준을 따르면 되는 것입니다.

5.
소규모 재건축은
조합원이 핵심이다

소규모 재건축은 '정비기반시설이 양호한 지역에서 소규모로 공동주택을 재건축하기 위한 사업'입니다. 표현 그대로 소규모 단위로 추진하는 재건축인 셈이죠. 그래서 '도시 및 주거 환경정비법'에 따른 재건축 관점에서 바라보시면 이해하기 쉬운 부분이 많습니다. 소규모 재건축은 조합원이 핵심이라는 점도 그렇습니다. 그래서 가로주택 정비사업이나 소규모 재개발, 자율주택 정비사업과 소규모 재건축의 가장 큰 차이점을 사업 주체가 토지등소유자냐 아니면 조합원이냐로 구분할 수도 있는 것입니다.

무슨 말이냐고요? 이해하기 쉽게 설명드리자면 토지등소유자가 주체가 된다는 것은 조합설립 등에 동의하지 않더라도 토지등소유자인 이상 강제로 조합원이 되는 것이라고 보시면 됩니다.

물론 이 경우에도 분양신청일의 종료일까지 분양신청을 하지 않는다면 그 다음 날부터는 청산자가 되기 때문에 아파트 분양을 받을 수 없게 되는 것은 재건축과 차이가 없지만, 그 전까지는 토지등소유자로서 조합설립에 동의했던 동의하지 않았던 권리행사가 가능하다는 점이 소규모 재건축과 두드러지게 차이나는 부분이죠.

반면, 조합원이 주체가 되는 소규모 재건축은 조합설립 시점에 동의하지 않으면 조합원 자격을 가질 수 없죠. 따라서 조합원으로서 권리행사를 전혀 할 수 없습니다. 또한 조합원분양종료 시점까지 끝내 조합설립에 동의하지 않을 경우 청산자가 되고 아파트 분양을 받지 못하게 됩니다. 그렇기 때문에 소규모 재건축은 조합원이 핵심이라고 할 수 있는 것이죠. 소규모 재건축은 가로주택 정비사업에 비해 덜 활성화되어 있는 측면이 있습니다.

가로주택 정비사업이 소규모 재건축에 비해 활성화된 이유 중 하나로 주택도시보증공사가 조합설립 단계부터 사업종료 시가지 저리로 사업비 융자를 지원하고 있다는 점을 들고 싶습니다. 현실적으로 정비사업의 핵심요소는 결국 돈이기 때문이죠. 하지만 그렇다고 해서 소규모 재건축이 가로주택 정비사업에 비해 경쟁력이 떨어지는 사업이라고 보아서는 곤란합니다. 입지에 따라 경쟁력을 결정해야지 사업방식으로 경쟁력을 따지는 우를 범해서는 절대 안 되기 때문이죠.

6.
가로주택 정비사업과 소규모 재개발은
토지등소유자가 중요하다

가로주택 정비사업과 소규모 재개발, 자율주택 정비사업은 위에서 잠깐 언급한 것처럼 토지등소유자가 핵심입니다. 그렇다면 토지등 소유자란 누구를 말하는 것일까요? 소규모주택 정비법에 따르면 토지등소유자는 다음과 같습니다.

빈집 및 소규모주택 정비에 관한 특례법
제2조 정의

① 이 법에서 사용하는 용어의 뜻은 다음과 같다. 〈개정 2019. 4. 23., 2021. 7. 20.〉

──────────── 생략 ────────────

6. "토지등소유자"란 다음 각 목에서 정하는 자를 말한다. 다만, 「자본시장과 금융투자업 에 관한 법률」 제8조 제7항에 따른 신탁업자이하 "신탁업자"라 한 다가 사업시행자로 지정된 경우 토지등소유자가 소규모주택 정비사업을 목

적으로 신탁업자에게 신탁한 토 지 또는 건축물에 대하여는 위탁자를 토지
등소유자로 본다.

가. 자율주택 정비사업, 가로주택 정비사업 또는 소규모 재개발사업은 사업시행
   구역에 위치 한 토지 또는 건축물의 소유자, 해당 토지의 지상권자
나. 소규모 재건축사업은 사업시행구역에 위치한 건축물 및 그 부속토지의 소
   유자

어떤가요? 법을 읽어보니 '토지등소유자'라는 개념이 확실하게
다가오나요? 앞서 살펴본 내용들에 비해 단순하고 명확하게 정의
되어 있기 때문에 크게 어려운 점은 없을 것 같습니다. 그렇습니다.
자율주택 정비사업, 가로주택 정비사업 또는 소규모 재개발사업에
서 토지등소유자란 사업시행구역에 위치한 토지나 건축물의 소유
자 혹은 해당 토지의 지상권자를 말하는 것입니다. 따라서 토지만
소유하고 있거나 혹은 건물만 소유하고 있어도 이 법이나 지방자
치단체의 조례 및 조합정관 등에 부합되는 경우라면 새 아파트를
분양 받을 수 있는 것은 물론 토지등소유자로서 온전하게 권리행
사를 할 수 있다고 생각하셔도 무방합니다.

소유자가 아닌 사람이 가로주택 정비사업의 임원이 될 수 있을까?

소유자가 아닌 사람이 가로주택 정비사업조합의 임원이 될 수 있을까요? 재개발이나 재건축조합의 임원은 어떨까요? 될 수 있을까요? 도시 및 주거 환경정비법에 따르면 가능합니다. 한번 보실까요?

도시 및 주거 환경정비법

제41조 조합의 임원

① 조합은 다음 각 호의 어느 하나의 요건을 갖춘 조합장 1명과 이사, 감사를 임원으 로 둔다. 이 경우 조합장은 선임일부터 제74조 제1항에 따른 관리처분계획인가를 받을 때까지는 해당 정비구역에서 거주 영업을 하는 자의 경우 영업을 말한다. 이하 이 조 및 제43조에서 같다하여야 한다. 〈개정 2019. 4. 23.〉

1. 정비구역에서 거주하고 있는 자로서 선임일 직전 3년 동안 정비구역 내 거주 기간이 1년 이상일 것

2. 정비구역에 위치한 건축물 또는 토지재건축사업의 경우에는 건축물과 그 부속 토지를 말한다를 5년 이상 소유하고 있을 것

3. 삭제 〈2019. 4. 23.〉

① 항1호를 보면 "정비구역에 거주하고 있는 자로서 선임일 직전 3년 동안 정비구역 내 거주 기간이 1년 이상일 것"이라는 요건을 충족한다면 임원이 될 수 있음을 알 수 있습니다.

놀랍죠? 다만, 조합장은 선임일부터 관리처분계획인가를 받을 때까지는 해당 정비구역에서 거주해야 한다는 요건이 추가됩니다.

7.
소규모주택 정비사업의
분양자격은?

토지등소유자_{소규모 재건축}은 조합원들이 소규모주택 정비사업을 하는 이유는 결국 새 집을 갖기 위해서라고 볼 수 있습니다. 그렇기 때문에 분양자격을 갖는 사람이 누구인지를 아는 것이 중요하죠. 분양자격을 갖는 사람을 조합원이라고 합니다. 조합원의 자격에 대해서는 소규모주택 정비법 제24조에서 규정하고 있는데요.

주의할 점을 요약하면 첫째, 여러 명을 대표해 1명만을 조합원으로 인정하는 경우와 둘째, 투기과열지구 내 소규모 재건축사업 시행 시 조합설립인가 이후 매수자는 원칙적으로 조합원이 될 수 없다는 것입니다.

단순하죠? 이제 조금 더 나아가 소규모주택 정비사업에서 조합원자격을 가질 수 없는 경우를 세분해서 살펴보면, 가장 먼저 여러 사람이 토지 또는 건축물의 소유권과 지상권을 공유하고 있는 경우입니다. 즉, 여러 명이 공동으로 소유하고 있는 경우에는 1명에게만 조합원 자격을 준다는 것이죠.

다음으로 여러 명의 토지등소유자가 있는데 이들이 같은 세대에 속하는 경우입니다. 특히, 배우자남편 혹은 부인 및 미혼인 19세 미만의 직계비속은 주민등록을 분리했더라도 1세대로 보고, 1세대였다 조합설립인가 후 세대를 분리한 경우라 할지라도 이혼 및 19세 이상 자녀의 분가 이외에는 1세대로 보고 1명에게만 조합원자격을 주게 되죠. 조합설립인가 후 1명의 토지등소유자로부터 토지 또는 건축물의 소유권이나 지상권을 양수하여 여러 명이 소유하게 된 때 역시 1명에게만 조합원 자격을 주게 됩니다. 예를 들어, A라는 사람이 2주택을 소유하고 있었는데 조합설립인가 후 그 중 하나를 B에게 매도해 취득한 경우 1명만 조합원 자격을 갖게 된다는 뜻입니다.

마지막으로 투기과열지구 내 소규모 재건축인 경우에만 적용되는 것인데요.

* 조합설립인가 후 매이후 매매를 통해 소유권을 취득한 경우

* 상속·이혼을 원인으로 소유권을 취득한 경우나

* 세대원의 근무상 또는 생업상 사정이나 1년 이상 요양이나 치료가 필요한 질병치료·취학·결혼으로 세대원 모두 해당 사업시행구역이 아닌 특별시·광역시·특별자치시·특별자치도·시 또는 군으로 이전하는 경우,

* 상속으로 취득한 주택으로 세대원 모두 이전하는 경우, 세대원 모두 해외로 이주하거나 2년 이상 해외에 체류하는 경우,

＊그 밖에 대통령령으로 정하는 경우 조합설립인가일부터 2년 이내에 사업시행계획인가 신청이 없는 경우로 해당 사업의 건축물을 2년 이상 계속 소유하고 있는 경우,

＊사업시행계획인가일부터 2년 이내에 착공신고 등을 하지 아니한 경우로 해당 사업의 건축물 또는 토지를 2년 이상 계속 소유하고 있는 경우,

＊착공신고 등을 한 날로부터 3년 이내에 준공인가를 받지 아니한 경우로 해당 사업의 토지를 3년 이상 계속 소유하고 있는 경우,

＊국가·지방자치단체 및 금융기관에 대한 채무를 이행하지 못하여 해당 사업의 건축물 또는 토지에 대한 경매 또는 공매가 시작되는 경우

이런 경우에는 예외적으로 조합설립인가 후 취득하는 경우에도 조합원 자격으로 분양신청을 할 수 있습니다. 법규정이 궁금한 분들은 다음을 참고하시기 바랍니다.

빈집 및 소규모주택 정비에 관한 특례법
제24조 조합원의 자격 등

① 조합원은 토지등소유자 소규모 재건축사업의 경우에는 소규모 재건축사업에 동의한 자만 해당한다로 하되, 다음 각 호의 어느 하나에 해당하는 때에는 그 여러 명을 대표하는 1명을 조합원으로 본다.
1. 토지 또는 건축물의 소유권과 지상권이 여러 명의 공유에 속하는 때
2. 여러 명의 토지등소유자가 1세대에 속하는 때. 이 경우 동일한 세대별 주민등록표상에 등재되어 있지 아니한 배우자 및 미혼인 19세 미만의 직계비속은 1세대로 보며, 1세대로 구성된 여러 명의 토지등소유자가 조합설립인가 후 세대를 분리하여 동일한 세대에 속하지 아니하는 때에도 이혼

및 19세 이상 자녀의 분가세대별 주민등록을 달리하며 실거주지를 분가한 경우로 한정한다를 제외하고는 1세대로 본다.

3. 조합설립인가 후 1명의 토지등소유자로부터 토지 또는 건축물의 소유권 이나 지상권을 양수하여 여러 명이 소유하게 된 때

② 「주택법」 제63조 제1항에 따른 투기과열지구 이하 "투기과열지구"라 한다로 지정된 지 역에서 소규모 재건축사업을 시행하는 경우 조합설립인가 후 해당 사업의 건축물 또는 토지를 양수 매매·증여 그 밖의 권리의 변동을 수반하는 모든 행위를 포함하되, 상속·이혼으로 인한 양도·양수의 경우는 제외한다. 이하 이 조에서 같다한 자는 제1항에도 불구하고 조합원이 될 수 없다. 다만, 양도인이 다음 각 호의 어느 하나에 해당하는 경 우 그 양도인으로부터 그 건축물 또는 토지를 양수한 자는 그러하지 아니하다. 〈개정 2020. 6. 9., 2021. 7. 20.〉

1. 세대원세대주가 포함된 세대의 구성원을 말한다. 이하 이 조에서 같다의 근무상 또는 생업상의 사정이나 질병치료「의료법」 제3조에 따른 의료기관의 장이 1년 이상의 치료나 요양이 필요하다고 인정하는 경우로 한정한다·취학·결혼으로 세대원 모두 해당 사업시행구역이 위치하지 아니한 특별시·광역시·특별자치시·특별자치도·시 또는 군으로 이전하는 경우

2. 상속으로 취득한 주택으로 세대원 모두 이전하는 경우

3. 세대원 모두 해외로 이주하거나 세대원 모두 2년 이상 해외에 체류하는 경우

4. 그 밖에 불가피한 사정으로 양도하는 경우로서 대통령령으로 정하는 경우

③ 사업시행자는 제2항 각 호 외의 부분 본문에 따라 조합원의 자격을 취득할 수 없는 경 우 토지, 건축물 또는 그 밖의 권리를 취득한 자에게 제36조를 준용하여 손실보상을 하여야 한다.

[시행일 : 2021. 9. 21.] 제24조

8.
가로주택 정비사업의
분양자격은?

가로주택 정비사업과 소규모 재건축사업의 조합원들은 당연히 분양을 받을 수 있습니다. 그런데 '소규모주택 정비법 시행령 제31조'는 '3.다만, 공동주택을 분양하는 경우 시·도 조례로 정하는 금액·규모·취득시기 또는 유형에 관한 기준에 부합하지 아니하는 토지등소유자는 시·도 조례로 정하는 바에 따라 분양대상에서 제외할 수 있다.'라고 규정하고 있죠. 과연 이것은 무슨 의미일까요?

해당 내용은 가로주택 정비사업의 분양대상과 관련된 것이죠. 가로주택 정비사업의 분양대상이라고요? 그렇습니다. 가로주택 정비사업의 분양대상을 규정한 것이죠. 또한 공동주택을 분양하는 경우 시·도 조례로 금액이나 규모, 취득시기 혹은 유형에 관한 기준을 정하고 그 기준에 적합하지 않은 토지등소유자는 분양에서 제외할 수 있도록 하고 있습니다. 다시 말해 시·도 조례로 정하고 있는 기준에 부합되지 않을 경우 제 아무리 조합설립에 동의한 후 토지등소유자 혹은 조합원이 되었다 할지라도 분양을 받지 못한다는 뜻이죠. 그래서 시·도 조례를 반드시 살펴보아야 하는 것이죠.

자, 그럼 지금부터 서울특별시와 인천광역시의 '소규모주택 정비법 조례'를 살펴볼까요?

가로주택 정비사업의 분양대상

서울특별시 '빈집 및 소규모주택 정비에 관한 특례법 조례'

제37조 가로주택 정비사업의 분양대상

① 영 제31조 제1항 제3호에 따라 가로주택 정비사업으로 분양하는 공동주택의 분양대 상자는 관리처분계획기준일 현재 다음 각 호의 어느 하나에 해당하는 토지등소유자로 한다.

1. 종전의 건축물 중 주택주거용으로 사용하고 있는 특정무허가건축물 중 조합정관 등에서 정한 건축물을 포함한다.을 소유한 자

2. 분양신청자가 소유하고 있는 종전토지의 총면적이 90㎡ 이상인 자

3. 분양신청자가 소유하고 있는 권리가액이 분양용 최소규모 공동주택 1가구의 추산액 이상인 자. 다만, 분양신청자가 동일한 세대인 경우의 권리가액은 세대원 전원의 가액을 합산하여 산정할 수 있다.

② 제1항에도 불구하고 다음 각 호의 어느 하나에 해당하는 경우에는 여러 명의 분양신청자를 1인의 분양대상자로 본다.

1. 단독주택 또는 다가구주택을 권리산정기준일 후 다세대주택으로 전환한 경우

2. 법 제24조 제1항 제2호에 따라 여러 명의 분양신청자가 1세대에 속하는 경우

3. 1주택 또는 1필지의 토지를 여러 명이 소유하고 있는 경우. 다만, 권리산정기준일 이전부터 공유로 소유한 토지의 지분이 제1항 제2호 또는 권리

가액이 제1항 제3호에 해당하는 경우에는 그러하지 아니하다.

4. 1필지의 토지를 권리산정기준일 후 여러 개의 필지로 분할한 경우

5. 하나의 대지범위 안에 속하는 동일인 소유의 토지와 주택을 건축물 준공 이후 토지와 건축물로 각각 분리하여 소유하는 경우. 다만, 권리산정기준일 이전부터 소유한 토지의 면적이 90㎡ 이상인 자는 그러하지 아니한다.

6. 권리산정기준일 후 나대지에 건축물을 새로이 건축하거나 기존 건축물을 철거하고 다세대주택, 그 밖에 공동주택을 건축하여 토지등소유자가 증가되는 경우

③ 제1항 제2호의 종전 토지의 총면적 및 제1항 제3호의 권리가액을 산정함에 있어 다 음 각 호의 어느 하나에 해당하는 토지는 포함하지 아니한다.

1. 「건축법」 제2조 제1항 제1호에 따른 하나의 대지범위 안에 속하는 토지가 여러 필지 인 경우 권리산정기준일 후에 그 토지의 일부를 취득하였거나 공유지분으로 취득한 토지

2. 하나의 건축물이 하나의 대지범위 안에 속하는 토지를 점유하고 있는 경우로서 권리산정기준일 후 그 건축물과 분리하여 취득한 토지

3. 1필지의 토지를 권리산정기준일 후 분할하여 취득하거나 공유로 취득한 토지

④ 제2항 제3호 본문에도 불구하고 법 제33조 제3항 제7호 가목에 따라 2명 이상이 하나 의 토지를 공유한 경우로서 "시·도 조례로 정하여 주택을 공급할 수 있는 경우"란 「건축법」 제정1962.1.20 이전에 가구별로 독립된 주거의 형태로 건축물이 건축되어 있고 가 구별로 지분등기가 되어 있는 토지로서 「도시정비법」 제2조 제11호에 따른 정관 등에서 가구별 지분 등기된 토지에 대하여 주택 공급을 정한 경우를 말한다.

인천광역시 '빈집 및 소규모주택 정비에 관한 특례법 조례'

제19조 가로주택 정비사업의 분양대상

① 영 제31조 제1항 제3호에 따라 가로주택 정비사업으로 분양하는 주택의 분양대상자 는 관리처분계획기준일 현재 다음 각 호의 어느 하나에 해당하는 토

지등소유자로 한다.

1. 종전의 건축물 중 주택주거용으로 사용하고 있는 기존무허가건축물을 포함한다.을 소유한 자

2. 분양신청자가 소유하고 있는 종전토지의 면적해당 필지를 기준으로 한다이 30㎡ 이상인 자

3. 분양신청자가 소유하고 있는 토지 또는 건축물의 권리가액이 분양용 최소 규모 공동 주택 1가구의 추산액 이상인 자. 다만, 분양신청자가 동일한 세대인 경우의 권리가액은 세대원 전원의 가액을 합산하여 산정할 수 있다.

② 제1항에도 불구하고 다음 각 호의 어느 하나에 해당하는 경우에는 여러 명의 분 양신청자를 1인의 분양대상자로 본다.

1. 단독주택 또는 다가구주택을 권리산정기준일 후 다세대주택으로 전환한 경우

2. 법 제24조 제1항 제2호에 따라 여러 명의 분양신청자가 1세대에 속하는 경우

3. 1주택 또는 1필지의 토지를 여러 명이 소유하고 있는 경우. 다만, 권리산정기준일 현재 해당 토지를 3년 이상 공유로 소유한 자로서 토지 지분의 합이 90㎡ 이상인 경우 또는 권리가액이 제1항 제3호에 해당하는 경우에는 그러하지 아니하다.

4. 1필지의 토지를 권리산정기준일 후 여러 개의 필지로 분할한 경우

5. 하나의 대지범위 안에 속하는 동일인 소유의 토지와 주택을 건축물 준공 이후 토지와 건축물로 각각 분리하여 소유하는 경우. 다만, 권리산정기준일 현재 해당 토지를 3년 이상 소유한 자로서 토지의 면적해당 필지를 기준으로 한다이 90㎡ 이상인 경우는 그러하지 아니하다.

6. 권리산정기준일 후 나대지에 건축물을 새로이 건축하거나 기존 건축물을 철거하고 다세대주택, 그 밖에 공동주택을 건축하여 토지등소유자가 증가되는 경우

③ 제1항 제1호의 종전 토지의 면적 및 제1항 제2호의 권리가액을 산정함에 있어 다음 각 호의 어느 하나에 해당하는 토지는 포함하지 아니한다.

1. 「건축법」 제2조 제1항 제1호에 따른 하나의 대지범위 안에 속하는 토지가 여러 필지 인 경우 권리산정기준일 후에 그 토지의 일부를 취득하였거나

그냥 쭈욱 읽어보니 조금 어려울 수도 있을 것 같아 간략히 정리해보는 것이 좋겠습니다. 가로주택 정비사업에서 아파트를 분양받을 수 있는 분양대상자가 되기 위해서는 다음의 둘 중 하나에 해당되어야 합니다.

첫째, 주택을 소유하면 됩니다.

둘째, 권리가액이 분양용 최소규모 공동주택 1가구의 추산액 이상이면 됩니다. 만일 분양용 최소규모 공동주택이 66m²라면 권리가액이 66m²의 분양 추산액 이상이어야 한다는 뜻입니다.

또한 위 두 가지 요건 가운데 하나를 충족하면서 여러 명의 분양신청자가 있다 할지라도 1명만 분양받을 수 있는 경우에 해당되지 않아야 합니다. 다음은 서울특별시와 인천광역시의 여러 명의 분양신청자를 1인의 분양대상자로 보게 되는 조례의 규정을 이해하기 쉽게 풀어 설명한 것이니 참고하도록 하세요.

서울특별시 조례

첫째, 조합설립인가일 이후 단독주택 또는 다가구주택을 다세대주택으로 전환한 경우 소유자가 여러 명이어도 1명만 분양받을 수 있습니다.

다가구주택 최씨 소유	3층 2층 1층	▶	조합설립 인가	▶	다세대 주택 전환	3층 : 최씨 소유 2층 : 박씨 소유 1층 : 이씨 소유	분양자격 1명

둘째, 여러 명의 분양신청자가 있지만 동일세대인 경우. 예를 들어 동일 세대인 엄마, 아빠, 딸, 아들 총 4명이 분양신청을 한 경우 원칙적으로 1명만 분양받을 수 있는 자격이 있습니다.

동일 세대	부父 모母 딸 아들	▶	분양자격 1명

셋째, 1주택 또는 1필지의 토지를 여러 명이 소유하고 있는 경우. 예를 들어 주택을 A, B 두 사람이 공동으로 소유하고 있는 경우라면 그 중 1명만 분양받을 수 있습니다. 다만, 조합설립인가일 이전부터 공유로 소유한 토지의 지분이 90㎡ 이상 또는 권리가액이 분양용 최소규모 공동주택 1가구의 추산액 이상인 경우에는 각각 분양받을 수 있는 자격이 있습니다.

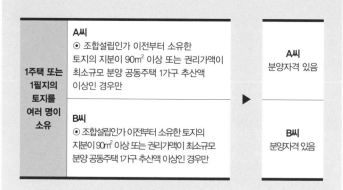

넷째, 조합설립인가일 이후 1필지의 토지를 여러 필지로 분할한 경우. 예를 들어 12번지 라는 토지를 분할하여 12-1번지, 12-2번지로 두 필지가 되었다 할지라도 1명만 분양 받을 수 있다는 말입니다.

다섯째, 하나의 대지범위 안에 있던 1명 소유의 토지와 주택을 건축물 준공이후 토지와 건축물로 각각 분리하여 소유하는 경우. 다만, 조합설립인가일 이전부터 소유한 토지의 면적이 90㎡ 이상인 경우는 분양받을 수 있습니다.

여섯째, 조합설립인가일 이후 나대지에 건축물을 새로이 건축하거나 기존 건축물을 철거하고 다세대주택, 그 밖에 공동주택을 건축하여 토지등소유자가 증가되는 경우 1명만 분양받을 수 있습니다.

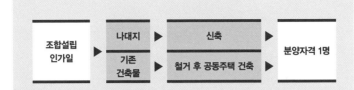

첫째, 서울시와 동일

둘째, 서울시와 동일

셋째, 1주택 또는 1필지의 토지를 여러 명이 소유하고 있는 경우. 예를 들어 주택을 A, B 두 사람이 공동으로 소유하고 있는 경우라면 그 중 1명만 분양 받을 수 있습니다. 다만, 조합설립인가일 현재 해당 토지를 3년 이상 공유로 소유한 자로서 토지 지분의 합이 90m² 이상인 경우 또는 권리가액이 분양용 최소규모 공동 주택 1구의 추산액 이상인 경우에는 각각 분양받을 수 있는 자격이 있습니다.

〈원칙〉

주택소유자 주택 및 토지	A씨 1/2	▶ 분양자격 1명
	B씨 1/2	

〈예외〉

1주택 또는 1필지의 토지를 여러 명이 소유	A씨 ⊙ 조합설립인가일 현재 3년 이상 공유하고 1) 지분 90m²이상 혹은 2) 권리가액 최소규모 분양 공동주택 1가구 추산액 이상인 경우	▶ A씨 분양자격 있음
	B씨 ⊙ 조합설립인가 이전부터 소유한 토지의 지분이 90m² 이상 또는 권리가액이 최소규모 분양 공동주택 1가구 추산액 이상인 경우만	▶ B씨 분양자격 있음

넷째, 서울시와 동일

다섯째, 하나의 대지범위 안에 속하는 동일인 소유의 토지와 주택을 건축물 준
공 이후 토지와 건축물로 각각 분리하여 소유하는 경우. 다만, 권리산정
기준일 현재 해당 토지를 3년 이상 소유한 자로서 토지의 면적해당 필지
를 기준으로 한다이 90㎡ 이상인 경우는 그러하지 아니하다.

여섯째, 서울시와 동일

분양받기 위한 자격은 위에서 살펴본 것처럼 각 지방자치단체
별로 서로 다를 수 있습니다. 그렇기 때문에 '소규모주택 정비법
조례'에서 규정하고 있는 관련 내용들을 미리 확인해두는 것이 정
말 중요합니다.

아, 마지막으로 한 가지만 더 짚고 넘어가겠습니다. 권리가액을
계산할 때 포함시키지 않아야 하는 경우입니다. 다음은 서울특별
시와 인천광역시의 조례를 정리한 것인데요. 내용은 동일해서 하
나로 묶어 정리했으니 참고해주세요.

첫째, 하나의 대지범위 안에 속하는 토지가 여러 필지인 경우 조합설립인가
일 후에 그 토지의 일부를 취득하였거나 공유지분으로 취득한 토지

둘째, 하나의 건축물이 하나의 대지범위 안에 속하는 토지를 점유하고 있는 경
우로서 조합설립 인가일 후 그 건축물과 분리하여 취득한 토지

셋째, 1필지의 토지를 조합설립인가일 후 분할하여 취득하거나 공유로 취득
한 토지

위 내용을 풀이하면, 토지의 분할 혹은 공유지분을 매입함으로써 종전자산가액을 증가시키고 이를 통해 분양자격이 없던 사람이 분양자격을 갖게 되거나 보다 큰 면적을 신청할 수 있는 상황을 차단하겠다는 뜻입니다. 따라서 이런 토지를 취득한다고 해서 없던 분양자격이 생기지도 않고 더 큰 면적을 신청할 수 있는 것도 아닐뿐더러 그렇게 취득한 토지들은 전부 청산대상이 됩니다. 시·도 조례 점검의 중요성을 알 수 있게 해주는 대목이죠!

9.
소규모주택 정비사업의
조합원이 받을 수 있는
입주권은 몇 개인가?

소규모주택 정비사업 가로주택 정비사업과 소규모 재건축사업, 소규모 재개발사업의 조합원은 몇 개의 입주권을 받을 수 있을까요? 소규모주택 정비사업 대상지역에 위치하고 있는 주택을 매입하는 가장 큰 이유는 누가 뭐라고 해도 조합원 자격으로 분양을 받고자 하는 것에 있습니다. 그렇기 때문에 조합원으로서 분양받을 수 있는 주택의 수를 따져보는 것은 매우 중요하죠. 그럼 지금부터 소규모주택 정비사업의 조합원이라면 몇 개의 주택을 분양받을 수 있을 것인지를 검토해보도록 하죠. 관련 내용은 '빈집 및 소규모주택 정비에 관한 특례법' 제33조에서 확인할 수 있습니다.

빈집 및 소규모주택 정비에 관한 특례법
제33조 관리처분계획의 내용 및 수립기준

③ 제1항에 따른 관리처분계획의 내용은 다음 각 호의 기준에 따른다. 〈개정 2018. 3. 20., 2019. 8. 20., 2020. 6. 9.〉

1~5 ──────────── 생략 ────────────

6. 1세대 또는 1명이 하나 이상의 주택 또는 토지를 소유한 경우 1주택을 공급하고, 같은 세대에 속하지 아니하는 2명 이상이 1주택 또는 1토지를 공유한 경우에는 1주택만 공급한다.

7. 제6호에도 불구하고 다음 각 목의 경우에는 각 목의 방법에 따라 주택을 공급할 수 있다.

　가. 2명 이상이 1토지를 공유한 경우로서 시·도 조례로 주택공급을 따로 정하고 있는 경우에는 시·도 조례로 정하는 바에 따라 주택을 공급할 수 있다.

　나. 다음 어느 하나에 해당하는 토지등소유자에게는 소유한 주택 수만큼 공급할 수 있다.

　　1) 「수도권정비계획법」 제6조 제1항 제1호에 따른 과밀억제권역에 위치하지 아니 한 소규모 재건축사업의 토지등소유자

　　2) 근로자공무원인 근로자를 포함한다 숙소, 기숙사 용도로 주택을 소유하고 있는 토지등소유자

　　3) 국가, 지방자치단체 및 토지주택공사 등

　　4) 「국가균형발전 특별법」 제18조에 따른 공공기관지방이전 및 혁신도시 활성화를 위한 시책 등에 따라 이전하는 공공기관이 소유한 주택을 양수한 자

　다. 제1항 제5호에 따른 가격의 범위 또는 종전 주택의 주거전용면적의 범위에서 2주택 을 공급할 수 있고, 이 중 1주택은 주거전용면적을 60㎡ 이하로 한다. 다만, 60㎡ 이하로 공급받은 1주택은 제40조 제2항에 따른 이전고시일 다음 날부터 3년 이 지나기 전에는 주택을 전매 매매·증여나 그 밖에 권리의 변동을 수반하는 모든 행위 를 포함하되 상속의 경우는 제외한다거나 전매

를 알선할 수 없다.

라. 가로주택 정비사업의 경우에는 3주택 이하로 한정하되, 다가구주택을 소
유한 자에 대하여는 제1항 제5호에 따른 가격을 분양주택 중 최소분양단
위 규모의 추산액으로 나눈 값(소수점 이하는 버린다)만큼 공급할 수 있다.

마. 「수도권정비계획법」 제6조 제1항 제1호에 따른 과밀억제권역에서 투기과
열지구에 위치하지 아니한 소규모 재건축사업의 경우에는 토지등소유자
가 소유한 주택수의 범위에서 3주택 이하로 한정하여 공급할 수 있다.

④ 제1항부터 제3항까지에 따른 관리처분계획의 내용 및 수립기준, 관리처분의
방법 등에 필요한 사항은 대통령령으로 정한다.

⑤ 제1항부터 제4항까지는 시장·군수등이 직접 수립하는 관리처분계획에 준
용한다.

위 내용은 '소규모주택 정비법' 제33조의 ③항부터 ⑤항까지의
내용으로 ③항 6호와 7호의 가목과 관련된 내용은 앞서 충분히 살
펴보았으니 여기서는 설명을 생략하도록 할게요. 혹시 아직 이해
가 안 되는 부분이 있다면 바로 앞쪽을 천천히 읽어보세요. 7호의
나목 역시 그냥 넘어가셔도 좋습니다.

진짜 주목해야 할 부분은 ③항 7호 다목에서 마목까지입니다. 다
목에 따르면 종전자산평가액 또는 주거전용면적의 범위에서 2주
택을 분양받을 수 있으며, 이때 1주택은 전용면적 60㎡ 이하를 분
양받아야 하고 이전고시일로부터 3년 간 전매가 제한된다고 규정
하고 있고, 계속해서 라목은 가로주택 정비사업에서, 마목은 소규
모 재건축사업에서 각각 최대 3주택까지 주택을 분양받을 수 있음

을 규정하고 있기 때문이죠.

헉? 최대 3채까지 분양받을 수 있다고요? 그렇습니다. 분명히 가로주택 정비사업과 소규모 재건축사업에서는 조건을 충족하기만 하면 최대 3채까지 분양받을 수 있습니다. 대단하죠?

자, 그럼 어떤 조건을 충족하면 최대 3채까지 분양받을 수 있을까요?

첫 번째로, 가로주택 정비사업인 경우를 살펴보죠.

가로주택 정비사업의 경우에는 3주택 이하로 한정하되, 다가구주택을 소유한 자에 대하여는 종전자산평가액을 분양주택 중 최소분양단위 규모의 추산액으로 나눈 값소수점 이하는 버린다만큼 공급할 수 있도록 하고 있습니다. 이를 해석하면, 토지등소유자의 종전자산평가액이나 주거전용면적이 얼마나 되는지, 분양되는 아파트의 분양가격이나 주거전용면적은 어떻게 되는지에 따라 최대 3채까지 분양받을 수 있다는 의미가 됨을 알 수 있습니다. 한편, 다가구주택인 경우 종전자산평가액이 6억 원이고 최소분양아파트의 분양가격이 2억 원이라면 3채6억 원/2억 원 = 3채를 분양받을 수 있음을 알 수 있습니다.

두 번째로, 소규모 재건축사업인 경우를 보죠.

소규모 재건축사업에서 최대 3채를 분양받기 위해서는 우선 수도권 과밀억제권역내 투기과열지구에 속하지 않아야 합니다. 또한 보유하고 있는 주택의 수가 3채가 되어야 3채를 분양 신청할 수 있습니다. '토지등소유자가 소유한 주택수의 범위에서 3주택 이하로 한정하여 공급할 수 있다.'라고 규정하고 있기 때문이죠.

지금까지 분양받을 수 있는 주택의 수가 얼마나 되는지를 살펴보았습니다. 그런데요. 분양받을 수 있는 것과 실제로 분양을 받는 것은 별개의 문제일 수 있습니다. 왜 그러냐고요? 분양 신청을 할 때 우선순위가 있기 때문입니다. 그러니 분양신청에 있어서 우선순위는 어떻게 되는지도 꼼꼼히 살펴보아야 합니다. 그런데 이 분양신청의 우선순위는 시·도 조례로 정하도록 하고 있습니다. 따라서 자신이 관심을 갖고 있는 지역의 조례를 통해 우선순위를 확인하면 됩니다. 다음은 서울특별시와 인천광역시 조례에 따른 주택공급 기준입니다. 이를 통해 분양받을 수 있는 우선순위를 확인할 수 있죠.

서울특별시 및 인천광역시 조례에 따른 주택공급 기준

서울특별시 조례

제33조 주택공급 기준 등

① 영 제31조 제1항 제7호 및 제2항 제1호에 따른 가로주택 정비사업 및 소규모 재건축사 업의 주택공급에 관한 기준은 다음 각 호와 같다.

1. 권리가액에 해당하는 분양주택가액의 주택을 분양한다. 이 경우 권리가액이 2
   개의 분양주택가액의 사이에 해당하는 경우에는 분양대상자의 신청에 따른다.
2. 제1호에 불구하고 정관 등으로 정하는 경우 권리가액이 많은 순서로 분양
   할 수 있다.
3. 동일규모의 주택분양에 경합이 있는 경우에는 권리가액이 많은 순으로 분양
   하고, 권리가액이 동일한 경우에는 공개추첨에 따르며, 주택의 동·층 및 호
   의 결정은 주택규모별 공개추첨에 따른다.

인천광역시 조례

제20조 주택공급 기준 등

① 영 제31조 제1항 제7호 및 제2항 제1호에 따른 가로주택 정비사업 및 소규모
재건축의 주택공급에 관한 기준은 다음 각 호와 같다.

1. 권리가액에 해당하는 분양주택가액의 주택을 분양한다. 이 경우 권리가액이 2
   개의 분양주택가액의 사이에 해당하는 경우에는 분양대상자의 신청에 따른다.
2. 제1호에 불구하고 정관 등으로 정하는 경우, 다음 각 목의 기준에 따라 주택
   을 분양할 수 있다.
   가. 국민주택규모 주택은 분양대상자의 권리가액이 많은 순으로 분양할 수
      있다.
   나. 국민주택규모를 초과하는 주택은 분양대상자에게 권리가액이 많은 순
      으로 분양 할 수 있으며, 분양대상자가 분양받을 국민주택규모의 주택이
      부족한 경우에는 그 부족분에 한하여 권리가액이 많은 순으로 추가 공급
      할 수 있다.
3. 동일규모의 주택분양에 경합이 있는 경우에는 권리가액이 많은 순으로 분
   양하고, 권리가액이 동일한 경우에는 공개추첨에 따른다. 다만, 정관 등으로
   동·층 및 호 의 결정을 따로 정하는 경우에는 총회의 의결을 거쳐 정관 등에
   서 정하는 바에 따라 동·층 및 호를 결정할 수 있다.

간단히 정리하면 다음과 같군요.

첫째, 권리가액에 해당하는 분양주택가액의 주택을 분양

둘째, 정관으로 정하는 경우 서울시는 권리가액이 많은 순서로 분양할 수 있고, 인천광역시는 국민주택규모 주택은 권리가액이 많은 순으로 분양. 단, 국민주택 규모 초과 주택은 권리가액이 많은 순으로 분양하고 분양받을 국민주택규모의 주택이 부족하면 부족분만 권리가액이 많은 순으로 추가 공급

셋째, 동일규모 주택분양에 경합이 있으면 권리가액이 많은 순으로 분양. 단, 권리가액이 같으면 공개추첨

단, 한 가지 주의해야 할 점이 있습니다. 2채_{빈집 및 소규모주택 정비에} 관한 특례법 제 33조 ③항 제7호 다목에 따른 경우 : 이른바 원 플러스 원 아파트를 분양 신청하거나 가로주택 정비사업, 소규모 재건축사업인 경우 최대 3채를 분양받을 수 있다는 법규정_{빈집 및 소규모주택 정비에 관한 특례법 제33조 ③항 라목, 마목}에 따라 3채를 신청한 경우 만일, 소형 면적형 아파트에 신청자가 많이 몰려 경쟁이 발생할 경우의 우선순위는 어떻게 될까요? 아직 소규모주택 정비사업에서는 이런 경우가 문제가 되지는 않고 있습니다. 다만, '도시 및 주거 환경정비법'에 따른 선례를 참고할 경우 1개의 주택만 신청한 사람에게 우선권이 있다고 볼 수 있습니다. 특히, 2채_{빈집 및 소규모주택 정비에 관한 특례법 제 33조 ③항} 제7호 다목에 따른 경우를 분양 신청한 경우 소형 면적형에 다수의 분양 신청자가 몰려 1주택자들에게 먼저 분양하고 남은 물량이 없다면 분양을 못 받을 수도 있다는 점을 기억해두셔야 합니다.

10.
총사업비와 시공비
그리고 총수입

총사업비와 시공비, 총수입에 대해 이해하는 것은 매우 중요합니다. 그래서 실제 사례를 통해 총사업비와 시공비, 총수입에 대해 알아보도록 하겠습니다. 총사업비는 말 그대로 사업에 소요되는 전체 비용을 말하는데요. 총사업비는 다시 시공비건축비와 기타사업비로 구분할 수 있답니다. 그런데 시공비와 기타사업비 사이에는 재미있는 비례관계가 성립되는데요.

보통 총사업비를 100%라고 할 때 시공비건축비는 약 75~77%를 차지하게 되고, 기타사업비는 23~25% 정도를 차지하게 됩니다. 대략 2%정도공식처럼 고정된 것은 아님의 차이가 발생하게 되는데요. 소규모주택 정비사업구역특히, 가로주택 정비사업, 소규모 재건축, 소규모 재개발 별로 서로 다른 특성이 있는 만큼 조금의 편차는 발생하기 마련이죠.

● 총사업비의 구성비율

| 사업비
100% | = | 시공비
75%~77% | + | 기타사업비
23%~25% |

　물론 총사업비에서 시공비와 기타사업비가 차지하는 비율이 꼭 지켜져야 하는 것도 아니고 그럴 필요도 없습니다. 그럼에도 불구하고 대부분의 소규모주택 정비사업 구역에서 위와 같은 수준의 비례관계가 어느 정도 형성되고 있습니다.

　재미있는 사실은 소규모주택 정비사업은 물론 재개발·재건축 정비사업에서도 위와 같은 관계가 성립한다는 것입니다. 재개발인 경우가 재건축인 경우에 비해 총사업비에서 기타사업비가 차지하는 비중이 좀 더 높게 나타난다는 것만 빼고요. 재개발은 재건축에 비해 기부채납이 많은 것은 물론 재건축에는 없는 임차인에 대한 보상비도 별도로 이루어지기 때문이죠.

　물론 가로주택 정비사업은 사실상 기부채납이 거의 없고 임차인에 대한 보상비용도 의무적인 것이 아닙니다. 법적인 의무가 없으니 하지 않아도 된다는 뜻이죠. 그럼에도 불구하고 현실적으로 임차인에 대한 보상을 완전히 외면하기는 쉽지 않습니다. 재개발 정비사업 현장을 떠올려 보신다면 그 이유를 좀 더 쉽게 이해하실 수 있으실 것입니다. 상대적으로 열악한 임차인들을 무작정 거리로 내모는 것이 가로주택 정비사업의 목적은 아니니까요.

　다시 본론으로 돌아와서, 그렇다면 이런 비례관계를 알아두는 것이 왜 중요할까요? 사업성이 얼마나 되는지 추정하기 위해서입니다. 소규모주택 정비사업에 소요되는 비용이 얼마나 될지 개략적으로나마 추정할 수만 있다면 예상되는 수익금액과 비교해 얼마나 수익을 창출해낼 수 있을 것인지를 계산할 수 있지 않을까요? 진짜 그럴까요?

검증을 해보는 것이 필요하겠죠? 그래서 지금부터 수도권 지역에서 규모가 작은 가로주택 정비사업 구역의 사례를 가지고 가로주택 정비사업의 총사업비와 시공비를 분석해 보도록 하겠습니다. 자, 지금부터 시작하겠습니다. 다음의 자료는 창립총회 이후 여러 번의 총회를 거치면서 수정된 정비사업비안이라는 점을 참고해주세요. 창립총회 이후 여러 번의 총회를 거치면서 다듬어진 정비사업비안이므로 어느 정도 신뢰를 해도 된다는 의미를 갖는다고 보면 됩니다.

● **총사업비의 구성비율**   단위 : 천 원

구분	항목	금액	비고	비율
조사 측량비	측량비	31,063	0.08%	0.285%
	지질조사	42,000	0.10%	
	흙막이설계비	–	–	
	문화재조사비	2,000	0.005%	
	석면조사용역비	40,000	0.10%	
설계 감리비	설계비	446,500	1.10%	3.56%
	전기 / 건축감리	946,576	2.34%	
	소방감리			
	통신감리			
	석면감리	50,000	0.12%	

구분	항목	금액	비고	비율
시공비	대지조성공사비	30,840,223 단, 통상 공사비 = 건축시설공사비 + 공사비부가세 + 건축물철거비	76.18%	77.07%
	건축시설공사비			
	공사비부가세			
	건축물철거비			
	석면해체 및			
	지정폐기물처리			
	지장물이설비 상하수도	90,000	0.22%	
	지장물이설비 전기	90,000	0.22%	
	지장물이설비 통신	90,000	0.22%	
	지장물이설비 도시가스	90,000	0.22%	
손실 보상비	국공유지 매입비용	598,715	1.48%	4.01%
	청산대상자 청산금	875,383	2.16%	
	영업손실보상비	–	–	
	주거이전비	–	–	
	명도소송비용	150,000	0.37%	
관리비	조합운영비	526,575	1.30%	1.85%
	소송비용	100,000	0.25%	
	회계감사비/세무대행수수료	20,000	0.05%	
	기타관리비	100,000	0.25%	
외주 용역비	감정평가수수료	80,000	0.20%	2.34%
	정비업체용역비	476,445	1.18%	
	고용영향평가 등	–	–	
	경관계획용역비	43,000	0.11%	
	사전재해영향성검토	20,000	0.05%	
	세입자조사	35,000	0.09%	
	녹색건축물인증	15,000	0.04%	
	건축물에너지효율등급	20,000	0.05%	
	장애물 없는 생활환경	20,000	0.05%	
	친환경인증성능평가	20,000	0.05%	
	교육환경에 관한 계획	15,000	0.04%	
	국공유지 무상협의	15,000	0.04%	
	범죄예방수립	90,000	0.22%	
	이주 및 공가관리	90,000	0.22%	

구분	항목	금액	비고	비율
각종 부담금	가스전기 인입분담금	42,000	0.10%	1.82%
	학교용지 부담금	367,940	0.91%	
	상수도원인자부담금	95,811	0.24%	
	하수도원인자부담금	231,792	0.57%	
제세 공과금	보존등기비	1,021,811	2.52%	2.61%
	법인세 및 재산세	34,724	0.09%	
기타 경비	분양보증수수료	118,048	0.29%	0.98%
	기타조사비용	180,000	0.44%	
	민원처리비	100,000	0.25%	
금융비	기금이자	351,038	0.87%	2.38%
	건설자금조달이자	406,867	1.005%	
	조합원 이주비 대여금이자	122,554	0.30%	
	기금이자2	82,233	0.20%	
LH 수수료	분양대행수수료	541,675	1.34%	2.57%
	사업수수료	497,939	1.23%	
예비비	예비비	222,526	0.55%	0.55%
합계	40,485,438		100%	

정비사업비 계획에 따른 총사업비는 404억 8,543만 원입니다. 우리가 익히 알고 있는 재개발이나 재건축 정비사업에 비해 사업비가 상당히 작다는 것을 알 수 있습니다. 그래서 소규모주택 정비사업이라고 할 수 있죠.

● 총사업비 가운데 시공비는 312억 223천 원입니다.

보통 시공비는 건축시설공사비와 공사비부가세, 건축물철거비를 합한 금액을 의미하는데요. 위의 구역에서는 석면해체 및 지정폐기물처리, 지장물이설비상하수도, 지장물이설비전기, 지장물이설비통신,

지장물이설비도시가스까지 포함하고 있네요. 큰 금액은 아니니까 그냥 그렇구나하는 정도로 넘어가시면 될 것 같습니다. 총사업비에서 시공비가 차지하는 비중을 보니 77.07%인 것을 알 수 있습니다.

● 총사업비에서 시공비를 차감하면 기타사업비를 구할 수 있습니다. 사례의 조합은 기타사업비가 92억 8,521만 원이라는 것을 알 수 있는데요. 총사업비의 22.93%에 해당됩니다.

● 가로주택 정비사업인 경우에도 종종 손실보상비가 발생할 수 있다고 했습니다. 그런데 사례의 구역은 상가임차인에 대한 영업손실보상비나 주택임차인에 대한 주거이전비를 책정해 놓지 않았습니다. 그래서 손실보상비가 총사업비의 4.01%에 불과합니다. 이런 경우는 임차인이 거의 없거나 있더라도 보상비를 지급하지 않아도 될 것으로 예상되는 경우라고 볼 수 있습니다. 하지만 현실적으로 보상비를 전혀 지급하지 않아도 되는 경우가 얼마나 될지 의문이 드는 것이 사실입니다. 이 부분은 다소 걱정이 되는 부분이라고 볼 수 있겠네요.

● 다음으로 눈여겨 볼 항목이 금융비입니다. 금융비는 기금이자, 건설자금이자, 조합원 이주비 대여금 이자, 기금이자2로 구성되어 있습니다. 가로주택 정비사업은 HUG주택도시보증공사로부터 저리융자를 받을 수 있다는 혜택이 있습니다. 그래서 금융비도 총사

업비의 2.38%로 크지 않다는 것을 알 수 있습니다.

● 사례의 사업장은 독특한 비용항목이 있습니다. LH수수료라는 항목인데요. 이것은 또 무엇일까요? 생소하시죠? 사례의 사업장은 LH공사가 공동사업시행자로 참여하고 있는 LH참여형 가로주택 정비사업장입니다. 그래서 LH공사에 수수료를 지급해야 하는 것이죠. 자세히 보니 수수료 항목이 2개군요. 사업수수료와 분양대행수수료인데요. 총사업비의 2.57%라는 것을 알 수 있습니다. LH참여형 가로주택 정비사업이 아닌 경우라면 LH수수료는 당연히 발생하지 않습니다.

● 마지막으로 예비비 항목도 꼭 점검해두셔야 합니다. 예비비는 말 그대로 혹시 있을지도 모르는 지출을 대비해 예비적 성격으로 편성해 놓은 예산입니다. 계획에 없던 비용지출 요인이 생긴다면 낭패가 아닐 수 없습니다. 그래서 이런 경우를 대비해 사전에 편성해 놓은 예산이 바로 예비비입니다. 그렇기 때문에 예비비는 가능한 범위 내에서 충분하게 확보해 놓는 것이 좋습니다. 보통 재개발이나 재건축 정비사업에서는 예비비를 총사업비의 1% 수준으로 확보해 놓는 것이 일반적입니다. 물론 그 보다 더 높은 수준으로 확보해 놓는 경우도 있고 그 이하로 확보해놓는 경우도 있습니다만 대개 1% 수준으로 예비비를 책정합니다. 그런데 사례의 사업장은 예비비가 0.55%에 그치고 있습니다. 충분하다고 볼 수 없겠군요.

여기서 한 가지 짚고 넘어가야 할 것이 있습니다!

'가로주택 정비사업에 소요되는 비용이 얼마나 될지 개략적으로나마 추정할 수만 있다면 예상되는 수익금액과 비교해 얼마나 수익을 창출해낼 수 있을 것인지를 계산할 수 있다.'라고 한 것을 기억하시죠?

총사업비가 200억 원이라면 공사비와 기타사업비의 관계를 통해 공사비와 기타사업비를 개략적으로 추정할 수 있겠죠? 총사업비의 75~77%150억~154억가 공사비이고 23~25%46억~50억가 기타사업비일 테니까요. 이제 남은 것은 총수익만 추정하면 되겠네요. 그렇죠?

이제 총수익에 대해 알아볼 차례입니다. 총수익은 소규모주택 정비사업 구역에서 공급되는 아파트와 상가상가를 건축하는 경우를 분양함으로써 예상되는 수익을 의미하는데요. 이때 수익은 다시 조합원에 대한 분양수익과 조합원 이외의 일반인들에 대한 분양수익으로 구분됩니다.

총수익은 Chapter 4~5에서 자세하게 다뤄보도록 하겠습니다.

11.
종전자산평가액
감정평가액

소규모주택 정비사업에서 등장하는 감정평가액은 크게 두 가지로 세분됩니다.

종전자산평가와 종후자산평가인데요. 토지등소유자 입장에서 중요한 것은 종전자산평가입니다.

종전자산평가란 기존 토지 건축물을 「부동산가격공시 감정평가에 관한 법률」에 따라 감정평가업자가 평가한 것으로 사업하기 전의 자산가격의 성격을 갖습니다. '감정가액이 너무 낮게 나왔다'거나 '평가가 너무 박하다'라는 표현을 자주 듣게 되는데 이는 대부분 종전자산평가를 말하는 것이죠.

종전자산평가방법은 아파트, 연립·다세대주택과 같은 공동주택과 단독·다가구주택이 차이가 있습니다. 공동주택은 거래사례비교법으로 감정평가를 하게 되는데요. 거래사례비교법은 시중의 거래가격을 감안해 감정평가를 하는 방법입니다.

다만, 감정평가액이 시세를 의미하는 것이라고 생각해서는 안 됩니다.

실제로 감정평가액은 시세의 85%~90% 수준인 경우가 많죠.

다음은 거래사례비교법에 따라 산정된 가격인 비준가격을 구하는 산식입니다.

$$\text{비준가격} = \text{거래사례가격} \times \text{사정보정} \times \text{시점수정} \times \text{지역요인비교} \times \text{개별요인비교} \times \text{면적비교}$$

위 공식을 단순하게 설명하면 다음과 같습니다.

첫째, 비슷한 공동주택의 거래사례가격을 수집합니다.

예를 들어, 전용면적 46m²인 다세주택을 감정평가하는 경우라면 인근지역의 비슷한 면적인 다세대주택의 거래사례를 수집하는 것입니다.

둘째, 사례가격이 정상적으로 거래된 가격인지 아니면 경매나 기타 급박한 사정 때문에 거래 된 것인지를 따져본 후 정상적인 거래였을 경우의 가격으로 보정을 해줍니다.

셋째, 거래시점에 대한 보정을 해줘야 합니다. 예를 들어, 거래사례가 2년 전의 것이라면 부동산 가격 상승률 등을 반영해 현재시점으로 보정해주어야 한다는 말입니다.

넷째, 거래사례와 평가대상 다세대주택 간 지역요인의 우세와 열세요인을 반영해줍니다.

다섯째, 거래사례와 평가대상 다세대주택 간 개별요인의 우세와 열세요인을 반영해줍니다.

여섯째, 거래사례와 평가대상 다세대주택의 면적이 유사한 것인지를 따져보고 이를 비교해 보정해줍니다.

하지만 위 같은 공식을 활용해 종전자산평가액을 계산하는 것은 매우 어렵습니다. 그래서 간략히 분석을 하기 원하는 경우라면 인근지역 공동주택 거래가격의 85~90%를 곱해 감정평가액을 산정하는 것도 나쁘지 않습니다. 다만, 이렇게 산출된 수치를 너무 과신하시면 곤란합니다.

● **인근지역 거래가격을 활용한 종전자산평가액 추정 방법**

1억 5,000만 원 인근지역 다세대 가격	× 0.85 × 0.90	1억 2,750만 원~ 1억 3,500만 원 예상 종전자산평가액

공동주택의 주택공시가격을 활용해서 종전자산평가액을 추정할 수도 있는데요. 주택공시가격에 1.3을 곱해 종전자산평가액으로 활용하기도 합니다. 단, 이 방법 역시 어디까지 어림셈법인만큼 정확도는 떨어지죠. 어림셈법으로 종전자산평가액을 추정하는 경우 규모가 작은 주택인 경우 실제 감정평가와 괴리가 클 수도 있고, 지

역에 따라, 언제 추정하느냐에 따라 편차가 많이 발생할 수 있기 때문에 경우에 따라 감정평가액이 공동주택공시가격의 1.3배를 넘어 1.7~1.8배까지 나오는 경우도 있죠.

● **주택공시가격을 활용한 종전자산평가액 추정 방법**

1억 원 공시가격	× 1.3	1억 3,000만 원 예상 종전자산평가액

공동주택과는 다르게 단독주택·다가구주택은 토지와 건물을 분리하여 종전자산평가_{감정평가}를 합니다.

> **단독주택의 종전자산평가액 = 토지의 감정평가액 + 건물의 감정평가액**

토지부분의 감정평가액은 표준지공시지가라는 것을 기초로 다음과 같은 과정을 거쳐 계산됩니다.

> **토지의 감정평가액 = 표준지공시지가 × 지역요인비교**
> **× 개별요인비교 × 면적 및 기타요인 비교**

어려우시죠? 당연합니다. 감정평가는 감정평가사라는 전문자격이 있는 전문가들의 고유 업무영역이니까요. 그래서 단순하게 추정해볼 수 있는 기준을 활용하는 것이 정확하지는 않아도 나름 유익한 경우가 많습니다.

토지 감정평가 추정 어림셈법 = 개별공시지가 × (1.1~1.3)

방법은 아주 간단합니다. 개별공시지가에 1.1~1.3을 곱하면 개략적인 토지의 감정평가액을 구해볼 수 있습니다. 물론 그 이하로 감정평가액이 산출될 수도 있습니다. 개별공시지가에 1.1~1.3을 곱하는 방법은 어디까지나 개략적인 예상을 하기 위한 방법일 뿐이니까요.

건물부분의 감정평가액은 동일한 건물을 지금 다시 건축할 경우 예상되는 가격과 건축 후 경과연수를 감안하여 감정평가를 하게 되는데요.

● 가로주택 정비사업의 개략적인 건물 감정평가액 추정 기준: 철근콘크리트조

구조	내용연수	준공 후 경과연수	가격/m²
철근콘크리트조	50년	20년	45만 원
		25년	37만 5천 원
		30년	30만 원
		35년	22만 5천 원
		40년	15만 원

● **가로주택 정비사업의 개략적인 건물 감정평가액 추정 기준 : 벽돌조 · 목조**

구조	내용연수	준공 후 경과연수	가격/m²
벽돌조	45년	20년	36만 1천 원
		25년	28만 8천 원
		30년	21만 6천 원
		35년	14만 4천 원
		40년	7만 2천 원
목조	40년	20년	24만 원
		25년	18만 원
		30년	12만 원
		35년	6만 원

*건물의 추정 평가액은 구조철근콘크리트조, 벽돌조, 목조 등와 준공 후 경과연수에 따라 상이함

　가로주택 정비사업인 경우 특별한 경우가 아닌 이상 건축 후 경과연수가 30년 내외인 것을 감안할 때 m²를 기준으로 구조에 따라 12~30만 원으로 보시면 될 것 같습니다.

　한편, 종후자산평가는 분양예정자산의 감정평가를 의미하는데요. 조건부평가라는 성격을 갖습니다. 가로주택 정비사업에 따라 건축되는 부동산_{평가대상 부동산}이 향후 적법하게 완성된 상태를 가정하고 행해지는 감정평가이기 때문이죠. 종후자산평가_{분양예정 자산 감정평가}의 대상은 공동주택은 물론 상가 등 근린생활시설 · 판매 · 업무시설 등이 포함됩니다.

　조합원이나 투자자들 입장에서 볼 때 종후자산평가 또한 매우 중요하다고 볼 수 있는데요. 그 이유는 종후자산평가액이 조합원 분양가액 산정에 있어 기준이 되기 때문입니다.

한편, 소규모주택 정비사업에서는 종전자산평가나 종후자산평가 모두 조합이 선정한 감정평가업자와 시장·군수 등이 선정한 감정평가업자가 평가한 금액을 산술평균하여 산정하도록 하고 있습니다. 종후자산평가 시 공동주택은 종전자산의 평가액과 조합으로부터의 제공받은 자금운용계획서를 기초로 원가방식으로 산정하되 거래사례비교법에 의해 계산된 비준가격으로 타당성을 검토합니다. 이에 비해 상가 등 복리시설은 거래사례비교법에 따라 평가하고 원가방식으로 타당성을 검토하죠. 참 어렵죠? 어렵더라도 일단 읽어보고 넘어가시죠. 분석연습을 통해서 좀 더 숙달이 되면 좀 더 편안하게 느끼실 수 있을 테니까요.

12.
종전자산평가액의
딜레마?

감정평가금액에 만족하는 소유자는 거의 없을 것입니다. 누구라도 자신이 소유하고 있는 부동산이 더 높은 가치를 인정받으면 좋기 때문입니다. 그래서 그런지 몰라도 감정평가 결과가 개별 조합원 입장에서는 매우 민감한 사항이 되는 것이 사실입니다. 그런데 말이죠. 정도의 차이만 있을 뿐 감정평가액은 늘 시세보다 박하다는 평가를 받습니다. 앞서 살펴본 '인근지역 거래가격을 활용한 종전자산평가액 추정 방법'에서도 시세인 거래가격의 85~90% 수준을 추정 감정평가액으로 계산했습니다. 그래서 많은 조합원들이 "시세가 00만 원하는 부동산을 고작 00만 원에 빼앗겠다는 말이냐!" 라는 울분을 토하곤 합니다. 그렇다면 감정평가액이 높아야 비로소 조합원들에게 이익이 돌아가는 것일까요? 꼭 그렇지만은 않습니다. 왜 그런지 살펴보시죠.

감정평가액이 낮게 나왔다. 불행한 소식이겠죠? 보통 그렇다고 볼 수 있습니다. 그러나 늘 그런 것은 아닙니다. 전체 조합원들의 감정평가액이 비슷하게 낮게 평가되었다면, 그래서 비례율이 높아지는 결과가 나왔다면 슬퍼할 필요는 없습니다. 이 같은 논리는 비례율 공식을 통해 확인할 수 있죠. 다시 한 번 비례율 공식을 보시죠.

비례율은 총분양수입에서 총사업비를 차감한 후 종전자산평가액으로 나누어서 계산합니다. 따라서 총사업비의 변동이 없는 상황에서 종전자산가액이 감소하게 되면 비례율은 높아지게 되는 것이죠.

예를 들어, A라는 주택의 시세가 1억 원인데 종전자산평가액(감정평가액)이 9,000만 원이었다면 시세보다 1,000만 원 낮게 평가된 것입니다. 그런데 종전자산평가 결과 조합원들의 종전자산평가액도 대체로 비슷한 흐름으로 평가되어 비례율이 상승했고, 그 결과 조합설립인가 시점에는 95%였던 비례율이 종전자산평가 후 115%로 상승했다면 어떤 결과가 발생하게 될까요?

비례율이 상승해 권리가액이 1억 350만 원이 될 것입니다.

권리가액 = 감정평가액 × 비례율
= 9,000만 원 × 1.15
= 1억 350만 원

반면 다른 조합원들의 감정평가액은 높게 나왔는데 자신의 부동산만 감정평가액이 9,000만 원으로 낮게 나왔고, 비례율도 조합설립인가 시점에 예상되었던 95%에서 변화가 없다면? 진짜 슬픈 일이라고 볼 수 있습니다.

권리가액 = 감정평가액 × 비례율
= 9,000만 원 × 0.95
= 8,550만 원

이번에는 감정평가액이 당초 예상보다 높게 나온 경우를 살펴보시죠. 위의 사례에서 조합설립인가 시점에서 예상되는 감정평가액이 9,000만 원이었는데 종전자산평가 후 감정평가액이 1억 원이되었고 그 결과 비례율이 115%에서 95%로 하락했다면 권리가액은 9,500만 원이 됩니다. 권리가액은 조합원 분담금을 결정하는 기준이 되기 때문에 매우 중요하죠.

권리가액 = 감정평가액 × 비례율
         = 1억 원 × 0.95
         = 9,500만 원

결국 감정평가액이 낮아도 비례율이 높아진다면 단지 감정평가액이 낮다고 해서 무작정 슬퍼할 필요는 없는 것이죠. 또한 감정평가액이 높게 나와도 그로 인해 비례율이 낮아지게 된다면, 오히려 권리가액이 감소해 손해를 볼 수 있는 것이니 감정평가액이 높게 나왔다고 기뻐해서는 안 되겠죠. 그렇기 때문에 감정평가액에 과도하게 집착하기보다 감정평가액에 따라 비례율이 어떻게 변화되는지를 살펴보는 것이 보다 더 바람직하다고 할 수 있겠습니다.

알 듯 말 듯 복잡한 이런 저런 가격개념

흔히 시가 혹은 시세라는 단어나 공시가격, 감정가격이라는 표현을 접하게 되는데요. 뭐가 뭔지 도통 헷갈리는 경우가 많죠. 그래서 간략하게 짚어 보도록 하겠습니다.

가장 먼저 시가입니다. 시가는 시세를 말합니다. 일반적으로 부동산시장에서 부동산을 처분할 때 거래되는 가격을 우리는 보통 시세라고 말합니다.

다음으로 공시가격은 주택공시가격을 말합니다. 여기에는 공동주택공시가격, 표준단독주택공시가격, 개별단독주택공시가격이 있습니다.

공동주택공시가격은 공동주택 중 아파트, 연립주택, 다세대주택을 대상으로 공시되는 가격이죠. 토지와 건물을 일괄하여 적정가격을 공시함으로서 주택시장의 가격정보를 제공하고 적정한 가격형성을 도모하며, 국토의 효율적인 이용과 국민경제의 발전에 이바지하기 위해 매년 공시기준일 현재의 적정가격을 조사·산정하여 국가·지방자치단체 등의 기관이 과세 등의 업무와 관련하여 주택의 가격을 산정하는 경우 그 기준으로 활용하도록 하기 위해 사용되는 것이 바로 공동주택공시가격입니다.

표준단독주택공시가격은 국토교통부장관이 용도지역, 건물구조 등이 일반적으로 유사하다고 인정되는 일단의 단독주택 중에서 선정한 표준주택에 대하여 매년 공시기준일1월 1일현재의 적정가격을 조사·산정하고 중앙부동산가격공시위원회의 심의를 거쳐 공시한 가격인데요. 국가·지방자치단체 등의 기관이 행정목적으로 개별주택가격을 상정하는 경우 그 기준으로 적용하기 위해 산정되는 가격입니다.

개별단독주택공시가격은 매년 국토교통부장관이 결정·공시하는 표준단독주택가격을 기준으로 시장·군수·구청장이 조시한 개별주택의 특성과 비교표준단독주택의 특성을 상호·비교하여 산정한 가격에 대하여 한국감정원의 검증을 받은 주택소유자 등의 의견수렴과 시·군·구 부동산가격공시위원회 심의를 거쳐 시장·군수·구청장이 결정·공시하는 가격을 말하는데요. 종합부동산세 및 재산세 등 국세 및 지방세의 부과기준 및 부동산 실거래가 신고제도의 검증가격 기준이 되는 주택가격입니다.

마지막으로 감정평가액은 감정평가사에 의해 평가된 주택가격을 말합니다. 소규모주택 정비사업인 가로주택 정비사업이나 소규모 재건축사업은 물론 재개발사업이나 재건축 사업에서 종전자산가액은 바로 감정평가사가 해당 사업장의 주택을 평가한 가액을 말하는 것입니다.

권리가액은 뭐지?

권리가액은 감정평가액에 비례율을 곱해 계산되는데요

권리가액 = 종전자산평가액감정평가액 **× 비례율**

권리가액은 매우 중요합니다. 권리가액에 따라 조합원 분담금이 결정되기 때문이죠. 즉, 조합원분양가격에서 권리가액을 차감하여 계산되는 것이 바로 조합원 분담금입니다.

조합원 분담금 = 조합원 분양가 − 권리가액

권리가액은 사업성에 따라 결정됩니다. 권리가액을 계산하는 과정을 보면 알 수 있죠.

종전자산평가액에 비례율을 곱하게 되는데 바로 이 비례율이 해당 사업장의 사업성이 얼마나 좋으냐를 보여주는 것이기 때문입니다.

간단한 사례를 통해 권리가액을 이해해보도록 하죠.

K라는 사업장이 있습니다. 그런데 이 사업장은 노른자위 땅에 자리 잡고 있는 사업장이어서 일반분양가도 높을 것으로 예상되고 사업성도 아주 좋은 곳입니다. 그래서 비례율을 계산해 보았더니 150%이었다고 합시다. 이런 사업장에서 감정평가액으로 1억 원을 통보받은 조합원이 있고 이 사람이 분양받기 원하는 아파트의 분양가격이 3억 원이라면 이 사람은 2억 원을 조합원분담금으로 납부해야 할까요?

절대 그렇지 않습니다. 조합원 분담금을 산정하는 기준이 감정평가액이 아닌 권리가액이기 때문이죠. 즉, 사례의 조합원은 통보받은 감정평가액이 1억 원이었고 해당 사업장의 비례율이 150%였으므로 권리가액은 1억 원 × 150% = 1억 5천만 원이 됩니다.

따라서 조합원 분양가에서 권리가액을 차감한 1억 5천만 원이 조합원 분담금이 되는 것이죠.

13.
비례율이란?

재개발이나 재건축에 조금이라도 관심이 있는 경우라면 비례율이라는 용어에도 익숙할 텐데요. 조금 과장해서 말하면 비례율이야말로 재개발, 재건축의 시작과 끝이라고 볼 수 있습니다. 그만큼 중요한 것이 비례율인데요. 소규모주택 정비사업인 가로주택 정비사업이나 소규모 재건축사업, 소규모 재개발사업 역시 비례율이 중요합니다.

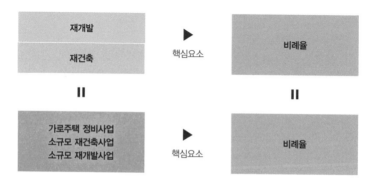

투자여부를 검토하고 있는 경우든 아니면 가로주택 정비사업, 소규모 재건축사업, 소규모 재개발사업의 추진을 검토하는 경우가 되었든 비례율이야말로 지혜로운 의사결정에 있어 강력한 도구가 되어줄 수 있다는 점에서 비례율은 가로주택 정비사업이나 소규모 재건축사업 및 소규모 재개발사업에서도 매우 중요한 개념이죠.

재개발, 재건축을 논할 때마다 수없이 많은 전문가들이 줄기차게 비례율을 강조해오고 있습니다. 실제로 비례율에 대한 이해 없이 재개발, 재건축에 투자해 큰 낭패를 본 사례들이 정말 많습니다. 그럼에도 불구하고 여전히 비례율이라는 개념을 제대로 이해하지 못하고 있는 경우가 많아서 안타깝습니다. 그래서 소규모주택 정비사업을 이해하기 위해서는 먼저 비례율이란 어떤 것인지 개념을 살펴볼 필요가 있습니다. 특히, 투자를 고민하고 있는 경우라면 더욱 그렇죠.

비례율 개념 잡기

비례율은 사업을 통해서 발생할 것으로 예상되는 순이익총분양수입-

총사업비용을 종전자산평가액감정평가액으로 나누어 구한 값을 말합니다. 종전자산평가액이 사업을 통해 얼마나 가치가 증가하게 될 것인지를 설명해주는 지표가 바로 비례율인 것이죠.

　글로만 이해하려니 힘들죠? 그렇다면 좀 더 쉽게 이해하기 위해 비례율을 구하는 식을 한번 만들어볼까요? 비례율을 구하는 산식은 아주 간단합니다. 위에 글로 풀어쓴 것을 그대로 식으로 바꿔주기만 하면 되기 때문이죠.

● 비례율 계산식

　비례율 계산을 이해하기 위해 우선 계산식에 있는 총분양수입, 총사업비용, 종전자산평가액감정평가액이라는 개념들을 다시 한 번 정리해보는 것이 필요할 것 같군요.

 총분양수입

총분양수입은 종후자산평가액이라고도 하는데요. 소규모주택 정비사업을 하면 아파트와 상가를 건설해 분양을 하죠. 이때 아파트

와 상가를 분양해 받게 되는 총수입금을 총분양수입 이라고 합니다. 예를 들어 보죠.

APT			상가		
공급면적㎡	110	**공급면적**㎡		1,000	
세대수	80세대				
분양가격㎡	6,050,000원	**분양가격**㎡		9,075,000원	
A**분양수입**	₩53,240,000,000원	B**분양수입**		₩9,075,000,000	
총분양수입	₩62,315,000,000 A+B				

공급면적이 110㎡ 면적형 하나밖에 없고 공급세대는 80세대, ㎡ 당 분양가격이 605만 원인 아파트와 ㎡당 분양가격이 907만 5천 원인 상가를 분양하는 경우의 총분양수입은 아파트의 분양수입 532억 4,000만 원 : 110㎡×80세대×605만 원과 상가의 분양수입 90억 7,500만 원 : 1,000㎡ × 907만 5,000원을 더하면 됩니다.

총분양수입 = 아파트 분양수입 + 상가 분양수입
= 53,240,000,000 + 9,075,000,000
= 62,315,000,000

그래서 총분양수입은 623억 1,500만 원이 되죠. 쉽죠?

 총사업비

소규모주택 정비사업을 진행하는 과정에서 투입되는 비용의 총계를 가리켜 총사업비라고 합니다. 또한 총사업비는 아파트와 상가를 짓는데 소요되는 비용인 시공비와 기타사업비금융비용이나 조합운영비 등등로 다시 세분되죠. 그렇기 때문에 총사업비는 시공비와 기타사업비을 더해서 구할 수 있습니다. 예를 들어 시공비가 300억 원이고 기타사업비가 90억 원이라면 총사업비용은 390억 원이 되는 것이죠.

> **총분양수입** = 시공비 + 기타사업비
> = 300억 원 + 90억 원
> = 390억 원

 종전자산 평가액 감정평가액

종전자산평가액은 감정평가액이라고도 합니다. 그런데 이 종전자산평가액은 소규모주택 정비사업이나 재개발, 재건축 사업을 시행하는 사업장의 조합원들이 보유하고 있는 부동산토지 및 건축물의 가치를 모두 더해서 구하게 되는데요. 그렇다면 조합원들이 보유하고 있는 부동산의 가치는 어떻게 구할 수 있을까요?

감정평가사가 평가한 금액이 바로 종전자산평가액입니다. 그런데 소규모주택 정비사업에서 감정평가사가 종전자산을 평가하는 시점은 건축심의를 받은 이후입니다. 처음 투자를 할 때는 당연히 종전자산평가액을 알 수 없게 되는 것이죠. 그렇다고 너무 걱정할 필요는 없습니다. 조합 창립총회 책자를 통해 개략적인 종전자산 평가액을 알 수 있으니까요. 또한 앞서 살펴본 방법대로 종전자산 평가액을 추정해볼 수도 있으니까요.

예를 들어, A라는 가로주택 정비사업 조합이 있고 사업장 내 토지등소유자들이 보유하고 있는 토지와 건축물의 감정평가액 총계가 200억 원이었다면 A조합의 종전자산평가액은 200억 원이 되는 것입니다.

종전자산평가액 = 감정평가사가 평가한 토지등소유자들조합원의 전체 부동산 가치
= 200억 원

비례율, 쉽게 계산해보기

앞서 비례율을 어떻게 계산하는지 간략하게 살펴보았습니다. 아마도 여러분들이 처음 생각했던 것보다 너무 간단해서 깜짝 놀라셨을 것 같습니다. 물론 아닐 수도 있겠지만요. 어떤가요? 백번 듣는 것보다 한 번 직접 계산해보는 것이 비례율을 보다 완벽하게

이해하는 데 도움이 됩니다. 자, 그럼 지금부터 비례율을 계산해 볼까요? 위에서 언급한 숫자들을 가지고 아주 단순하게 비례율을 계산해 보도록 하겠습니다. 우선 비례율 계산 공식을 확인하고 나서 비례율 공식에 총분양수입, 총사업비, 종전자산평가액을 하나씩 대입하면 됩니다

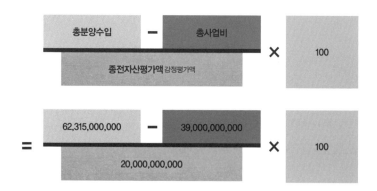

= 116.575%

공식에 숫자들을 하나씩 대입해 계산해보니 비례율이 116.575%인 것을 알 수 있습니다. 굉장히 높네요. 이런 사업장이라면 굉장히 사업성이 좋은 것이라고 볼 수 있습니다. 무슨 근거로 그런 말을 하느냐고요? 이어지는 비례율 활용하기를 꼼꼼하게 읽어보시기만 하면 금방 알 수 있을 것입니다.

비례율을 구했으니 이제 비례율이 어떻게 활용되는지를 알아 볼 차례입니다. '비례율이란 개발을 하기 전 자산의 가치가 얼마나 증가하게 될 것인지를 설명해주는 지표'라고 말했습니다. 기억나죠? 그럼 지금부터 비례율이 어떻게 활용되는지 살펴보죠.

비례율은 개별 조합원들이 조합으로부터 자신들의 감정평가액흔히 종전자산평가액이라고도 합니다을 통보받은 후 조합원분양신청을 할 때 중요한 역할을 하게 됩니다. 사실 대부분의 경우 조합원분양신청 이전까지만 해도 비례율은 그저 뜬구름 잡는 수치 그 이상도 이하도 아니라고 생각하기 십상이죠. 그렇지만 비례율은 매우 중요합니다. 이 비례율에 따라 권리가액*감정평가액 × 비례율 = 권리가액이 결정되는 것은 물론 조합원분담금이 결정되기 때문이죠.

위 사례의 가로주택 정비사업장은 비례율이 116%로 매우 높은 것으로 분석되었습니다. 그런데 이 비례율은 어디까지나 자료가 발표된 시점에서의 비례율입니다. 이는 곧 사업이 더 진행되고 사업시행계획인가를 거쳐 일반분양시점이 되면 얼마든지 비례율이 변동될 수 있다는 뜻이기도 합니다.

여러 번 언급한 것처럼 비례율은 총수입금액과 사업비, 종전자산평가액에 영향을 받는데요. 특히 분양가격 그 중에서도 일반분양가격의 변동이 비례율에 직접적인 영향을 주게 됩니다. 얼마나 비례율에 영향을 주게 되냐고요? 쉽게 대답할 수 있는 문제는 아닙니다. 일반분양이 이루어지기 전까지는 그 누구도 정확히 비례율을 콕 짚어 말하기는 어렵기 때문입니다. 언제 분양이 되는지, 분양시점에 부동산 경기가 어떨지를 정확히 예측하는 것은 매우 어렵죠. 물론 그렇다고 해서 조합에서 발표하는 비례율을 무조건적으로 수용하는 것은 바람직하지 않습니다. 위에서도 말한 것처럼 비례율 자체가 가변적이기 때문입니다. 이런 이유로 보통 다른 조건들은 변하지 않고 분양가격만 상승하거나 하락했을 때 비례율에 어떤 영향을 주게 되는지를 살펴보게 됩니다.

위 사례에서 다른 것은 변하지 않고 부동산 시장이 호황국면에 진입해 APT와 상가의 분양가격만 각각 ㎡당 100만 원씩 상승했다고 해보죠. 그렇게 되면 총분양수입은 다음과 같이 변하게 됩니다.

APT			상가	
공급면적㎡	110	**공급면적**㎡		1,000
세대수	80세대			
분양가격㎡	7,050,000원	**분양가격**㎡		10,075,000원
A분양수입	₩62,040,000,000원	**B분양수입**		₩10,075,000,000
총분양수입	₩72,115,000,000 A+B			

분양가격 상승에 따라 총분양수입은 98억 원 증가한 721억 1,500만 원이 됩니다. 이를 기초로 비례율을 계산해보죠.

위 공식에 수치를 대입하면 비례율이 계산됩니다.

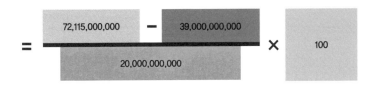

= 165.575%

비례율이 무려 165%인 것으로 계산이 됩니다. 이렇게 비례율이 높아진다면 위 사업장의 조합원들은 정말 대박입니다. 조합원 각자가 부담해야 하는 조합원 분담금이 줄어들 것이기 때문입니다. 뿐만 아니라 조합원 분담금이 줄어든다는 것은 사업진행 과정에서 예상외로 늘어나게 된 비용 때문에 조합원 분담금 외에 추가로 부담해야 하는 비용인 조합원 추가부담금도 걱정할 필요가 없어진다는 의미가 되죠. 정말 행복한 상황이 아닐 수 없습니다.

자, 이번에는 반대로 분양가격이 하락하게 되면 어떻게 될까요? 위 사례에서 부동산 시장이 불황국면에 진입해 APT와 상가의 분양가격이 모두 m² 당 50만 원씩 하락했다고 해보죠. 그러면 총분양수입은 아래와 같이 574억 1,500만 원이 될 것입니다.

APT		상가	
공급면적㎡	110	**공급면적**㎡	1,000
세대수	80세대		
분양가격㎡	5,550,000원	**분양가격**㎡	8,575,000원
A**분양수입**	₩48,840,000,000원	B**분양수입**	₩8,575,000,000
총분양수입		₩57,415,000,000 A+B	

총분양수입의 변동을 반영해 비례율을 계산하면 다음과 같습니다.

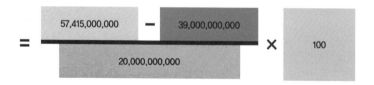

$$= \frac{57,415,000,000 - 39,000,000,000}{20,000,000,000} \times 100$$

= 92.075%

비례율이 116.575%에서 92.075%로 급감했습니다. 조합원 분담금이 당연히 늘어나게 될 것입니다. 물론 추가부담금을 낼 가능성도 매우 높아질 수밖에 없겠죠? 이외에도 비례율에 영향을 미치는 변수로 사업에 소요되는 사업비, 조합원의 종전자산평가액이 있습니다. 비용이 증가하면 당연히 비례율도 감소하고 사업성도 떨어지게 됩니다. 너무 당연한 것이죠.

이처럼 비례율은 조합원 분담금이나 조합원 추가부담금에 직접 영향을 주죠. 따라서 투자를 목적으로 하던 사업성 분석을 목적으로 하던 조합 총회 책자에서 제시되어 있는 비례율을 무조건 맹신하기보다는 스스로 비례율을 계산하고 이를 비교해봄으로써 보다 타당한 투자의사결정을 할 수 있어야 할 것입니다.

비례율 무조건 높아야 이익일까?

비례율은 조합원 분담금이나 조합원 추가부담금에 직접 영향을 주게 됩니다. 그래서 일반적인 경우라면 비례율이 높은 것이 좋다고 볼 수 있습니다. 그렇다면 비례율이 높으면 늘 조합원들에게도 이익이 될까요? 그렇지 않습니다. 왜 그럴까요? 그 해답은 비례율 공식에서 찾을 수 있습니다. 자, 그럼 다시 비례율 공식을 볼까요.

비례율을 산정하기 위한 공식은 크게 총분양수입, 총사업비, 종전자산평가액 감정평가액입니다. 이제는 익숙하죠?

비례율은 총분양수입, 총사업비, 종전자산평가액 감정평가액이 결정되어야만 비로소 확정이 됩니다. 이를 조금 달리 표현하자면 '총분양수입, 총사업비, 종전자산평가액 감정평가액이 최종적으로 확정되기 전까지는 얼마든지 변동이 가능하다'는 뜻이 되죠. 변동이 가능하다? 도대체 이 표현이 어떤 의미를 갖는지 애매하시죠? 예를 들어 설명해보겠습니다.

어떤 가로주택 정비사업장이 있다고 합시다. 그런데 아무리해도 비례율이 70% 수준에도 미치지 못하기 때문에 이런 식으로는 도저히 사업진행이 불가능할 것 같다는 생각을 할 수도 있을 것입니다. 그런데 분양가격을 m²당 100만 원만 높게 책정해서 비례율을 계산할 경우 비례율이 30%정도 올라간다는 것을 알게 되었습니다.

과연 위 사업장은 어떤 선택을 할까요? 양심적으로 비례율이 70%로 너무 낮으니 이쯤에서 더 비용이 지출되기 전에 사업을 멈추는 것이 좋을 것 같다고 선언할까요? 아니면 분양은 당장의 문제가 아니니까 일단 분양가격을 높여놓고 사업을 진행하는 쪽을 선택할까요?

안타깝지만 후자인 경우가 비일비재합니다. 그러니 비례율이 높으니 무조건 좋다고 이야기할 수 없는 것입니다.

비례율이 낮으면 무조건 손해일까?

비례율이 낮으면 분담금이 많아지기 때문에 높을수록 좋다고 보는 경우가 일반적이죠. 그러나 비례율이 높다고 무조건 좋아해서는 안 되는 이유를 앞서 살펴보았는데요. 조금 다르기는 하지만 비슷한 논리로 비례율이 낮다고 무조건 절망부터 할 필요도 없습니다. 의외로 사업초기 비례율이 낮아도 크게 문제가 되지 않는 경우도 있기 때문입니다. 어떤 경우가 그럴까요?

첫째, 총분양수입을 보수적으로 책정한 경우가 이에 해당될 수 있습니다.

예를 들어, 어떤 가로주택 정비사업장이 있는데 사업을 추진하던 초기 부동산 분양시장에 불확실성이 많아 낙관적으로 분양가격을 책정할 경우 나중에 큰 문제가 될 가능성이 높다고 판단해 "아무리 경기가 나빠도 이정도 분양가격수준이라면 미분양 문제는 걱정하지 않아도 되겠지?"라는 수준에서 분양가격을 책정했다면 사업초기 비례율은 나쁠 수밖에 없습니다.

둘째, 총사업비를 충분하게 책정한 경우 역시 이에 해당될 수 있습니다.

소규모주택 정비사업 뿐만 아니라 규모가 큰 재개발·재건축사업장에서도 비례율을 높게 맞추기 위해 의도적으로 비용을 누락하거나 실제보다 적게 반영하는 경우를 어렵지 않게 찾아볼 수 있습니다. 그런데 사업초기부터 현실적으로 비용을 반영하는 한편 혹시 있을지도 모르는 상황에 대비하기 위해 예비비 등을 충분히 반영할 경우 비례율 산정시 예측한 총사업비가 실제 지출 사업비를 초과할 수 있습니다. 즉, 예상보다 실제 사업비가 감소하는 경우가 발생하게 되는 것이죠. 이런 부분들은 조합의 총회책자를 보면 누구나 쉽게 파악할 수 있습니다. 예를 들어, 보통 총사업비의 1%를 예비비로 책정해 놓게 되는데 이 보다 더 많이 예비비를 책정해 놓았다면 총사업비를 충분하게 책정한 경우가 될 수 있겠죠.

셋째, 사업하기 전의 자산가격종전자산평가액이 적정수준으로 반영되어 있는 경우도 해당됩니다.

비례율은 총분양수입에서 총사업비를 차감한 후 이를 종전자산평가액감정평가액으로 나누어 구하게 됩니다. 따라서 종전자산평가액감정평가액이 커지면 커질수록 비례율도 낮아지게 되는 구조입니다. 간혹 비례율을 맞추기 위해 종전자산평가액감정평가액을 의도적으로 낮게 반영하는 경우가 있습니다. 이런 경우 감정평가를 통해 종전자산평가액이 높아지면 비례율 하락은 피할 수 없게 됩니다. 따라서 사업초기부터 충분히 종전자산평가액을 반영해 놓았다면 적어도 사업진행에 따라 종전자산평가액이 높아지고 그 결과 비례율이 하락하는 문제는 걱정하지 않아도 되는 것입니다.

위와 같은 이유로 사업초기·비례율이 낮다고 해서 무조건 절망하고 포기할 필요는 없다고 할 수 있는 것입니다.

14.
권리가액이란?

지방자치단체의 '소규모주택 정비법' 관련 조례는 권리가액을 규정하고 있습니다. 물론 실무에서도 권리가액을 규정하고 있습니다. 그런데 조례와 실무의 권리가액의 개념이 조금 다릅니다. 어떻게 다를까요? 우선 조례에서 규정하고 있는 권리가액은 다음과 같습니다. 다음은 서울특별시와 인천광역시 조례에서 규정하고 있는 권리가액입니다. 뭐, 다른 지자체도 동일하다고 보시면 됩니다.

서울특별시와 인천광역시 조례에 따른 권리가액의 개념

서울특별시 조례

'권리가액'이란 관리처분계획기준일 현재 영 제30조에 따라 산정된 종전 토지

등의 총가액을 말한다.

'권리가액'이란 관리처분계획기준일 현재 관리처분계획에 따라 산정된 종전 토
지 등의 총가액을 말한다.

조례에서 규정하고 있는 권리가액을 보면 어디에도 비례율이라
는 개념이 없습니다. 따라서 실무에서 다루는 권리가액은 조례에
서 규정하고 있는 방식으로는 곧바로 계산하기 어렵다는 점에서
다소 다른 개념이라고 할 수도 있습니다. 그런데요. 우리는 앞서 권
리가액 의 계산방법을 공부했습니다.

자, 복습해볼까요?

권리가액은 관리처분계획 기준일 현재 관리처분계획에 따라 산
정된 종전 토지 등의 총가액인데요. 이때 다음의 세 가지 항목은
차감해야 하고 다음으로 한 가지 항목은 더해 산정할 수 있습니다.

〈권리가액 산정시 차감항목〉
첫째, 하나의 대지범위 안에 속하는 토지가 여러 필지인 경우 권리산정기준일
후에 그 토지의 일부를 취득하였거나 공유지분으로 취득한 토지
둘째, 하나의 건축물이 하나의 대지범위 안에 속하는 토지를 점유하고 있는 경
우로서 권리산정 기준일 후 그 건축물과 분리하여 취득한 토지

셋째, 1필지의 토지를 권리산정기준일 후 분할하여 취득하거나 공유로 취득한 토지

〈권리가액 산정시 가산할 수 있는 항목〉
분양신청자가 동일 세대인 경우의 권리가액은 세대원 전원의 가액을 합산해 산정할 수 있다.

그렇다면 실무에서는 권리가액을 어떻게 규정하고 있을까요?

첫째 마당에서 짧게 정리한 것을 다시 한 번 펼쳐 볼까요? 기억 나시죠?

★**권리가액**

종전자산평가액에 비례율을 곱하여 구해진 조합원들의 실질적 자산가치

*권리가액 = 종전자산평가액 × 비례율

그런데 권리가액을 계산하기 위해서는 종전자산평가액과 비례율을 알아야 합니다. 종전자산평가액은 감정평가액입니다. 그렇기 때문에 비례율만 알면 권리가액을 구할 수 있죠. 비례율은 다음과 같이 계산합니다. 첫째 마당에서 살짝 정리한 내용인데. 기억나시죠?

★비례율

종후자산평가액총수입액에서 총사업비를 차감하고 이를 종전자산평가액으로 나
눈 후 100을 곱하여 구한 값

$$*비례율 = \frac{(종후자산평가액 - 총사업비)}{종전자산평가액} \times 100$$

실무에서 비례율을 산정하는 이유는 분양대상자별로 부담하게
될 분담금을 추산하기 위해서입니다. 이 비례율 공식은 '서울특별시
도시 및 주거환경정비조례 시행규칙'의 '별지 제26호 서식'에 규정
되어 있는 내용입니다. 별지 제26호 서식에서는 비례율이란 '구역
내 분양대상 대지 및 건축물 등 총 추산액에서 총사업비를 뺀 금액
을 종전 토지 및 건축물 총 가액으로 나눈 값을 말함'이라고 규정
하고 있기 때문입니다. 이를 정리하면 다음과 같습니다.

$$*비례율 = \frac{(구역내 분양대상 대지 및 건축물 등 총추산액 - 총사업비)}{토지 및 건축물 총 가액} \times 100$$

'구역내 분양대상 대지 및 건축물 등 총추산액 = 종후자산평가
액'이고 '토지 및 건축물 총 가액 = 종전자산평가액'입니다. 따라
서 우리가 앞서 정의한 바 있는 비례율과 정확히 일치하는 것이죠.

자, 여기서 다시 한 번 짚어볼까요? 권리가액을 굳이 실무에서

계산하는 방식이 있는 데도 불구하고 그것도 조례로 정한 비례율 공식을 활용해 구하면 되는 데도 불구하고 굳이 다르게 정의하고 있는 이유는 대체 뭘까요?

그 이유는 바로 권리가액을 산정하는 목적이 다르기 때문입니다. 실무에서 규정하는 권리가액은 앞서 설명한 것처럼 분양대상자별로 부담하게 될 분담금을 추산하기 위해서입니다. 그러나 조례에서 규정하고 있는 권리가액은 투기를 방지하고, 분양의 우선순위를 정하기 위한 것입니다. 즉, 토지의 분할 혹은 공유지분을 매입함으로써 종전자산가액을 증가시키고, 이를 통해 분양자격이 없던 사람이 분양자격을 갖게 되거나, 보다 큰 면적을 신청할 수 있는 상황을 차단하는 한편 분양대상자에게 공급되는 아파트를 분양받기 위한 우선순위를 정해야 할 필요성이 있죠. 그래서 권리가액을 다르게 규정하고 있는 것입니다.

15.
분담금과 추가분담금이란?

'분담금'이나 '추가 부담금'을 같은 의미로 사용해도 된다고 생각하는 경우가 많습니다. 실제로는 서로 다른 개념인데도 말이죠. 어떻게 다르냐고요?

앞에서 살펴본 것처럼 분담금은 토지등소유자조합원가 가로주택정비사업에 따라 새롭게 건축되는 아파트를 분양받기 위해 납부하는 금원으로 조합원 분양가에서 권리가액을 차감하여 계산되는 것입니다. 그렇기 때문에 권리가액이 큰 토지등소유자조합원일수록 분담금은 작아지고 반대로 권리가액이 작은 토지등소유자조합원 일수록 분담금은 늘어나게 됩니다.

조합원 분담금 = 조합원 분양가 – 권리가액
       = 조합원 분양가 – 종전자산평가액(감정평가액) × 비례율

이에 비해 추가 부담금은 말 그대로 추가되는 부담금을 말합니다. 처음에는 발생하지 않을 비용인데 사업이 진행됨에 따라 여러가지 이유로 토지등소유자조합원들이 부담해야 할 비용들이 발생하게 되는데 이럴 경우 토지등소유자조합원들이 서로 나누어 부담을 해야 합니다. 이를 가리켜 추가부담금이라고 하죠.

그렇다면 어떤 경우에 추가부담금이 발생하는 것일까요? 여러 가지가 있을 수 있지만 대표적인 경우 몇 가지만 들겠습니다.

첫째, 사업이 지연되는 경우입니다. 예를 들어 처음에는 사업기간을 3년 6개월로 예상하고 사업을 추진했는데 사업이 예상외로 지연되면서 5년이 소요될 것으로 예상된다면 1년 6개월 동안 비용지출도 증가하고 시공비도 상승하게 될 것입니다. 이런 비용들을 토지등소유자조합원이 나눠 부담해야 하기 때문에 추가부담금이 발생하게 됩니다.

둘째, 부동산 경기가 침체국면에 진입하면서 일반분양이 잘 되지 않은 경우 역시 당초 계획보다 총수입이 감소할 것입니다. 이런 경우 역시 부족한 수입을 토지등소유자조합원들이 메꾸어야 하기 때문에 추가부담금이 발생하게 됩니다.

어떤 사업장에서 추가부담금이 발생한다는 것은 그만큼 사업성

이 떨어지는 사업장이라는 것을 의미할 수 있습니다. 소규모주택 정비사업의 총비용은 사업시행인가 시점에서 확정되기 때문에 그 이후 추가부담금이 발생한다면 총수입_{일반분양수입}을 증가시켜 이를 상쇄시킬 수 있어야 합니다. 만약 그렇게 하지 못하는 사업장이라면 꼼짝없이 증가된 사업비를 토지등소유자_{조합원}들이 부담하게 되는 것이죠.

16.
사업진행절차별
키포인트는?

'소규모주택 정비법'에 따른 소규모주택 정비사업은 앞서 살펴본 것처럼 '도시 및 주거 환경정비법'에 따른 재개발·재건축 정비사업에 비해 사업절차가 크게 간소화되었습니다.

기억나시죠? 혹시 기억나지 않는다면 가로주택 정비사업과 소규모 재건축사업의 추진절차를 다시 한 번 확인해보시기 바랍니다.

가로주택 정비사업과 소규모 재건축사업은 '도시 및 주거 환경정비법'에 따른 재개발·재건축 정비사업과는 달리 조합설립추진위원회가 없습니다. 곧바로 조합설립인가를 받으면 되죠. 물론 조합설립인가를 받기 위해서는 동의요건을 충족해야 합니다.

동의요건을 잘 알아두어야 하는 이유는 소규모주택 정비사업의 추진 여부가 결국 "동의요건을 충족할 수 있을까?"에 달려 있기 때문이죠. 투자를 하든 조합설립을 추진하든 동의요건을 충족하지

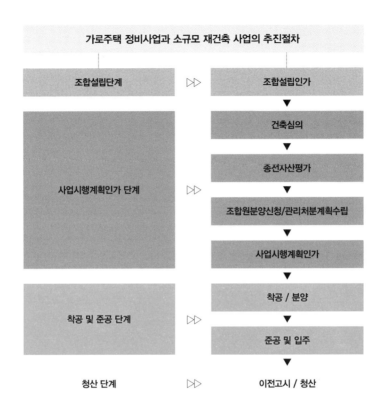

가로주택 정비사업과 소규모 재건축 사업의 추진절차		
조합설립단계	▷▷	조합설립인가
		▼
		건축심의
		▼
		종선사산평가
사업시행계획인가 단계	▷▷	▼
		조합원분양신청/관리처분계획수립
		▼
		사업시행계획인가
		▼
		착공 / 분양
착공 및 준공 단계	▷▷	▼
		준공 및 입주
청산 단계	▷▷	이전고시 / 청산

못한다면 투자든 사업이든 애초부터 불가능 합니다. 그렇다면 동의요건을 충족할 수 있을지 여부는 어떻게 확인할 수 있을까요?

아주 간단합니다. 분위기를 살펴보면 됩니다. 투자자라면 매입을 희망하는 지역에 거주하는 사람들이 얼마나 적극적으로 사업추진 의지가 있는지 투자 희망지역을 직접 방문해 주민들과 대화를 해봄으로써 분위기를 파악할 수 있습니다. 조합설립을 추진하고 있는 경우 역시 해당지역의 주민들이 얼마나 의지를 갖고 있는지를 분석한 후 예상가능한 동의자 숫자를 계산해보면 사업진행을 위한 동의요건의 충족 가능성 여부를 따져볼 수 있습니다.

 제2단계 : 건축심의

시장·군수시장, 군수, 구청장로부터 조합설립인가를 받았다면 다음 단계는 건축심의 단계가 됩니다. 소규모주택 정비사업의 조합가로주택 정비사업과 소규모 재건축사업, 소규모 재개발사업 등은 사업시행계획인가를 받기 위해 사업시행계획서를 작성해야 하는데요. 그 사업시행계획서를 작성하기에 앞서 지방건축위원회의 심의를 받게 되는데 이를 가리켜 건축심의라고 합니다.

> **빈집 및 소규모주택 정비에 관한 특례법**
> **제26조** 건축심의
>
> ① 가로주택 정비사업, 소규모 재건축사업 또는 소규모 재개발사업의 사업시행자사업시행 자가 시장·군수등인 경우는 제외한다는 제30조에 따른 사업시행계획서를 작성하기 전에 사업시행에 따른 건축물의 높이·층수·용적률 등 대통령령으로 정하는 사항에 대하여 지방건축위원회의 심의를 거쳐야 한다. 〈개정 2021. 7. 20.〉
> ② 제1항에 따른 사업시행자시장·군수등 또는 토지주택공사 등은 제외한다는 지방건축 위원회의 심의를 신청하기 전에 다음 각 호의 어느 하나에 해당하는 동의 또는 의결을 거쳐야 한다. 〈개정 2020. 8. 18.〉

1. 사업시행자가 토지등소유자인 경우에는 주민합의서에서 정하는 토지등소유자의 동의
2. 사업시행자가 조합인 경우에는 조합 총회 시장·군수등 또는 토지주택공사 등과 공동으로 사업을 시행하는 경우에는 조합원의 과반수 동의로 조합 총회 의결을 갈음할 수 있다 에서 조합원 과반수의 찬성으로 의결. 다만, 정비사업비가 100분의 10 생산자 물가상승 률분 및 제36조에 따른 손실보상 금액은 제외한다 이상 늘어나는 경우에는 조합원 3분의 2 이상의 찬성으로 의결
3. 사업시행자가 지정개발자인 경우에는 토지등소유자의 과반수 동의 및 토지면적 2분의 1 이상의 토지소유자의 동의

건축심의에서 심의를 받는 사항은 대통령령으로 정하고 있는데요.

첫째, 사업시행구역이 가로주택 정비사업을 시행하는 가로구역일 경우 제3조 제1항 제2호의 요건을 충족하는지 여부에 관한 사항,

둘째, 건축물의 주용도·건폐율·용적률 및 높이에 관한 계획「건축법」 제77조의 4에 따라 건축협정을 체결한 경우 건축협정의 내용을 포함한다,

셋째, 건축물의 건축선에 관한 계획,

넷째, 정비기반시설의 설치계획,

다섯째, 공동이용시설의 설치계획,

여섯째, 환경보전 및 재난방지에 관한 계획,

일곱째, 그 밖에 시·도 조례로 정하는 사항 등이 포함됩니다. 다만, 사업시행구역이 「국토의 계획 및 이용에 관한 법률」의해 지정된 지구단위계획구역인 경우이고 중앙도시계획위원회 또는 시·도

도시계획위원회의 심의건축위원회와 도시계획위원회가 공동으로 하는 심의를 포함한다를 거친 사항은 제외합니다. 다음은 위의 내용과 관련된 국토교통부 유권해석 사례입니다. 참고하면 도움이 되겠죠?

질 의 서

일 시 : 2018. 06. 25
수 신 : 국토교통부 주택정비과
발 신 : 석수역세권 가로주택 정비사업조합설립 주민협의회
제 목 : 법령체계 및 사업추진에 관한 질의

석수역세권은 뉴타운재정비촉진지구이 해제되고, 특별계획가능구역으로 지정 고시서울시고시 제2017-405호 되었습니다. 이러한 지역에서 가로주택 정비사업을 시행하려는 경우, 법령체계 및 사업추진에 관하여 알아보고자 합니다.

질의1) 소규모주택 정비법 제26조건축심의 제1항에서 "가로주택 정비사업의 시행자는 사업시행계획서를 작성하기 전에 사업시행에 따른 건축물의 높이, 층수, 용적율 등 대통령령으로 정하는 사항에 대하여 지방건축위원회의 심의를 거쳐야 한다"고 정하고, 같은 법 시행령 제24조건축심의 제항은 "다만, 사업시행구역이 「국토의 계획 및 이용에 관한 법률」 제51조에 따라 지정된 지구단위계획구역인 경우로서 같은 법 제30조 제3항에 따라 중앙도시계획위원회 또는 시 · 도 도시계획위원회의 심의건축위원회와 도시계획위원회가 공동으로 하는 심의를 포함한다를 거친 사항은 제외한다."고 정하고 있다면,

① 이미, 수립된 영, 제1항의 서울시 도시건축공동위원회의 심의를 거친 "지구단위계획결정고시"와 영, 제1항 제6호의 "그 밖에 시도조례로 정하는 사항" 중 어떤 단서에 따라 사업시행계획서를 작성하여야 하는지요?

민원처리 내용

2. 회신내용

(1) '빈집 및 소규모주택 정비에 관한 특례법소규모주택 정비법' 제26조에 따라 가로주택 정비사업 또는 소규모 재건축사업의 시행자는 사업시행계획서를 작성하기 전에 사업시행에 따른 건축물의 높이·층수·용적률 등에 대해 지방건축위원회의 심의를 받아야 하며, 소규모주택 정비법 시행령 제24조 제1항에는 건축심의를 받아야 하는 대상 및 제외하는 사항을 규정하고 있습니다.

소규모주택 정비법 시행령 제24조 제1항 단서에 따라 사업시행구역이 '국토의 계획 및 이용에 관한 법률국토계획법' 제51조에 따라 지정된 지구단위계획구역인 경우로서 국토계획법 제30조 제3항에 따라 중앙도시계획위원회 또는 시·도도시계획위원회의 심의건축위원회와 도시계획위원회가 공동으로 하는 심의를 포함함를 거친 사항은 심의를 거친 사항에 맞게 사업계획을 수립하여야 할 것으로 판단됩니다.

제3단계 : 종전자산평가

소규모주택 정비사업의 조합가로주택 정비사업과 소규모 재건축사업조합, 소규모 재개발사업 등이 건축심의를 받았다면, 그 다음 단계는 종전자산평가 즉, 조합원 자산에 대한 감정평가를 하게 됩니다. 이때 종전자산평가는 시장·군수 등이 선정·계약한 1인 이상의 감정평가업자와 조합 총회의 의결로 선정·계약한 1인 이상의 감정평가업자가 평가한 금액을 산술평균하여 산정하도록 하고 있습니다.

종전자산평가는 투자자나 토지등소유자조합원들 입장에서 볼 때 정말 중요합니다. 종전자산평가금액에 비례율을 곱하여 조합원 권리가액이 계산되기 때문입니다. 그래서 대부분의 투자자들이나 토지등소유자조합원들은 종전자산평가를 통해 산출된 평가금액이 무조건 높으면 좋다고 생각하는 경우가 많습니다.

그러나 앞서 살펴본 것처럼 꼭 그렇지는 않습니다. 물론 그 반대의 경우 역시 반드시 나쁘기만 한 것은 아닙니다. 어찌되었든 재개발·재건축 정비사업과 마찬가지로 소규모주택 정비사업 역시 종전자산평가가 이루어진 이후에는 불확실성이 상당부분 제거되는 한편 명확한 수익성 분석이 가능해집니다.

 제4단계 : 조합원분양신청

소규모주택 정비사업조합가로주택 정비사업조합과 소규모 재건축사업조합, 소규모 재개발사업 등은 건축심의 결과를 통지받은 날로부터 90일 이내에 분양대상자별 종전의 토지 또는 건축물의 명세 및 심의 결과를 통지받은 날을 기준으로 한 가격, 조합원분양대상자 개인별 분담금 추산액, 분양신청기간, 그 밖에 대통령령으로 정하는 사항을 토지등소유자에게 통보하고 이를 해당 지역에서 발간하는 일간신문에 공고하도록 하고 있습니다.

또한 이때 조합원의 분양신청기간은 위에서 통지한 날로부터 30일 이상 60일 이내로 정하고 있는데 관리처분계획수립에 지장이 없는 경우 20일 범위 내에서 1번 연장할 수 있습니다. 조합원분양 신청 단계에서는 각 조합원별로 종전자산평가액과 부담해야 할 분담금액의 추산액이 통지됩니다. 이쯤 되면 매물이 거래되는 시장에서 조합원들이나 투자자들의 눈치싸움이 어느 정도 정리가 됩니다. 이 시점부터는 속칭 P가 예상되는 분양가격, 주변 아파트의 시세 등에 민감하게 반응하기 때문입니다.

빈집 및 소규모주택 정비에 관한 특례법
제28조 분양공고 및 분양신청

① 가로주택 정비사업 또는 소규모 재건축사업 또는 소규모 재개발사업의 사업시행자는 제26조에 따른 심의 결과 를 통지받은 날부터 90일 이내에 다음 각 호의 사항을 토지등소유자에게 통지하고, 분양 의 대상이 되는 대지 또는 건축물의 내역 등 대통령령으로 정하는 사항을 해당 지역에서 발간되는 일간신문에 공고하여야 한다.

1. 분양대상자별 종전의 토지 또는 건축물의 명세 및 제26조에 따른 심의 결과 를 통지받은 날을 기준으로 한 가격제26조에 따른 심의 전에 제37조 제3항에 따라 철거된 건축물은 시장·군수 등에게 허가를 받은 날을 기준으로 한 가격

2. 분양대상자별 분담금의 추산액

3. 분양신청기간

4. 그 밖에 대통령령으로 정하는 사항

② 제1항 제3호에 따른 분양신청기간은 제1항에 따라 토지등소유자에게 통지한 날부터 30 일 이상 60일 이내로 하여야 한다. 다만, 사업시행자는 제33조 제1항에 따른 관리처분 계획의 수립에 지장이 없다고 판단하는 경우에는 분양 신청기간을 20일 범위에서 한 차례만 연장할 수 있다.

③ 대지 또는 건축물에 대한 분양을 받으려는 토지등소유자는 제2항에 따른

분양신청기간 에 대통령령으로 정하는 방법 및 절차에 따라 분양신청을 하여야 한다.

④ 사업시행자는 제2항에 따른 분양신청기간 종료 후 제29조 제1항에 따른 사업시행계획 인가의 변경대통령령으로 정하는 경미한 사항의 변경은 제외한다으로 세대수 또는 주 택 규모가 달라지는 경우 제1항부터 제3항까지에 따라 분양공고 등의 절차를 다시 거칠 수 있다.

⑤ 사업시행자는 정관 등「도시 및 주거환경정비법」 제2조 제11호에 따른 정관 등을 말한다. 이하 같다에서 정하고 있거나 총회의 의결을 거친 경우 제4항에 따라 제36조 제1항 제1호 및 제2호에 해당하는 토지등소유자에게 분양신청을 다시 하게 할 수 있다

 제5단계 : 관리처분계획수립

관리처분계획이란 정비사업 시행 후 분양되는 대지 또는 건축시설 등에 대하여 합리적이고 균형 있는 권리의 배분에 관한 사항을 정하는 계획을 말합니다. 이 단계에 이르면 가로주택 정비사업이나 소규모 재건축사업의 불확실성은 거의 대부분 제거된다고 볼 수 있습니다. 종전자산에 대한 관리, 종후자산의 처분 등에 관해 상세하고 구체적으로 계획을 수립하는 단계이기 때문입니다.

빈집 및 소규모주택 정비에 관한 특례법

제33조 관리처분계획의 내용 및 수립기준

① 가로주택 정비사업, 소규모 재건축사업 또는 소규모 재개발사업의 사업시행자는 제28조에 따른 분양신청기 간이 종료된 때에는 분양신청의 현황을 기초로 다음 각 호의 사항을 포함하여 제30조 제1항 제10호에 따른 관리처분계획을 수립하여야 한다.

1. 분양설계

2. 분양대상자의 주소 및 성명

3. 분양대상자별 분양예정인 대지 또는 건축물의 추산액임대관리 위탁주택에 관한 내용을 포함한다

4. 다음 각 목에 해당하는 보류지 등의 명세와 추산액 및 처분방법

   가. 일반 분양분

   나. 임대주택

   다. 그 밖에 부대시설·복리시설 등

5. 분양대상자별 종전의 토지 또는 건축물 명세 및 제26조에 따른 심의 결과를 받은 날을 기준으로 한 가격제26조에 따른 심의 전에 제37조 제3항에 따라 철거된 건축물은 시장·군수 등에게 허가를 받은 날을 기준으로 한 가격

6. 정비사업비의 추산액소규모 재건축사업의 경우에는 「재건축초과이익 환수에 관한 법률」에 따른 재건축분담금에 관한 사항을 포함한다 및 그에 따른 조합원 분담규모 및 분담시기

7. 분양대상자의 종전 토지 또는 건축물에 관한 소유권 외의 권리명세

8. 세입자별 손실보상을 위한 권리명세 및 그 평가액취약주택정비사업의 경우로 한정한다

9. 그 밖에 소규모주택 정비사업과 관련한 권리 등에 관하여 대통령령으로 정하는 사항

② 조합은 제29조 제3항 본문에 따른 의결이 필요한 경우 총회 개최일부터 30일 전에 제1항 제3호부터 제6호까지에 해당하는 사항을 조합원에게 문서로 통지하여야 한다.

③ 제1항에 따른 관리처분계획의 내용은 다음 각 호의 기준에 따른다.〈개정 2018.
3. 20., 2019. 8. 20., 2020. 6. 9.〉

1. 종전의 토지 또는 건축물의 면적, 이용 상황, 환경, 그 밖의 사항을 종합적으
로 고려하여 대지 또는 건축물이 균형 있게 분양신청자에게 배분되고 합리
적으로 이용되도록 한다.

2. 지나치게 좁거나 넓은 토지 또는 건축물은 넓히거나 좁혀 대지 또는 건축물
이 적정 규모가 되도록 한다.

3. 너무 좁은 토지 또는 건축물이나 다음 각목에 따라 사업시행구역이 확정된
후 분할된 토지를 취득한 자에게는 현금으로 청산할 수 있다.

　가. 제18조에 따른 공공시행자 또는 제19조에 따른 지정개발자의 지정·고시

　나. 제22조에 따른 주민합의체 구성의 신고

　다. 제23조에 따른 조합설립인가

4. 재해상 또는 위생상의 위해를 방지하기 위하여 토지의 규모를 조정할 특별
한 필요가 있는 때에는 너무 좁은 토지를 넓혀 토지에 갈음하여 보상을 하
거나 건축물의 일부와 그 건축물이 있는 대지의 공유지분을 교부할 수 있다.

5. 분양설계에 관한 계획은 제28조에 따른 분양신청기간이 만료하는 날을 기
준으로 하여 수립한다.

6. 1세대 또는 1명이 하나 이상의 주택 또는 토지를 소유한 경우 1주택을 공급하
고, 같은 세대에 속하지 아니하는 2명 이상이 1주택 또는 1토지를 공유한 경
우에는 1주택만 공급한다.

7. 제6호에도 불구하고 다음 각 목의 경우에는 각 목의 방법에 따라 주택을 공
급할 수 있다.

　가. 2명 이상이 1토지를 공유한 경우로서 시·도 조례로 주택공급을 따로 정하
고 있는 경우에는 시·도 조례로 정하는 바에 따라 주택을 공급할 수 있다.

　나. 다음 어느 하나에 해당하는 토지등소유자에게는 소유한 주택 수만큼 공
급할 수 있다.

　　1) 「수도권정비계획법」 제6조 제1항 제1호에 따른 과밀억제권역에 위치하
지 아니한 소규모 재건축사업의 토지등소유자

　　2) 근로자(공무원인 근로자를 포함한다) 숙소, 기숙사 용도로 주택을 소유하고

있는 토지등소유자

　　3) 국가, 지방자치단체 및 토지주택공사 등

　　4) 「국가균형발전 특별법」 제18조에 따른 공공기관지방이전 및 혁신도시
　　　활성화를 위한 시책 등에 따라 이전하는 공공기관이 소유한 주택을 양
　　　수한 자

　다. 제1항 제5호에 따른 가격의 범위 또는 종전 주택의 주거전용면적의 범위
　　　에서 2주택을 공급할 수 있고, 이 중 1주택은 주거전용면적을 60㎡ 이하
　　　로 한다. 다만, 60㎡ 이하로 공급받은 1주택은 제40조 제2항에 따른 이
　　　전고시일 다음 날부터 3년 이 지나기 전에는 주택을 전매 매매·증여나 그
　　　밖에 권리의 변동을 수반하는 모든 행위를 포함하되 상속의 경우는 제외한다하거나 전
　　　매를 알선할 수 없다.

　라. 가로주택 정비사업의 경우에는 3주택 이하로 한정하되, 다가구주택을 소
　　　유한 자에 대하여는 제1항 제5호에 따른 가격을 분양주택 중 최소분양단
　　　위 규모의 추산액으로 나눈 값소수점 이하는 버린다만큼 공급할 수 있다.

　마. 「수도권정비계획법」 제6조 제1항 제1호에 따른 과밀억제권역에서 투기과
　　　열지구에 위치하지 아니한 소규모 재건축사업의 경우에는 토지등소유자
　　　가 소유한 주택수의 범위에서 3주택 이하로 한정하여 공급할 수 있다.

④ 제1항부터 제3항까지에 따른 관리처분계획의 내용 및 수립기준, 관리처분의
　방법 등에 필요한 사항은 대통령령으로 정한다.

⑤ 제1항부터 제4항까지는 시장·군수등이 직접 수립하는 관리처분계획에 준
　용한다.

 제6단계 : 사업시행계획인가 및 관리처분계획인가

사업시행자사업시행자가 시장·군수등인 경우 제외인 가로주택 정비사업조
합과 소규모 재건축사업조합, 소규모 재개발조합이 소규모주택 정

비사업을 시행하는 경우 사업시행계획서이하 '사업시행계획서'라 한다에 정관 등과 그 밖에 국토교통부령으로 정하는 서류를 첨부하여 시장·군수등에게 제출하고 사업시행계획인가를 받아야 합니다. 인가받은 사항을 변경하는 경우 역시 마찬가지입니다. 다만, 대통령령으로 정하는 경미한 사항을 변경하는 경우에는 시장·군수등에게 신고만으로 가능합니다.

빈집 및 소규모주택 정비에 관한 특례법
제29조 사업시행계획인가

① 사업시행자사업시행자가 시장·군수등인 경우는 제외한다는 소규모주택 정비사업을 시행하는 경우에는 제30조에 따른 사업시행계획서이하 "사업시행계획서"라 한다에 정 관등과 그 밖에 국토교통부령으로 정하는 서류를 첨부하여 시장·군수등에게 제출하고 사업시행계획인가를 받아야 하며, 인가받은 사항을 변경하는 경우에도 또한 같다. 다만, 대통령령으로 정하는 경미한 사항을 변경하는 경우에는 시장·군수등에게 신고하여야 한다.

② 시장·군수등은 특별한 사유가 없으면 제1항에 따른 사업시행계획서사업시행계획서의 변경을 포함한다가 제출된 날부터 60일 이내에 인가 여부를 결정하여 사업시행자에게 통보하여야 한다.

③ 사업시행자시장·군수등 또는 토지주택공사등은 제외한다는 사업시행계획인가를 신청 하기 전에 미리 제26조 제2항 각 호의 어느 하나에 해당하는 동의 또는 의결을 거쳐야 하며, 인가받은 사항을 변경하거나 사업을 중지 또는 폐지하는 경우에도 또한 같다. 다만, 제1항 단서에 따른 경미한 사항의 변경은 그러하지 아니하다.

④ 제18조 제1항 제1호에 따른 사업이하 "취약주택정비사업"이라 한다의 사업시행자는 제3항 본문에도 불구하고 토지등소유자의 동의를 받지 아니할 수 있다.

⑤ 시장·군수등은 제1항에 따른 사업시행계획인가(시장·군수등이 사업시행계획서를 작성 한 경우를 포함한다)를 하거나 사업을 변경·중지 또는 폐지하는 경우에는 국토교통부령 으로 정하는 방법 및 절차에 따라 그 내용을 해당 지방자치단체의 공보에 고시하여야 한다. 다만, 제1항 단서에 따른 경미한 사항을 변경하는 경우에는 그러하지 아니하다.

⑥ 시장·군수등이 사업시행계획인가를 하거나 제30조에 따라 사업시행계획서를 작성하는 경우에는 관계 서류의 사본을 14일 이상 일반인이 공람할 수 있게 하여야 한다. 〈개정 2019. 8. 20.〉

⑦ 토지등소유자, 이해관계인 등은 제6항의 공람 기간 이내에 시장·군수등에게 서면으로 의견을 제출할 수 있다. 〈신설 2019. 8. 20.〉

사업시행계획서에는 사업시행구역과 면적, 토지이용계획, 정비 기반시설 및 공동이용시설의 설치계획, 주민 이주대책 등은 물론 정비사업비, 분양설계등 관리처분계획까지 포함하게 됩니다. 그야말로 해당 사업의 모든 내용을 망라한 것이 바로 사업시행계획서라고 할 수 있는 것 입니다.

빈집 및 소규모주택 정비에 관한 특례법
제30조 사업시행계획서의 작성

① 사업시행자는 다음 각 호의 사항을 포함하는 사업시행계획서를 작성하여야 한다. 다만, 자율주택 정비사업의 경우에는 제1호·제2호·제3호·제6호 및 제7호의 사항으로 한정한다.

1. 사업시행구역 및 그 면적

2. 토지이용계획건축물배치계획을 포함한다
3. 정비기반시설 및 공동이용시설의 설치계획
4. 임시거주시설을 포함한 주민이주대책
5. 사업시행기간 동안 사업시행구역 내 가로등 설치, 폐쇄회로 텔레비전 설치 등 범죄예방대책
6. 임대주택의 건설계획
7. 건축물의 높이 및 용적률 등에 관한 건축계획「건축법」제77조의 4에 따라 건축협정을 체결한 경우 건축협정의 내용을 포함한다
8. 사업시행과정에서 발생하는 폐기물의 처리계획
9. 정비사업비
10. 분양설계 등 관리처분계획
11. 그 밖에 사업시행을 위한 사항으로서 대통령령으로 정하는 바에 따라 시·도조례로 정하는 사항
② 사업시행자가 제1항에 따른 사업시행계획서에 「공공주택 특별법」 제2조제1호에 따른 공공주택이하 "공공주택"이라 한다 건설계획을 포함하는 경우에는 공공주택의 구조·기능 및 설비에 관한 기준과 부대시설·복리시설의 범위, 설치기준 등 필요한 사항은 「공공 주택 특별법」 제37조에 따른다.

 제7단계 : 착공 및 분양

사업시행계획인가까지 모두 마무리했다면 이제 남은 것은 이주 및 착공과 분양입니다. 이 시점부터는 조합원이든 투자자든 시간과의 싸움만 남습니다. 미분양이 발생하거나 부동산 경기의 영향으로 당초 예상보다 분양가격을 낮춰야 할 상황만 발생하지 않는다면 크

게 문제가 될 여지가 없기 때문입니다. 또한 투자자입장에서 볼 때 투자수익이 확정되는 단계가 바로 분양단계입니다. 물론 토지등소유자조합원들도 마찬가지입니다.

빈집 및 소규모주택 정비에 관한 특례법

제34조 사업시행계획인가에 따른 처분 등

① 가로주택 정비사업 또는 소규모 재건축사업 또는 소규모 재개발사업의 사업시행자는 사업의 시행으로 조성된 대지 및 건축물을 사업시행계획인가에 따라 처분 또는 관리하여야 한다.

② 가로주택 정비사업 또는 소규모 재건축사업 또는 소규모 재개발사업의 사업시행자는 사업의 시행으로 건설된 건축물을 제29조에 따라 인가된 관리처분계획에 따라 토지등소유자에게 공급하여야 한다.

③ 사업시행자는 사업시행구역에 주택을 건설하는 경우 입주자 모집 조건·방법·절차, 입주금(계약금·중도금 및 잔금을 말한다)의 납부 방법·시기·절차, 주택공급 방법·절차 등에 관하여「주택법」제54조에도 불구하고 대통령령으로 정하는 범위에서 시장·군수등의 승인을 받아 따로 정할 수 있다.

④ 사업시행자는 제28조에 따른 분양신청을 받은 후 잔여분이 있는 경우에는 정관등 또는 사업시행계획으로 정하는 목적을 위하여 그 잔여분을 보류지(건축물을 포함한다)로 정하거나 조합원 또는 토지등소유자 외의 자에게 분양할 수 있다. 이 경우 분양공고와 분양신청절차 등에 필요한 사항은 대통령령으로 정한다.

⑤ 국토교통부장관, 시장·군수등 또는 토지주택공사 등은「민간임대주택에 관한 특별법」제2조 제5호에 따른 공공지원민간임대주택(이하 "공공지원민간임대주택"이라 한다)이 제39조에 따른 준공인가 및 공사완료의 고시가 있는 날까지 공급대상자에게 공급이 되지 아니한 때에는 해당 임대주택을 인수할 수 있다. 이 경우 임대주택의 인수 절차 및 방법, 인수가격 등에 필요한 사항은 대통령령으로 정한다. 〈개정 2018. 1. 16.〉

⑥ 사업시행자는 소규모주택 정비사업의 시행으로 임대주택을 건설하는 경우 임차인의 자격·선정방법, 임대보증금, 임대료 등 임대조건에 관한 기준 및 무주택 세대주에게 우선 매각하도록 하는 기준 등에 관하여 「민간임대주택에 관한 특별법」 제42조 및 제44조, 「공공주택 특별법」 제48조, 제49조 및 제50조의 3에도 불구하고 대통령령으로 정하는 범위에서 시장·군수등의 승인을 받아 따로 정할 수 있다.

⑦ 사업시행자는 제2항부터 제6항까지에 따른 공급대상자에게 주택을 공급하고 남은 주택을 제2항부터 제6항까지에 따른 공급대상자 외의 자에게 공급할 수 있다.

⑧ 제7항에 따른 주택의 공급 방법·절차 등은 「주택법」 제54조를 준용한다. 다만, 사업시행자가 제35조에 따른 매도청구소송을 통하여 법원의 승소판결을 받은 후 입주예정자에게 피해가 없도록 손실보상금을 공탁하고 분양예정인 건축물을 담보한 경우에는 법원의 승소판결이 확정되기 전이라도 「주택법」 제54조에도 불구하고 입주자를 모집할 수 있으나, 제39조에 따른 준공인가 신청 전까지 해당 주택건설 대지의 소유권을 확보하여야 한다.

 제8단계 : 이전고시 및 청산

가로주택 정비사업조합과 소규모 재건축사업조합이 소규모주택 정비사업 공사를 완료한 경우 시장·군수등의 준공인가를 받아야 합니다. 또한 시장·군수등은 준공검사를 실시한 결과 소규모주택 정비사업이 인가받은 사업시행계획대로 완료되었다고 인정되는 때에는 준공인가를 하고 그 사실을 해당 지방자치단체의 공보에 고시하도록 하고 있습니다.

한편, 청산과 관련하여 '소규모주택 정비법'은 '사업시행자는 대지 또는 건축물을 분양받은 자가 종전에 소유하고 있던 토지 또는 건축물의 가격과 분양받은 대지 또는 건축물의 가격 사이에 차이가 있는 경우 이전고시가 있은 후에 그 차액에 상당하는 금액이하 "청산금"이라 한다을 분양받은 자로부터 징수하거나 분양받은 자에게 지급하여야 한다.'라고 규정하고 있습니다.

빈집 및 소규모주택 정비에 관한 특례법
제40조 이전고시 및 권리변동의 제한 등

① 사업시행자는 제39조 제3항 및 제4항에 따른 고시가 있은 때에는 지체 없이 대지확정측량을 하고 토지의 분할절차를 거쳐 관리처분계획에서 정한 사항을 분양받을 자에게 통지하고 대지 또는 건축물의 소유권을 이전하여야 한다. 다만, 소규모주택 정비사업의 효율적인 추진을 위하여 필요한 경우에는 해당 소규모주택 정비사업에 관한 공사가 전부 완료되기 전이라도 완공된 부분은 준공인가를 받아 대지 또는 건축물별로 분양받을 자에게 그 소유권을 이전할 수 있다.

② 사업시행자는 제1항에 따라 대지 및 건축물의 소유권을 이전하는 때에는 그 내용을 해당 지방자치단체의 공보에 고시한 후 시장·군수등에게 보고하여야 한다. 이 경우 대지 또는 건축물을 분양받을 자는 고시가 있은 날의 다음 날에 그 대지 또는 건축물의 소유권을 취득한다.

③ 사업시행자는 제2항에 따른 이전고시가 있은 때에는 지체 없이 대지 및 건축물에 관한 등기를 지방법원 또는 등기소에 촉탁 또는 신청하여야 한다. 이 경우 등기에 관한 사항은 대법원규칙으로 정한다.

④ 소규모주택 정비사업에 관하여 제2항에 따른 이전고시가 있은 날부터 제3항에 따른 등기가 있을 때까지는 저당권 등의 다른 등기를 하지 못한다.

빈집 및 소규모주택 정비에 관한 특례법
제41조 청산금 등

① 사업시행자는 대지 또는 건축물을 분양받은 자가 종전에 소유하고 있던 토지 또는 건축물의 가격과 분양받은 대지 또는 건축물의 가격 사이에 차이가 있는 경우 제40조 제2항에 따른 이전고시가 있은 후에 그 차액에 상당하는 금액이하 "청산금"이라 한다을 분양받은 자로부터 징수하거나 분양받은 자에게 지급하여야 한다.

② 사업시행자는 제1항에도 불구하고 정관등에서 분할징수 및 분할지급을 정하고 있거나 총회의 의결을 거쳐 따로 정한 경우에는 사업시행계획인가 후부터 제40조 제2항에 따른 이전고시가 있은 날까지 일정기간별로 분할징수하거나 분할지급할 수 있다.

③ 사업시행구역에 있는 토지 또는 건축물에 저당권을 설정한 권리자는 사업시행자가 저당권이 설정된 토지 또는 건축물의 소유자에게 청산금을 지급하기 전에 압류절차를 거쳐 저당권을 행사할 수 있다.

이전고시와 관련해 주의해야 할 점을 다시 한 번 확인해야 할 필요성이 있습니다. 전매제한과 관련된 부분인데요. 재개발·재건축인 경우 조합원 자격으로 추가로 분양받은 전용 60m² 이하의 주택이른바 1+1 주택은 3년 간 전매제한을 적용받는데, 이때 그 기간이 입주시점부터 따지는 것이 아니라 이전고시일로부터 3년입니다. 보통 입주는 소유권이전 등기 이전에도 가능합니다. 그러나 소유권이전등기는 이전고시가 있은 후에만 가능합니다. 그런데 이전고시는 입주 후 수개월이 지난 뒤에 가능한 경우가 대부분입니다. 가로주택 정비사업이나 소규모 재건축에 따라 공급되는 주택을 공급받는 경우 역시 이에 따라야 합니다. 자칫 계산을 잘못하면 전매제한 기간을 위반하여 예상치 못한 낭패를 당할 수 있으니 조심해야 합니다.

조합설립 이후 소규모주택 정비사업의 사업성 분석

수도권이나 지방대도시에서 아파트로 내 집 마련을 할 수 있는 마지막 방법이 소규모 주택 정비사업이라는 확신이 있습니다. 재개발·재건축에 비해 투기적 거품이 작기 때문이죠. 특히 초기단계인 구역들이라면 더욱 그렇습니다. 조합설립을 위한 창립총회에서 제시된 사업시행계획안은 사업진행과정에서 많은 변화가 있기 마련이고 그래서 저평가되기 쉽습니다. 그렇기 때문에 관심을 갖고 있는 지역이 있다면 그 지역에서 추진되고 있는 소규모주택 정비사업구역을 찾아 해당 구역의 조합창립총회에서 제시된 사업계획을 꼼꼼히 분석해 보는 것이 필요합니다. 물론 그 이후 조합총회에서 변경되는 사업계획도 꼼꼼히 분석해야합니다.

이 챕터는 조합설립인가를 받은 소규모주택 정비사업 구역을 분석하는 방법을 다루고 있습니다. 조합설립인가를 받은 경우 적어도 건축개요는 어느 정도 가시화되어 있는 상태인데다 사업시행계획안이 제시되어 있는 만큼 총회책자에 제시되어 있는 내용만으로도 일정 수준 이상의 수준 높은 사업성 분석을 해볼 수 있습니다. 다만, 창립총회책자로부터 얻을 수 있는 정보와 그 이후 사업이 진척된 총회책자에서 얻을 수 있는 정보는 양과 질에 있어 차이가 있을 수밖에 없습니다. 그 차이는 이 장에서 사례로 제시하고 있는 총회책자를 보면 알 수 있습니다. 이 챕터의 내용을 여러 번 반복해 읽으신다면 총회책자를 통해 사업성 분석을 어렵지 않게 해낼 수 있는 능력을 배양하실 수 있으며 이를 통해 내 집 마련과 시세차익이라는 두 마리 토끼를 모두 잡을 수 있을 것입니다.

1.
조합설립 이후
소규모주택 정비사업의 사업성 분석은
총회책자에서 시작한다

조합설립 이후에도 소규모주택 정비사업의 사업성은 계속해서 변동되기 마련입니다. 따라서 이미 조합이 설립된 경우에도 지속적으로 총회책자에 나타난 제반사항들을 꼼꼼하게 분석하는 과정이 필요하죠. 특히, 창립총회 시점의 총사업비, 총수입, 종전자산평가액, 비례율을 살펴본 후 그 이후 변화된 부분을 추적하는 것이 중요합니다. 그럼 지금부터 총회책자에서 꼭 분석해야 할 항목들에 대해 알아보도록 하겠습니다.

총사업비 분석

총사업비는 소규모주택정비 사업을 시행하는 데 소요되는 총비용을 말합니다. 그런데 말이죠.

총사업비 자체만 놓고보면 구성항목과 규모에는 차이가 있겠지만 소규모주택 정비사업이라고 해서 재개발·재건축에 비해 근본적으로 엄청난 차이가 존재하는 것은 아닙니다. 총사업비는 시공비와 기타사업비를 더해서 구하게 된다는 것을 앞서 학습했습니다. 기억나시죠? 시공비와 기타사업비 사이에는 반드시 그런 것은 아니지만 나름의 비례관계가 성립됩니다. 예를 들어, 총사업비를 100%라고 할 때 공사비 신축비는 약 75~77%를 차지하게 되고, 기타사업비는 23~25% 정도를 차지한다는 말입니다.

● **총사업비의 구성비율**

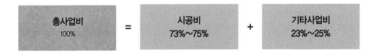

이 총사업비가 얼마나 적정하게 책정되어 있는지가 중요 검토 사항이 되어야 하죠. 요즘은 적정 시공비가 3.3m² 기준 500만 원 수준까지 책정되는 것이 일반적입니다. 시공비가 총사업비에서 가장 큰 비중을 차지하게 되는 만큼 시공비의 적정성 여부만 분석해도 해당 사업의 사업성이 향후 어떻게 변화하게 될 것인지를 개략

적으로나마 추정해볼 수 있다는 점에서 매우 중요한 점검 포인트라고 할 수 있답니다.

총분양수입총수익 분석

총분양수입은 용도지역에 따른 건폐율과 용적률의 영향을 아주 많이 받습니다. 따라서 가능하다면 준주거지역이나 상업지역에서 추진되고 있는 소규모주택 정비사업을 주목하는 것이 좋죠. 총분양수입 부분에서 살펴보아야 할 부분은 조합원 분양가격과 일반분양가격의 적정성 여부입니다. 대부분 조합설립 시점에는 조합원 분양가격은 낮추고 일반분양가격은 높여 조합원에게 상당한 이익이 발생하는 것으로 보여주는 경향이 있습니다. 물론 조합원 분양가격이 저렴한 것은 정말 바람직하죠. 단, 일반분양가격도 현실적인 수준으로 책정된 상태에서만 그렇습니다. 따라서 일반분양가격이 지나치게 낙관적인 수준으로 책정된 것은 아닌지를 꼼꼼히 따져보아야 합니다.

종전자산평가액 분석

종전자산평가액에 대해서는 앞서 자세하게 언급한 바 있으니 앞

부분을 한 번 더 읽어주시기를 강추합니다. 보통 종전자산평가액
이 낮아지면 비례율은 높아지기 마련입니다. 비례율을 높이기 위
해 이런 식으로 눈가림을 하는 경우도 의외로 많으니 조심해야 하
죠. 건축심의 후 감정평가를 받기 전까지 총회책자에 반영되어 있
는 종전자산평가액은 어디까지나 추정치입니다. 감정평가사가 평
가해 산출된 금액이 아니라는 뜻이죠. 따라서 그 추정이 얼마나 적
절한지를 분석하는 것이 포인트라고 할 수 있습니다.

 ## 비례율 분석

비록 추정치라 할지라도 총회책자에 총분양수입총수익, 총사업비,
종전자산평가액이 제시되어 있는 이상 비례율도 함께 제시되어
있을 것입니다.

$$비례율 = \frac{총분양수입 \ - \ 총 \ 사업비}{종전자산평가액} \times 100$$

　　그러나 총회책자에 나타난 비례율을 무조건 수용하기보다 타당
하다고 생각되는 수치를 반영해 자신이 직접 비례율을 계산해보
는 과정이 필요합니다.

분담금의 적정성 여부 분석

분담금은 조합원 분양가에서 권리가액을 차감하여 계산합니다. 분담금 계산과정은 다음과 같습니다.

분담금 = 조합원 분양가 − 권리가액
= 조합원 분양가 − 종전자산평가액 × 비례율

분담금이 적정한지 여부를 검증하고자 하는 경우 조합원 분양가격이나 총사업비가 지나치게 낮게 책정되어 있는지를 먼저 살펴보아야 합니다. 만일 지나치게 낮게 책정되어 있다면 사업진행과정에서 상승하게 될 것이기 때문에 결국 비례율 하락에 따른 분담금 상승으로 연결될 것이기 때문이죠.

2.
실제 사례 분석 :
소규모주택 정비사업에서
용도지역이 중요한 이유

용도지역이 일반상업지역인 경우 소규모주택 정비사업임에도 불구하고 사업성이 뛰어난 경우가 많습니다. 기본적으로 용적률이 매우 높기 때문이죠. 자, 그럼 실제 일반상업지역에서 추진하고 있는 가로주택 정비사업 사례를 토대로 사업성 분석을 해보도록 해보겠습니다.

 큰틀에서 총회책자 분석하기

가로주택 정비사업이나 소규모 재건축사업을 추진하는 데 있어 이미 조합설립 동의 요건을 충족해 창립총회를 개최했거나 조합설립인가를 받은 경우라면 당연히 총회책자에 개략적인 사업시행계획안이 담겨 있습니다. 따라서 사업시행계획안이 얼마나 타당한지를 검토함으로써 해당 소규모주택 정비사업의 성공가능성을 미리 엿볼 수 있는데요. 재개발·재건축도 마찬가지죠. 다음은 수도권 내 일반상업지역에서 진행되고 있는 가로주택 정비사업의 총회책자에서 사업성 분석 측면에서 중요한 내용만 정리한 것입니다.

 총분양수입총수입 **분석**

가장 먼저 총분양수입을 살펴보죠. 여기서는 총수입 추정 총계를 보시면 확인할 수 있습니다.

총수입은 크게 물건 종류별, 분양대상자별로 세분되어 있군요. 가로주택 정비사업을 통해 아파트와 근린생활시설을 건축해 조합원과 일반에게 분양을 하겠다는 내용이라고 이해하면 되겠습니다.

● **총수입 추정 : 아파트**   단위 : 원

구분	전용면적	분양면적	금액	세대수	단가	비고평당
일반분양	37m²	16.06평	−	−	−	−
	49m²	20.99평	8,187,465,000	30	272,915,500	13,000,000
	59m²	26.01평	22,627,786,000	60	377,129,000	14,500,000
	64m²	26.90평	5,070,329,000	13	390,025,000	14,500,000

구분	전용면적	분양면적	금액	세대수	단가	비고^{평당}
조합원	37m²	16.06평	9,634,020,000	60	160,567,000	10,000,000
	49m²	20.99평	6,298,050,000	30	209,935,000	10,000,000
	59m²	26.01평	15,605,370,000	60	260,089,000	10,000,000
	64m²	26.90평	12,642,201,000	47	268,983,000	10,000,000
소계			80,065,221,000	300		

● **총수입추정 : 근린생활시설**   단위 : 원

구분	층수	면적		금액	평당 단가
일반분양	3층	3,023m²	915평		6,000,000
조합원분양	2층	3,023m²	915평		10,000,000_{일부환지}
조합원분양	1층	2,640m²	799평		환지
근생합계				9,080,000,000	

● **총수입 추정 총계**_{아파트+근린생활시설}	**89,145,221,000**

총분양수입 분석에서 가장 중요한 포인트는 분양가격의 적정
성입니다. 일반분양가격은 1,300~1,450만 원으로 추정했고, 조합
원분양가격은 1,000만 원으로 추정했군요. 요즘 고분양가 문제가
큰 이슈인데 그것과는 동떨어진 추정치네요. 왜 그럴까요? 2가지
중 하나겠죠.

분양가격을 보수적으로 추정했던가 아니면 시세를 감안했을 때
적정수준인 경우든가. 사례의 경우 아파트 주력면적형은 59m²입
니다. 전체 공급세대300세대의 40%120세대를 차지하고 있죠. 이 면적

형의 인근지역 시세는 3.3m² 기준 1,700~2,200만 원 수준입니다. 2,200만 원의 매매시세가 형성되어 있는 곳은 규모가 매우 크고 브랜드 가치가 뛰어난 곳이라는 특징이 있고, 1,700만 원의 매매시세가 형성되어 있는 곳은 규모가 중규모이고 브랜드가치도 상대적으로 처지는 곳이라는 특징이 있습니다.

위와 같은 특징을 종합적으로 고려해 분양가격을 추정한 것으로 보여지는데요. 300세대 규모의 아파트에 근린생활시설도 소규모주택 정비사업임에도 결코 작지 않은 규모의 사업장인지라 경쟁력 있는 브랜드를 가진 시공사들이 상당한 관심을 가질 만하다는 점에서 볼 때 분양가격을 보수적으로 추정했다고 볼 여지가 충분합니다.

총사업비 분석

총사업비는 757억 7,351만 원으로 추정되어 있군요. 총사업비 분석에 있어 가장 핵심은 시공비의 적정성입니다. 시공비는 전체 연면적을 시공비 총액으로 나누어 계산하면 되는데요. 사례의 경우 시공비는 3.3m² 기준 490만 원으로 추정되어 있군요. 지역적 특성이나 현재 추세만 놓고 보면 적정 추정치라고 할 수 있습니다. 다만, 추후 시공비 상승 가능성도 고려해야 둘 필요는 있을 것 같습니다.

또 한 가지 눈에 고려해야 할 부분이 있군요. 총사업비는 보통 총사업비의 73~75%를 차지하는 시공비와 25~27%를 차지하는 기타

● **건축물의 철거 및 시공비**

단위 : 원, ㎡

시공비 신축비+철거비	그 밖의 사업비용	합계	건축연면적
63,255,493,000	12,451,858,000	75,707,351,000	42,675

사업비로 구분됩니다.물론 이 비율이 꼭 지켜져야 하는 것은 아니라는 점을 다시 한 번 강조합니다. 사례의 경우 시공비는 총사업비의 83.55%로, 기타사업비는 16.45%로 각각 추정했는데요. 총사업비에서 기타사업비가 차지하는 비중이 다소 낮은 것으로 보이는 만큼 추후 사업진행과정에서 기타사업비의 증액이 발생할 것으로 예상됩니다.

 종전자산평가액 분석

감정평가 이전 단계에서 종전자산평가액을 추정하는 것만큼 어려운 것이 있을까요? 아마도 없을 것입니다. 전문자격을 가지고 있는 감정평가사가 평가하지 않는 이상 정확한 감정평가액 산정이 불가능하기 때문이죠. 그래서 조합설립 단계에서 종종 종전자산평가에 대한 불만이 제기되곤 합니다. 대부분 종전자산평가액이 시세와 차이가 있다는 내용이죠. 하지만 그럼에도 불구하고 종전자산평가액에 대한 추정치를 제시해야 하는 만큼 사업을 추진하는 조합은 토지등소유자조합원들이 이해할 수 있도록 충분한 노력을 해야 합니다.

● **종전토지 및 주택의 예상가격 추정액**

단위 : 천 원

	구분	구성	금액	비고
종전자산 추정액	건물 및 토지	4개동 4필지	11,200,000	▶ 감정평가 시행 전 주변시세를 고려하여 종전자산가치 추정 ▶ 본 자산평가는 유동적이므로 참고만 바랍니다.

　사례의 종전자산평가액은 감정평가 이전의 개략적인 추정치입니다. 향후 감정평가후 종전자산평가액이 변동할 수 있다는 뜻이죠. 전체적으로 볼 때 위 사례는 구역에 포함되어 있는 토지와 건물이 다양하게 구성되어 있습니다단독주택+1층에 상가가 있는 저층 아파트+다세대주택. 더욱 전문성이 요구되는 경우에 해당된다고 볼 수 있죠. 그러므로 보수적으로 평가할 경우 정도의 문제일 뿐 종전자산평가액이 상승할 것으로 보는 것이 타당하다고 할 수 있겠습니다.

🏠 비례율 분석

비례율은 총분양수입과 총사업비, 종전자산평가액을 비례율 산식에 대입하면 계산됩니다.

　그렇기 때문에 마지막 과정에서 비례율 구하는 것 자체는 매우 단순하죠. 하지만 단순히 계산된 비례율을 액면 그대로 받아들인다면 그동안 분석해온 과정이 무의미해질 것입니다. 그래서 위에서 분

● 비례율 계산

$$추정비례율 = \frac{총수입(분양수입) - 총지출종}{전자산평가액} \times 100$$

$$= \frac{89,145,221,000 - 75,707,351,000}{11,209,000,000} \times 100$$

$$= 120\%$$

석한 것을 기초로 비례율이 어떻게 움직일 것인지를 예측해보는 것이 중요하죠. 비례율을 구성하는 총수입은 상승여력이 충분합니다.

다음으로 총사업비에 해당하는 총지출은 상승할 가능성을 배제할 수 없습니다. 특히 기타사업비 쪽에서 그렇죠. 하지만 기타사업비는 사업을 신속하게 추진할 경우 최소화할 수 있는 여지도 충분하다는 점을 또한 고려해야 합니다.

마지막으로 종전자산평가액은 감정평가 이후 상승할 가능성이 높습니다. 실제로 대부분의 경우 조합설립 인가 시점에서의 종전자산평가액에 비해 실제 감정평가액이 높아지게 되죠.

결국 비례율이 긍정적으로 변화할 것인지 여부는 총수입 증가분에 비해 총사업비나 종전자산평가액이 얼마나 늘어나느냐에 달려 있다고 볼 수 있을 것 같습니다.

분석결과 종합

일반상업지역에서 가로주택 정비사업이 진행되고 있다는 점만으로도 이미 일정수준 이상 사업성은 보장받은 것이나 다름없죠. 용적률을 높게 받을 수 있기 때문인데요. 그래서일까요? 실제로 추정비례율도 120%네요. 물론 비례율이라는 것이 추정치라서 사업진행과정에서 얼마든지 변동될 수 있기는 합니다. 하지만 그렇다해도 소규모주택 정비사업에서 비례율 120%는 엄청난 수준이죠.

다만, 비례율 하락으로 이어지게 될 총사업비 증가나 종전자산 평가액이 늘어나게 될 것으로 예상된다는 점은 다소 부정적이라고 볼 수 있습니다. 하지만 일단 비례율에 긍정적인 영향을 주게 될 총분양수입이 증가할 것으로 예측된다는 점, 조합창립총회시점에서 추정된 비례율도 120%로 높다는 점 등을 감안할 때 위 구역의 비례율은 크게 문제가 될 수준까지 떨어지지는 않을 것 같습니다.

소규모주택 정비사업 사업시행계획안

사업의 종류		가로주택 정비사업
용도지역		일반상업지역
구역면적		4,212m²
건축개요	건축연면적	42,675m²
	건폐율	78.73%
	용적률	730.68%
	건립세대수	공동주택 300세대, 근린생활시설

● 분양주택 개요

단위 : m²

유형	분양세대	전용면적	주거공용면적	공급면적	기타공용면적	주차장면적	계약면적
37	60	37.46	15.62	53.08	1.31	23.58	77.97
49	60	49.36	20.04	69.40	1.72	31.07	102.19
59	120	59.99	25.93	85.92	2.09	37.76	125.77
64	60	62.96	25.96	88.92	2.09	37.76	128.77
계	300						

● 근린생활시설 개요

단위 : m²

구분	공급면적	공용면적			계약면적
		주차장	기타	소계	
근린생활시설	5,785.91	2,783.17	117.39	2,900.56	8,686.47

● 종전토지 및 주택의 예상가격 추정액

단위 : 천 원

	구분	구성	금액	비고
종전자산 추정액	건물 및 토지	4개동 4필지	11,200,000	▶ 감정평가 시행 전 주변시세를 고려하여 종전자산가치 추정 ▶ 본 자산평가는 유동적이므로 참고만 바랍니다.

● 총수입 추정 : 아파트

단위 : 원

구분	전용면적	분양면적	금액	세대수	단가	비고평당
일반분양	37m²	16.06평	—	—	—	—
	49m²	20.99평	8,187,465,000	30	272,915,500	13,000,000
	59m²	26.01평	22,627,786,000	60	377,129,000	14,500,000
	64m²	26.90평	5,070,329,000	13	390,025,000	14,500,000

구분	전용면적	분양면적	금액	세대수	단가	비고평당
조합원	37m²	16.06평	9,634,020,000	60	160,567,000	10,000,000
	49m²	20.99평	6,298,050,000	30	209,935,000	10,000,000
	59m²	26.01평	15,605,370,000	60	260,089,000	10,000,000
	64m²	26.90평	12,642,201,000	47	268,983,000	10,000,000
소계			80,065,221,000	300		

● 총수입추정 : 근린생활시설   단위 : 원

구분	층수	면적		금액	평당 단가
일반분양	3층	3,023m²	915평		6,000,000
조합원분양	2층	3,023m²	915평		10,000,000일부환지
조합원분양	1층	2,640m²	799평		환지
근생합계				9,080,000,000	

● 비례율 계산

$$\text{추정비례율} = \frac{\text{총수입(분양수입)} - \text{총지출종}}{\text{전자산평가액}} \times 100$$

$$= \frac{89,145,221,000 - 75,707,351,000}{11,209,000,000} \times 100$$

$$= 120\%$$

3.
실제 사례 분석 :
용도지역이 남달라 가능한
미친 사업성

상업지역에서 추진되는 또 다른 사례를 살펴보죠. 용도지역은 일반
상업지역입니다. 당연히 용적률이 높아 사업성도 좋을 수밖에 없는
구역이죠. 또한 가로주택 정비사업을 통해 무조건 아파트나 상가
만 건축할 수 있는 것은 아닙니다. 다음의 사례를 보면 오피스텔도
공급할 수 있다는 것을 알 수 있는데요. 용도지역이 준주거지역이
나 상업지역인 경우 오피스텔도 공급할 수 있습니다. 용도지역이
일반상업지역이기 때문에 용적률도 719.13%로 사업시행계획안이
제시되었군요. 참고로 준주거지역이나 일반상업지역에서 용적률
을 최대한 많이 적용받기 위해서는 일정요건을 충족해야 합니다.

그 중 대표적인 것으로 주거전용 비율이 일정수준이하여야 한
다는 점을 들 수 있죠. 사례의 구역은 주거전용 비율이 60%입니다.

사실 조합설립인가 이후 사업이 본궤도에 올랐다면 이 정도까지 알고 있을 필요는 없습니다. 총회책자를 통해 모두 파악이 가능하기 때문이죠. 그러므로 "일반상업지역에서는 용적률이 이렇게 높게 적용되는구나!"라는 정도만 기억해두셔도 충분합니다. 그럼 지금부터 분석해보죠.

 총분양수입 총수의 분석

사례의 구역은 가로주택 정비사업을 통해 아파트, 오피스텔, 근린생활시설의 건축을 계획했습니다. 세부적으로 보면 조합원들은 아파트만 분양받고 오피스텔과 상가는 모두 일반분양할 것으로 계획하고 있다는 것을 알 수 있습니다.

● **총분양수입**

구분	형태	전용면적	분양면적	금액	세대수	단가	비고
아파트	일반분양	49m²	21.44 평	15,436,800,000	80	192,960,000	900만 원 3.3m²기준
		59m²	25.75 평	45,320,000,000	200	226,600,000	880만 원 3.3m²기준
	조합원분양	49m²	21.44 평	10,016,768,000	64	156,512,000	730만 원 3.3m²기준
		59m²	25.75 평	11,536,000,000	64	180,250,000	700만 원 3.3m²기준
	소 계			82,309,568,000	408		
오피스텔	일반분양	48m²	22.00 평	60,416,400,000	398	151,800,000	690만 원 3.3m²기준
근생시설	1층	2,129.54m²	1,481 평	28,879,500,000			1,950만 원 3.3m²기준
	2층	2,142.72m²	1,490 평	13,410,000,000			900만 원 3.3m²기준

구분	형태	전용면적	분양면적	금액	세대수	단가	비고
근생시설	3층	2,142.72m²	1,490 평	7,450,000,000			500만 원 3.3m²기준
	근생합계	6,414.98m²	3,881 평	49,739,500,000			
수입합계				192,465,468,000	806		

아파트는 일반분양으로 280세대를, 조합원 분양으로는 128세대를 공급해 총 408세대 규모이고, 오피스텔은 일반분양으로만 398세대를 공급한다는 계획을 수립했습니다. 여기에 더해 근린생활시설을 1층~3층까지 총 6,414.9m²를 공급할 계획이네요. 총분양수입의 핵심포인트는 분양가격의 적정성이라고 강조했는데요. 분양가격이 조합원은 3.3m² 기준 700~730만 원, 일반분양은 880~900만 원으로 각각 책정되었고, 오피스텔은 3.3m² 기준 690만 원, 근린생활시설은 3.3m² 기준 1층 1,950만 원, 2층 900만 원, 3층 500만 원으로 각각 책정되어 있다는 것을 알 수 있군요.

● **총분양수입** = 아파트 분양수입 + 오피스텔 분양수입 + 상가 분양수입

= 82,309,568,000 + 60,416,400,000 + 49,739,500,000

= 192,465,468,000

계산해보니 총분양수입은 1,924억 6,546만 원이 되는군요. 굳이 말하지 않아도 알겠죠?

저렇게 저렴한 분양가격이 과연 존재할 수 있을까요? 참고로 사례의 구역은 수도권입니다. 그럼에도 저렇게 저렴하게 분양가격을 추정한 이유는 무엇일까요? 최초 계획을 수립한 시점이 2018년이었기 때문이죠. 현재 시점에서 보면 수도권이고 일반상업지역에 입지하고 있음에도 불구하고 분양가격이 턱없이 낮게 책정되어 있다고 볼 수 있습니다. 무탈하게 사업이 추진되었다면 토지등소유자들은 엄청난 수익을 경험하고 있을 것입니다.

총사업비 분석

총사업비는 사업을 추진하는 데 소요될 것으로 예상되는 총비용입니다. 예상되는 비용이기 때문에 추정치고 당연히 변동하게 되죠. 총사업비를 보면 즉시 시공비신축비와 기타사업비로 구분해보아야 합니다. 총사업비를 100%라고 할 때 시공비신축비는 약 75~77%를 차지하게 되고, 기타사업비는 23~25% 정도를 차지하게 된다는 것도 기억해두어야 하죠!

● **총사업비의 구성비율**

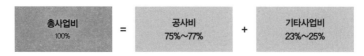

자, 그럼 본격적으로 총사업비와 관령된 내용을 살펴보죠. 총회 책자에서 정비사업비를 확인하시면 됩니다.

● **정비사업비 계획**안

구분	항목	금액	비율
건축비	직접공사비 445만원/3.3m²	113,335,432,870	78.3%
	설계비	2,037,490,928	1.4%
	건축감리비	2,037,490,928	1.4%
	전기/소방/통신/석면 감리비	250,000,000	0.2%
	도시계획용역비	100,000,000	0.1%
	측량 및 지질조사비	350,000,000	0.2%
	지장물이설비	200,000,000	0.1%
	석면철거비	100,000,000	0.1%
	소계	118,410,414,726	81.8%
손실보상비	국공유지 매입비용	500,000,000	0.3%
	청산대상자 청산금	400,015,344	0.3%
	이전등기비	220,000,000	0.2%
	영업손실 보상비	500,000,000	0.3%
	주거이전비	340,000,000	0.2%
	소계	1,960,015,344	1.4%
관리비	명도소송비용	200,000,000	0.1%
	매도청구소송비용	200,000,000	0.1%
	소유권이전소송비용	50,000,000	0.0%
	세무대행수수료	120,000,000	0.1%
	조합운영비	576,000,000	0.4%
	기타관리비	400,000,000	0.3%
	소계	1,546,000,000	1.1%

구분	항목	금액	비율
용역비	감정평가용역비	560,000,000	0.4%
	정비업체용역비	2,037,490,928	1.4%
	총괄사업관리용역비PM	1,000,000,000	0.7%
	경관심의용역비	100,000,000	0.1%
	사전재해영향평가용역비	50,000,000	0.0%
	교육환경평가용역비	50,000,000	0.0%
	범죄예방계획수립용역비	50,000,000	0.0%
	이주 및 공가관리용역비	300,000,000	0.2%
	국공유지무상협의용역비	200,000,000	0.1%
	소계	4,347,490,928	3.0%
부담금	광역교통시설부담금	79,400,000	0.1%
	가스전기인입부담금	60,250,000	0.0%
	상,하수도 원인자부담금	450,000,000	0.3%
	소계	589,650,000	0.4%
제세공과금	보존등기비	4,499,595,760	3.1%
	법인세 및 재산세	15,200,000	0.0%
	국민주택채권매입비	20,000,000	0.0%
	소계	4,534,795,760	3.1%
기타경비	분양대행수수료	3,390,000,000	2.3%
	MGM	1,356,000,000	0.9%
	M/H 설치 및 운용	2,500,000,000	1.7%
	상가분양수수료	3,430,000,000	2.4%
	광고선전비	700,000,000	0.5%
	예비비	1,000,000,000	0.7%
	민원처리비	500,000,000	0.3%
	소계	12,876,000,000	8.9%
금융비용	사업비 대여금이자	1,100,000,000	0.8%
	이주비대여이자	550,000,000	0.4%
	소계	1,650,000,000	1.1%
	합계	145,914,366,758	100%

먼저 총사업비는 1,459억 1,436만 원인 것을 확인할 수 있습니다. 사업비 규모가 소규모주택 정비사업치고 상당한 수준이네요. 다음으로 시공비는 직접공사비에 지장물이설비, 석면철거비를 더해 1,133억 3,543만 원이고. 총사업비에서 차지하는 비중은 77.88%입니다. 건축비에 직접공사비는 물론 설계비, 건축감리비, 전기·소방·석면 감리비, 도시계획용역비, 측량 및 지질조사비, 지장물이설비, 석면철거비 등이 포함되어 있으나, 이중 직접공사비와 지장물이설비 및 석면철거비만 포함해 계산하면 됩니다. 보통 공사비는 건축시설공사비와 공사비부가세, 건축물철거비를 합한 금액을 의미하는데요. 사례의 경우 몇 가지가 추가되어 있네요.

하지만 전체 사업비에서 차지하는 비중은 크지 않으니 무시하셔도 될 것 같습니다. 총사업비에서 시공비가 차지하는 비율이 77.88%이기에 기타사업비가 차지하는 비율은 22.12%가 되겠군요. 기타사업비가 다소 낮게 책정되어 있어 향후 사업진행과정에서 증가할 것으로 분석하는 것이 타당하겠네요. 비용항목에서 손실보상비가 보이는데요. 사실 소규모주택 정비사업 그중에서 특히 소규모재건축이나 가로주택 정비사업인 경우 손실보상비가 의무사항은 아닙니다.

조합의 필요에 따라 예산에 반영하여 손실보상을 할 수도 있고 그렇지 않을 수도 있다는 의미죠. 사례의 경우 상가임차인에 대한 영업손실보상비총사업비의 0.3%와 주택임차인에 대한 주거이전비총사업비의 0.2%를 책정해 놓았습니다. 충분하다고 볼 수는 없지만 이주

단계에서 임차인들이 이사를 가지 않아 사업진행이 더뎌지는 난관에 봉착할 가능성에 미리 대비해 놓았다는 점에서는 바람직하다고 볼 수 있겠습니다.

또 다른 검토항목으로 예비비가 있습니다. 예비비는 혹시 발생할지도 모르는 지출에 대비하기 위해 비상금 성격으로 편성한 예산입니다. 그렇기 때문에 가능한 범위 내에서 충분하게 확보해 놓는 것이 좋죠. 보통 재개발·재건축인 경우에는 총사업비의 1% 수준을 예비비로 확보해 놓는 것이 일반적입니다. 물론 그 보다 더 높은 수준으로 확보해 놓는 경우도 있고 그 이하로 확보해 놓는 경우도 있습니다만 대개 1% 수준으로 예비비를 책정하죠.

사례의 경우 예비비로 0.7%만 책정해 놓았습니다. 사업규모 측면에서 보았을 때 결코 충분한 수준이 아닙니다. 예비비는 가급적 여유 있게 책정해 놓았는지를 살펴보시는 것이 포인트입니다. 그만큼 사업을 진행하는 데 있어 사업성을 확보해 놓고 진행하는 경우라고 볼 수 있기 때문이죠. 따라서 예비비를 충분히 확보해 놓았는지를 우선 검토해보는 습관을 가지시는 것이 좋습니다.

마지막으로 가장 중요한 포인트인데 계획상 총사업비의 77.88%를 차지하고 있는 시공비가 3.3㎡ 기준 445만 원에 그치고 있는데 분명 충분하지 않은 수준이죠. 현재도 사업추진이 더딘 조합들은 몇 년 전에 책정한 시공비를 유지하고 있는 경우가 많죠. 그런 구역이라면 필연적으로 시공비 상승에 따른 사업성 하락현상이 발생하게 됩니다. 저렴한 시공비책정은 당장은 몰라도 장기적으로 조합에 큰

부담요인이 된다는 점에서 특별한 주의를 기울여야 합니다. 비용측면에서 보면 사업진행과정에서 비용이 증가할 것으로 예상됩니다.

종전자산평가액 분석

종전자산평가액이 너무 낮으면 비례율은 높아지죠. 이런 식으로 눈가림을 하는 경우도 의외로 많으니 조심하셔야 한다고 앞서 말씀드린 적이 있습니다. 기억나시죠? 사례의 총회책자에 나와 있는 종전자산평가액은 추정치입니다. 감정평가사가 평가해 산출된 금액이 아니죠. 따라서 그 추정이 얼마나 적절한지를 분석하는 것이 포인트입니다.

● 종전자산평가액

	평형/면적	공시가격A	세대수	보정B	세대당 평가액 A × B	종전자산평가액
공동주택 공시가격	17평	70,000,000원	42	1.5	105,000,000	4,410,000,000
	15평	65,000,000원	42	1.5	97,500,000	4,095,000,000
	17평	70,000,000원	24	1.5	105,000,000	2,520,000,000
단독주택 공시가격	도로 접 580평	7,100,000원	580평	1.7	12,070,000	7,000,600,000
	도로 외 580평	4,260,000원	580평	1.5	6,390,000	3,706,200,000
계					100%	20,000,767,200
합계						21,731,800,000

종전자산평가액을 보니 아파트 단지와 단독주택이 일부 혼재되어 있으나 대부분 아파트로 구성되어 있는 특징이 있네요. 그런데 깜짝 놀라게 하는 부분이 보입니다. 공시가격이 15평 6,500만 원, 17평 7,000만 원인 아파트의 종전자산평가액을 각각 1억 850만 원, 1억 750만 원으로 책정했네요. 공동주택공시가격을 기준으로 개략적인 종전자산평가액을 추정하는 경우 공동주택공시가격에 1.3을 곱해 추정한다고 했는데요.

● **주택공시가격 기준 종전자산평가액 추정방법**

1억 원 공시가격	× 1.3	1억 3,000만 원 예상 종전자산평가액

위 사례의 경우는 공동주택공시가격에 1.5를 곱해 종전자산평가액을 추정했습니다. 단독주택 역시 마찬가지입니다. 공시가격이 각각 710만 원인, 426만 원인 단독주택을 1.7배, 1.5배를 곱해 종전사산평가액을 추정했네요. 사업성이 좋지 않은 이상 사업초기에는 종전자산평가를 박하게 평가하는 경우가 많죠 그래서 "사례의 사업장이 사업성이 좋은 곳이구나!"라는 생각을 할 수도 있을 듯 합니다. 하지만 사업이 신속하게 진행되지 않을 경우 시세 상승에 따른 감정평가액 증가현상이 발생할 가능성이 높다는 점도 또한, 고려해야 할 것입니다.

비례율 분석

총분양수입, 총사업비, 종전자산평가액을 모두 알고 있으면 비례율을 계산할 수 있죠.

$$비례율 = \frac{\overset{총분양수입}{192,465,468,000} - \overset{총\ 사업비}{145,914,366,758}}{\underset{21,731,800,000}{종전자산}} \times 100$$

비례율을 계산해보니 예상대로 214.2%라는 말도 안 되게 높은 수치네요. 이런 구역이라면 지금이라도 당장 돈을 들고 뛰어가야겠죠. 하지만 현재 시점에서 볼 때 실제로 이렇게 높은 비례율은 불가능합니다. 일단 2019~21년에 걸쳐 시공비가 크게 상승했습니다. 445만 원3.3㎡ 기준이라는 시공비는 최초 사업시행계획안에 제시되었을 때에만 가능했던 금액이었을 것입니다.

기타사업비도 큰 폭으로 상승했죠. 종전자산평가액 역시 사업시행계획안 당시에 비해 크게 상승했을 것이 분명합니다. 사업성이 좋다는 소문이 퍼지면서 좋은 사업성이라는 강점이 매매가격에 반영되었을 것이기 때문이죠. 그럼에도 불구하고 위 사례의 사업장은 충분히 매력적인 사업장이라고 볼 수 있습니다. 비례율도 상당히 높은 수준을 유지하고 있으리라 판단됩니다.

 **분석결과 종합**

분담금은 조합원 분양가에서 권리가액을 차감하여 계산하면 됩니다. 최초 사업시행계획안대로 위 사례의 15평 조합원이 전용면적 59m² 아파트를 분양받을 경우 분담금을 계산하면 다음과 같습니다.

분담금 = 조합원 분양가 - 권리가액

= 조합원 분양가 - 종전자산평가액 × 비례율

= 180,250,000 - 97,500,000 × 214.2%

= -28,595,002원

15평 아파트를 보유하고 있는 조합원이 전용면적 59m² 아파트를 분양받을 경우 2,859만 원을 환급받는다는 뜻이죠. 총회책자에 많은 정보가 담겨 있어 보다 구체적인 분석이 가능하다는 것을 알 수 있습니다. 이처럼 조합에서 충분한 정보를 제공한다는 것은 사업이 일정수준 진행된 경우이거나 처음부터 충분한 정보를 제공하면서 사업을 추진한 경우죠.

토지등소유자조합원 입장에서 볼 때 바람직한 경우라고 할 수 있습니다.

4.
실제 사례 분석 :
이래서 '상업지역!, 상업지역!'

용도지역이 상업지역이라면 엄청난 사업성이 가능함을 앞서 확인했습니다. 압도적인 용적률이 미친 사업성을 만드는 원동력이라고 다시 한 번 강조하고 싶군요. 다만, 지방자치단체별로 상업지역인 경우라 할지라도 조례로 서로 다른 기준을 적용하고 있기 때문에 상업지역이라고 해서 모두 일률적으로 동일한 조건으로 같은 용적률을 적용받을 수 있는 것은 아닙니다. 지금부터 상업지역 중 하나인 일반상업지역에서 진행되는 소규모주택 정비사업의 미친 사업성을 확인해봅시다. 가장 먼저 총분양수입 분석입니다.

총분양수입 총수익 분석

사례 구역의 창립총회 책자를 보니 2개동 192세대의 저층 아파트 단지가 소규모주택 정비사업을 통해 아파트 240세대와 오피스텔준주택인 오피스텔과 오피스텔 포함 298세대로 거듭나게 될 계획입니다. 아파트와 오피스텔의 3.3㎡ 기준 분양가격을 명확하게 구분하지 않았다는 점은 조금 아쉽군요. 참고로 총회책자에 나와 있는 토지등소유자의 3.3㎡ 기준 분양가격은 1,000만 원 수준이었습니다.

물론 토지등소유자가 모두 아파트를 분양받을 것이라는 가정 하에 책정된 것이죠.

● 총수입 추정 : 아파트

단위 : 원

조합원 분양수입	일반분양수입 상가포함	소계
47,217,500,000	116,068,000,000	163,285,500,000

총분양수입을 분석하기 위해서는 분양가격의 적정성을 따져보아야 하는데요. 사례의 경우 토지등소유자의 분양가격은 분양면적으로 아파트 분양수입을 나눠 유추해볼 수 있지만 일반 분양수입은 상가를 포함해 추정하고 있어 정확히 확인하기 어렵습니다. 다만, 토지등소유자의 추정 분양가격이 1,000만 원이라는 점을 감안할 때 일반 분양가격 역시 적정수준에서 벗어나지는 않을 것으로 보이는군요. 다소 아쉬움은 남지만 창립총회 책자이기 때문에 세

부적인 내용까지 모두 나와 있지 않을 수 있기에 이 정도 수준도 훌륭하다고 볼 수 있습니다. 어찌되었든 창립총회 시점에서 계획한 총분양수입은 1,632억 8,550만 원이네요.

총사업비 분석

총사업비 분석 시 가장 먼저 확인해야 할 항목은 시공비입니다. 사례의 구역은 총회책자에 시공비를 도급공사비로 표시해 놓았군요. 총 시공비를 1,066억 6,425만 원으로 추정했는데요. 총회책자에 나와 있는 전체 연면적으로 시공비를 나눠보니 3.3㎡ 기준 시공비는 561만 원이네요. 어떤 시공사를 선택하느냐에 따라 달라지기는 하겠지만 현재 시점에서 볼 때 지하 5층, 지상 38층으로 계획되어 있다는 점을 고려해도 시공비가 부족한 수준은 아니라고 볼 수 있습니다.

● **총사업비 추정**　　　　　　　　　　　　　　　　　　　　　　단위 : 원

구분	금액	내용	비고
도급공사비	106,664,250,000	철거, 부대시설, 단지외부공사, 지장물 철거 등 포함	
조사측량비	220,000,000	측량비, 문화재지표조사, 지질조사 등	
설계감리비	4,166,606,250	설계비, 감리비, 기타 설계관련 용역비	
용역비	2,930,000,000	정비사업전문관리업자, 감정평가, 소규모지하안전영향평가, 친환경용역, 이주관리/ 범죄예방, 세무회계, 소송 및 법무용역비, 기타 외주 용역비	

구분	금액	내용	비고
각종 부담금	368,464,000	하수도원인자부담금, 광역교통부담금 등, 학교용지부담금, 기타부담금	
제세공과금	150,000,000	보존등기비, 조합법인세/부가세	
금융비용	3,982,000,000	사업비 차입금이자, 기본 이주비 이자	
기타사업비	1,480,000,000	조합운영비, 조합총회비용, PM용역비용, 민원처리비, 분양비용, 분양보증수수료	
예비비	4,000,000,000	예비비	
총계	123,961,320,250		

다음으로 시공비와 기타사업비의 비율을 검토해볼 차례입니다. 총사업비에서 시공비가 차지하는 비율은 통상 75~77% 수준이고, 기타사업비가 차지하는 비율은 23~25%정도 되는 것이 일반적이라는 것 기억하시죠? 사례의 경우 시공비가 차지하는 비율과 기타사업비가 차지하는 비율은 각각 86.05%, 13.95%인 것을 알 수 있습니다. 기타사업비가 차지하는 비중이 과도하게 낮은 수준이라는 것을 알 수 있습니다. 따라서 사례의 구역은 향후 사업추진과정에서 기타사업비가 증가할 가능성이 높다고 볼 수 있겠네요.

마지막으로 예비비 항목을 보니 예비비로 40억 원을 계획했는데요. 이는 총사업비의 3.23% 수준입니다. 보통 총사업비의 1% 정도를 예비비로 계획한다는 점에서 볼 때 예비비를 충분히 확보해 놓았다고 볼 수 있겠습니다.

🏠 종전자산평가액

창립총회 시점에서 종전자산평가액의 적정성 여부를 따지는 것은 쉽지 않습니다. 종전자산평가액이 감정평가사가 평가한 금액인데 창립총회 시점에서 제공되는 종전자산평가액은 추정치에 불과하기 때문이죠.

● **종전토지 및 주택의 예상가격 추정액**   단위 : 천 원

	구분	구성	금액	비고
종전자산 추정액	토지 및 건축물	2개동 192세대	19,800,000,000	▶ 감정평가 시행 전 주변시세를 고려하여 종전자산가치 추정 ▶ 본 자산평가는 유동적이므로 참고만 바랍니다.

창립총회 책자에서는 192세대로 구성된 전체 아파트의 종전자산평가액으로 198억 원일 것으로 추정했습니다. 참고로 사례의 구역은 2020년에 창립총회를 했는데요. 창립총회를 하기 전 KB국민은행 기준 평균 매매시세는 다음과 같았습니다.

● **사례 구역의 창립총회 전 면적형별 평균매매시세**

면적형㎡	세대수	평균매매시세KB국민은행 기준
50	108	1억 250만 원
68	48	1억 2,000만 원
74	24	1억 3,000만 원
87	12	1억 5,250만 원

전체 세대 중 가장 작은 면적형인 50㎡가 108세대라는 점을 감안할 때 종전자산평가액은 적정수준이라고 볼 수 있습니다. 물론 건축심의 이후 확인하게 될 종전자산평가액은 창립총회 시점에서 추정한 것보다 큰 폭으로 증가할 것이 확실시기는 하지만요. 참고로 다른 변수는 변하지 않고 종전자산평가액만 높아지게 되면 비례율이 하락한다는 점은 기억하시죠?

 비례율 분석

이제 총회책자에서 비례율을 확인해볼 차례입니다. 그런데 비례율이 무려 198.61%네요.

● 비례율 계산

$$추정비례율 = \frac{총수입(분양수입) - 총지출}{종전자산평가액} \times 100$$

$$= \frac{163{,}285{,}500{,}000 - 123{,}961{,}320{,}250}{19{,}800{,}000{,}000} \times 100$$

$$= 198.61\%$$

혹시라도 '비례율이라는 것이 원래 저렇게 높은 것인가보다'라는 오해를 하게 될까 봐 걱정이 될 정도로 어마무시한 수준이군요.

상업지역이라는 용도지역이 가져다 준 말 그대로 미친 사업성인 셈이죠. 그래서일까요? 사례의 구역은 창립총회 이후 가파른 시세 상승 현상이 나타났습니다.

분석결과 종합

비례율을 구성하는 항목 가운데 총수입은 상승여력이 있다고 보여지네요. 총지출 항목 가운데 시공비는 비록 상승가능성이 0%라고 단정지을 수는 없겠지만 상승 가능성이 높지 않다는 점은 긍정적이군요. 그러나 기타사업비는 상승할 것이 확실시됩니다. 종전자산 평가액 역시 상승할 것으로 예상됩니다. 이렇게 볼 때 창립총회 시점에서 추정했던 비례율이 낮아질 가능성이 있습니다.

다만, 비례율이 낮아지게 될 것인지, 만약 낮아진다면 얼마나 낮아지게 될 것인지는 총수입의 증가분과 총사업비 증가분 그리고 종전자산평가액의 증가분에 따라 결정될 것입니다. 하지만 총수입 증가분을 초과하는 총사업비 증가와 종전자산평가액 상승이 발생하더라도 당초 비례율이 엄청난 수준인 만큼 사업성을 훼손하는 정도는 크지 않을 것으로 예상됩니다.

소규모주택 정비사업 사업시행계획안

사업의 종류		가로주택 정비사업
용도지역		일반상업지역
구역면적		5,669.70m²
건축개요	건축연면적	62,762.07m²
	건립규모	지하 5층/지상 38층
	건폐율	41.03%
	용적률	699.90%
	건립세대수	아파트 240세대/오피스텔 298세대, 근린생활시설

● **분양주택 개요 : 아파트+오피스텔**

단위 : 평 ㎡

유형	평형	분양세대	전용면적	주거공용면적	공급면적	계약면적
아파트	24	206	59.95	21.22	81.17	117.51
	26	34	63.95	24.32	88.27	127.04
소계		240	14,524.00	5,198.20	19,722.20	28,526.60

구분	평형	분양세대	전용면적	공용면적	공급면적	계약면적
오피스텔	18	149	45.90	16.65	62.55	101.12
오피스텔 준주택	18	149	45.90	16.65	62.55	101.12
소계		298				
총계		538	13,678.20	4,961.70	4,961.70	18,639.90

● **근린생활시설 개요**

단위 : ㎡

구분	전용면적	공용면적	분양면적	주차장면적	계약면적
지상1층	690.00	324.56	1,004.56	382.33	1,386.89
지하1층	1,350.00	1,965.44	1,965.44	748.04	2,713.48
계	2,040.00	2,290	2,970	1,130.37	4,100.37

● 종전토지 및 주택의 예상가격 추정액

단위 : 천 원

	구분	구성	금액	비고
종전자산 추정액	토지 및 건축물	2개동 192세대	19,800,000,000	▶감정평가 시행 전 주변시세를 고려하여 종전자산가치 추정 ▶본 자산평가는 유동적이므로 참고만 바랍니다.

● 총수입 추정 : 아파트

단위 : 원

조합원 분양수입	일반분양수입 상가포함	소계
47,217,500,000	116,068,000,000	163,285,500,000

● 총사업비 추정

단위 : 원

구분	금액	내용	비고
도급공사비	106,664,250,000	철거, 부대시설, 단지외부공사, 지장물 철거 등 포함	
조사측량비	220,000,000	측량비, 문화재지표조사, 지질조사 등	
설계감리비	4,166,606,250	설계비, 감리비, 기타 설계관련 용역비	
용역비	2,930,000,000	정비사업전문관리업자, 감정평가, 소규모지하안전영향평가, 친환경용역, 이주관리/ 범죄예방, 세무회계, 소송 및 법무용역비, 기타 외주 용역비	
각종 부담금	368,464,000	하수도원인자부담금, 광역교통부담금 등, 학교용지부담금, 기타부담금	
제세공과금	150,000,000	보존등기비, 조합법인세/부가세	
금융비용	3,982,000,000	사업비 차입금이자, 기본 이주비 이자	
기타사업비	1,480,000,000	조합운영비, 조합총회비용, PM용역비용, 민원처리비, 분양비용, 분양보증수수료	
예비비	4,000,000,000	예비비	
총계	123,961,320,250		

● 비례율 계산

$$추정비례율 = \frac{총수입(분양수입) - 총지출}{종전자산평가액} \times 100$$

$$= \frac{163,285,500,000 - 123,961,320,250}{19,800,000,000} \times 100$$

$$= 198.61\%$$

5.
실제 사례 분석 :
총회책자의 내용 변화를 추적함으로써 배워야 할 것들!

정비사업이 항상 계획대로 진행될 수 있을까요? 결단코 그럴 수는 없습니다. 여러 가지 변수들이 있기 때문에 다양한 부분에서 계획과 다르게 진행될 수밖에 없기 때문이죠. 그래서 이번에는 준주거지역 사례 분석을 하면서 특히, 창립총회 시점 → 1차 변경 → 건축심의 후 조합원분양신청 시점에 이르기까지 어떻게 사업시행계획이 변경되었는지를 중점적으로 살펴보겠습니다. 이 과정을 통해 소규모주택 정비사업에서 사업시행계획이 변하는 이유와 그 변화로 인해 토지등소유자에게 어떤 영향을 주게 되는지를 알아볼 수 있을 것입니다.

총분양수입 총수익의 변화 분석

지금부터 보게 될 구역은 용도지역이 준주거지역입니다. 일반상업
지역에는 미치지 못하지만 높은 용적률을 적용받을 수 있어 사업
성이 양호한 지역이라는 뜻이죠. 그런 전제 하에서 창립총회 시점
에서 분양수입부터 보시면 좋겠습니다.

● **창립총회 시점의 분양수입 추정 : 아파트**　　　　　　단위 : 천 원

구분	유형 m²	세대수세대		조합원분양가		일반분양가		분양수입
		조합원 분양	일반 분양	3.3m²당 분양가	세대당 분양가	3.3m²당 분양가	세대당 분양가	
분양 주택	19	68		LH 매입				5,163,862 LH매입
	30	40	–	7,304	101,967	–	–	4,078,663
	36	28	–	7,304	121,520	–	–	3,402,568
	59	–	78	7,304	184,622	8,300	209,798	16,364,265
합계		136	78					29,009,358

● **창립총회 시점의 분양수입 추정 : 근린생활시설**　　　　　　단위 : 천 원

층별	계약면적m²	m²당 분양가격	분양수입
1층	1,345	4,235	5,696,075
2, 3층	2,690	1,513	4,068,625
합계			9,764,700

총분양수입	38,774,058

창립총회 책자에 나타난 총분양수입은 387억 7,405만 원이었습니다. 분양물량은 LH공사가 매입하는 임대주택을 포함해 조합원분양 물량과 일반분양물량이 각각 136세대, 78세대였군요. 사업시행구역 면적이 3,000㎡에도 못미치는 데도 매우 많은 세대수를 계획했음을 알 수 있는데요. 준주거지역이라는 특성에 더해 소규모 주택에 초점을 맞춘 덕분이라고 볼 수 있을 것 같습니다. 하지만 창립총회 시점의 사업시행계획에 변화가 발생합니다. 1차 변경이 이루어지죠.

● 1차 변경 시점의 분양수입 추정 : 아파트
단위 : 천 원

구분	유형 ㎡	세대수세대		조합원분양가		일반분양가		분양수입
		조합원 분양	일반 분양	3.3㎡당 분양가	세대당 분양가	3.3㎡당 분양가	세대당 분양가	
분양 주택	26	39		LH 매입				4,152,094 LH매입
	29	34	—	8,442	116,449	—	—	3,959,264
	36	14	—	8,442	143,569			2,009,970
	59	30	18	8,442	208,280	9,380	231,422	24,641,551
		—	60	—	—	9,380	237,126	
합계		117	78					34,762,880

● 1차 변경 시점의 분양수입 추정 : 근린생활시설
단위 : 천 원

층별	계약면적㎡	㎡당 분양가격	분양수입
1층	1,200	5,455	5,455
합계			6,534,000

총분양수입	41,296,880

창립총회 시점보다 아파트 공급세대는 214세대에서 195세대로 19세대 감소하고, 근린생활시설도 2층은 전부 배제, 1층은 145㎡ 감소했음에도 총분양수입은 오히려 25억 2,282만 원 증가하는 것으로 계획이 변경되었습니다. 분양가격 인상 덕분이죠. 그렇다면 건축심의 이후 조합원 분양시점의 총분양수입은 어떻게 되었을까요? 우선 1차 변경 이후 건축심의 과정을 거치면서 면적형과 세대수에 큰 변화가 있었습니다. 따라서 총분양수입에도 변화가 발생했죠.

● 조합원 분양시점의 분양수입 추정 : 아파트
단위 : 천 원

구분	유형 ㎡	세대수 세대		조합원분양가		일반분양가		분양수입
		조합원 분양	일반 분양	3.3㎡당 분양가	세대당 분양가	3.3㎡당 분양가	세대당 분양가	
분양 주택	26	34		LH 매입				4,333,070
	30	14	4	10,000	132,706	11,000	145,977	2,411,804
	36	14	4	10,000	156,725	11,000	172,397	2,883,744
	59 A	42	24	10,000	253,525	11,000	278,877	17,341,127
	59 B	3	11	10,000	253,797	11,000	279,117	3,832,372
	66	8	8	10,000	284,622	11,000	313,084	4,781,653
합계		115	51					35,583,770

● 조합원 분양 시점의 분양수입 추정 : 근린생활시설
단위 : 천 원

층별	공급면적 ㎡	3.3㎡당 분양가격	분양수입
1층	834.83	13,000	3,282,968
2층	315.88	7,000	668,875
합계			3,951,843

총분양수입	39,535,613

눈에 띄게 두드러지는 것은 분양세대의 감소입니다. 1차 변경시점의 195세대에서 166세대로 29세대나 감소했는데요. 아마도 건축심의 과정에서 세대수 감소가 발생한 것 같습니다. 이런 경우는 조합이나 토지등소유자가 피할 수 없는 위험이라고 할 수 있죠. 보통 세대수 감소로 인해 사업성이 악화될 수밖에 없는데 조합설립 시점부터 분양가를 저렴하게 계획했던 것이 빛을 발휘했네요. 분양가 인상을 통해 세대수 감소라는 충격을 일정부분 완화시켰습니다.

그럼에도 불구하고 총분양수입은 1차 변경시점에 비해 17억 6,126만 원 감소했습니다. 세대수 감소의 후폭풍이니 어쩔 수 없었을 것입니다. 이처럼 소규모주택 정비사업 추진과정에서도 '창립총회 → 사업시행계획 변경 총회 → 조합원분양신청 → 사업시행계획인가관리처분계획인가 포함 → 관리처분계획 변경'을 거치면서 사업시행계획이 변경되고 그에 따라 총분양수입의 증감이 발생하게 됩니다.

 총사업비의 변화 분석

창립총회 시점의 총사업비는 328억 2,302만 원이었습니다. 그런데 시공비가 3.3㎡ 기준 386만 5천 원으로 계획되어 있군요.

● 창립총회 시점의 총사업비

항목		산출금액	산출근거
공사비 공동주택	신축비	25,009,758	*계약 연면적, 상부 공사비 3,865천원/3.3m² 및 지하층 공사비는 상부 공사비의 70%를 적용하여 산출
	철거비	134,232	
	소계	25,143,990	
기타 사업비	토지비	657,619	*현금청산 및 매도청구비, 국공유지매입비, 이전등기 제세금, 명도소송비 등
	조사용역비	1,462,489	*측량 및 지질조사비, 정비사업전문관리비, 설계비, 감리비, 기타비용 등
	판매비	1,262,836	*분양대행수수료, 분양보증수수료, 광고선전 비 등
	사업비	1,321,317	*사업시행수수료, 조합운영비, 각종 총회경 비, 회계감사비, 예비비, 입주관리비, 감정평 가수수료 등
	제세공과금	1,363,420	*보존등기비, 학교용지부담금, 상수도원인자 부담금, 하수도원인자분담금, 재산세, 가스 전기입입분담금, 국민주택채권 등
	금융비용	1,611,354	*기금이자, 이주비대여이자, 사업비이자, 건 설자금 조달이자, 기금이자2 등
	소계	7,679,035	
합계		32,823,025	

지금 기준으로 보면 어림도 없는 시공비입니다. 그러나 사례 구역의 조합창립총회가 2017년이었으니 당시로서는 큰 문제가 없는 수준이었다고 볼 수 있습니다. 즉, 시공비의 적정성 측면에서 큰 문제가 없는 수준이었다는 말이죠.

다음으로 시공비와 기타사업비가 적절히 계획되었는지를 분석해

보니 총비용에서 시공비가 차지하는 비중이 76.6%, 기타사업비가 차지하는 비중은 23.4%로 적절하게 배분되어 있는 것으로 나타났습니다. 창립총회 시점에서는 시공비나 기타사업비 모두 무난하게 계획되어 있었다고 볼 수 있겠군요. 그런데 1차 변경으로 총비용에

● **1차 변경 시점의 총사업비**

항목		산출금액	산출근거
공사비 공동주택	신축비	27,412,009	*계약 연면적, 상부 공사비 4,200천원/3.3m²및 지하층 공사비는 상부 공사비의 80%를 적용하여 산출. 미술장식품 설치비·지장물이설비·지장물철거·석면관련 비용 포함
	철거비	313,209	
	소계	27,725,218	
기타 **사업비**	토지비	658,880	*현금청산 및 매도청구비, 국공유지매입비, 이전등기 제세금, 명도소송비 등
	조사용역비	1,946,238	*측량 및 지질조사비, 정비사업전문관리비, 설계비, 감리비, 건축물에너지효율등급, 지하안정성평가용역, 기타용역예비비 등
	판매비	1,010,129	*분양대행수수료, 분양보증수수료, 광고선전비 등
	사업비	1,497,480	*사업시행수수료, 조합운영비, 각종 총회경비, 회계감사비, 예비비, 입주관리비, 감정평가수수료 등
	제세공과금	1,493,088	*보존등기비, 학교용지부담금, 상수도원인자부담금, 하수도원인자분담금, 재산세, 가스전기입입분담금, 국민주택채권 등
	금융비용	1,843,803	*기금이자, 이주비대여이자, 사업비이자, 건설자금 조달이자, 기금이자2 등
	소계	8,449,618	
합계		36,174,836	

변화가 발생하게 됩니다. 창립총회 당시에 비해 비용이 크게 증가할 것으로 계획이 변경된 것을 확인할 수 있습니다. 총사업비가 33억5,181만 원 상승할 것으로 변경되었으니까요. 주된 이유는 시공비 상승에서 찾을 수 있습니다. 그런데 시공비 상승은 어쩔 수 없는 부분이 많죠. 그래서 모든 정비사업은 신속하게 사업을 진행해야 하는 것입니다. 사례의 구역도 시공사 선정시점에 시공비 상승이 발생하지 않도록 신속하게 사업을 추진하는 것이 최선이었을 것입니다.

한편, 기타사업비 역시 7억 7,058만 원이 증가하는 것으로 계획이 변경되었습니다. 1차 변경 이후 조합원 분양시점에 이르러 또다시 총비용이 변경되었는데요. 실제로 소규모주택 정비사업을 진행하다 보면 추정에 의해 책정한 예산이 실제 용역계약 과정에서 변동되기 마련인데요. 비용은 시간이 흐름에 따라 늘어나는 경우가 대부분입니다.

그래서 일단 소규모주택 정비사업이 개시되었다면 토지등소유자들은 어떻게 해서든 신속한 사업추진이 가능하도록 노력해야만 하는 것이죠. 사례의 경우 공급세대수가 감소함에 따라 총사업비도 감소한 것을 알 수 있습니다. 이 단계에서의 총사업비는 이전과는 전혀 다른 성격을 갖습니다. 이미 시공사가 선정되어 있어 시공비가 확정된 상태인 것은 물론 대부분의 비용도 계약에 따라 확정된 상태여서 사업진행 속도만 늦어지지 않는다면 추가적인 비용상승이 나타날 가능성이 높지 않기 때문이죠.

● 조합원 분양 시점의 총사업비

항목		산출금액	산출근거
공사비 공동주택	신축비	24,523,030	*계약 연면적, 상부 공사비 4,370천 원/3.3m² 산출. 철거비, 미술장식품 설치비·지장물이 설비·지장물철거·석면관련 비용 포함
	소 계	24,523,030	
기타 사업비	토지비	657,619	*현금청산 및 매도청구비, 국공유지매입비, 이전등기 제세금, 명도소송비 등
	조사용역비	1,546,181	*측량 및 지질조사비, 정비사업전문관리비, 설계비, 감리비, 건축물에너지효율등급, 지 하안정성평가용역, 기타용역예비비 등
	판매비	1,262,836	*분양대행수수료, 분양보증수수료, 광고선전 비 등
	사업비	1,120,777	*사업시행수수료, 조합운영비, 각종 총회경 비, 회계감사비, 예비비, 입주관리비, 감정평 가수수료 등
	제세공과금	1,363,420	*보존등기비, 학교용지부담금, 상수도원인자 부담금, 하수도원인자분담금, 재산세, 가스 전기입입분담금, 국민주택채권 등
	금융비용	1,611,354	*기금이자, 이주비대여이자, 사업비이자, 건 설자금 조달이자, 기금이자2 등
	예비비	900,000	
	소계	8,462,187	
합계		32,985,217	

총사업비는 감소했지만 시공비는 증가했음을 확인할 수 있습니다. 3.3m² 기준 437만 원이 되었군요. 시공비의 변화를 정리해보면 다음과 같은데요.

구분	창립총회 시점	1차 변경시점	조합원 분양시점
시공비 3.3㎡기준	386만 원	420만 원	437만 원

시공비 상승이 가파르게 진행되던 상황임에도 불구하고 지혜롭게 대처하여 저렴하게 시공사를 선정했다고 볼 수 있습니다. 건축심의 과정에서 세대수 감소로 수익성이 적지 않게 하락한 데 더해 급격한 시공비 상승까지 이어졌을 경우, 대폭적인 분담금 증가로 인해 토지등소유자들이 상당한 경제적 고통에 시달리게 되었을 가능성이 높았습니다. 이에 조합과 토지등소유자들이 지혜롭게 대처한 결과가 아닐까 하는 생각이 드는군요. 다음으로 기타사업비는 소폭감소했습니다. 게다가 예비비도 9억 원 편성되어 있네요. 적정수준의 예비비확보는 중요하다고 항상 강조하고 있는데요. 그런 점에서 볼 때 사례의 경우는 바람직하다고 볼 수 있겠네요.

 ## 종전자산평가액의 변화 분석

창립총회 당시나 1차 사업시행계획변경 시점에도 종전자산평가액은 변하지 않습니다.

1차 사업시행계획변경은 보통 건축심의를 받기 전에 발생하죠. 이때는 감정평가사라는 전문자격인에 의해 종전자산이 평가되기 전입니다. 그러니 종전자산평가액이 변동할 이유가 없죠.

그러나 조합원 분양 시점에서의 종전자산평가액은 창립총회의 그것과 본질적으로 다릅니다. 감정평가사에 의한 종전자산평가가 이루어진 후 조합원 분양신청이 개시되기 때문이죠. 소규모주택 정비법은 소규모주택 정비사업 가로주택 정비사업, 소규모 재건축사업, 소규모 재개발사업의 사업시행자는 건축심의를 받은 날부터 90일 이내에 분양절차를 개시하도록 하고 있답니다. 사례의 경우 종전자산평가액은 66억 6,800만 원이군요.

구분	창립총회 시점	1차 변경시점	조합원 분양시점
종전자산평가액	54억 8,100만 원	54억 8,100만 원	66억 6,800만 원

창립총회 시점의 종전자산평가액은 54억 8,100만원이었으니 종전자산평가액이 꽤 높아진 것을 확인할 수 있습니다. 다시 한 번 강조하지만 소규모주택 정비사업인 경우 창립총회 이후 종전자산평가액이 변하는 시점은 건축심의 후 종전자산평가가 이루어진 이후라는 점을 꼭 기억해주세요. 만일 총수입과 총사업비가 고정되었다면 종전자산평가액 상승은 비례율 하락으로 이어졌을 것입니다. 과연 사례의 구역은 어땠을까요?

비례율의 변화 분석

총수입과 총사업비 그리고 종전자산평가액을 모두 알았으니 비례율을 계산할 수 있습니다.

$$●\text{비례율} = \frac{\overset{\text{총 수입}}{39,535\text{백만 원}} - \overset{\text{총 사업비}}{32,985\text{백만 원}}}{\underset{6,668\text{백만 원}}{\text{종전자산평가 총액}}} \times 100 = 98.23\%$$

조합원분양시점의 비례율은 98.23%군요. 최초 창립총회 시점의 비례율은 108.6%였습니다.

구분	창립총회 시점	1차 변경시점	조합원 분양시점
비례율	108.6%	93.5%	98.23%

그런데 1차 변경시점에는 93.5%로 크게 하락했죠. 하지만 조합과 토지등소유자의 각고의 노력 덕분에 조합원 분양시점의 비례율은 98.23%까지 상승했네요. 상당히 선방한 결과라고 볼 수 있습니다.

소규모주택 정비사업도 규모의 차이만 있을 뿐 재개발·재건축과 마찬가지로 사업추진과정에서 총수입, 총사업비, 종전자산평가액, 비례율이 변동하기 마련입니다. 그러나 그 변동이 모든 구역에 동일하게 적용되는 것은 아니죠. 신속한 사업추진 대신 토지등소유자끼리 내분이 발생하거나 인허가 과정에서 사업이 지체될 경우 꼼짝없이 분담금 폭탄을 맞는 경우도 있습니다. 사례의 경우처럼 조합과 토지등소유자들이 지혜롭게 대처할 경우 사업환경 변화라는 부정적 상황을 극복하는 경우도 있기 때문입니다. 사례의 경우는 조합원 분양시점의 비례율이 98.23%이나 일반분양가격이 저렴하게 계획되어 있기 때문에 일반분양시점이 되면 비례율이 100%를 넘게 될 것이 확실시된다는 점에서 더욱 그렇습니다.

6.
실제 사례 분석 :
규모가 작아도 용도지역 덕분에
사업추진이 가능한 경우!

용도지역이 일반상업지역인 경우와 마찬가지로 준주거지역에서 소규모주택 정비사업을 추진하게 될 경우 사업성이 좋은 경우가 많습니다. 상대적으로 높은 용적률 덕분이죠. 하지만 "규모가 작으면 제아무리 높은 용적률을 적용받을 수 있다 할지라도 사업성을 확보하기 쉽지 않을 수 있지 않을까" 하는 생각을 할 수도 있습니다. 그래서 규모가 작음에도 불구하고 준주거지역이라는 용도지역이라는 장점을 십분 활용해 소규모주택 정비사업을 진행하고 있는 구역을 분석해보려고 합니다.

총분양수입총수익 분석

사례의 구역은 사업시행구역 면적이 1,851.80m²560.17평에 불과하지만 조합원은 49명으로 사업시행구역 면적 대비 작지 않은 규모여서 사업성 확보가 만만치 않은 곳입니다. 하지만 준주거지역인 관계로 무려 498%에 달하는 용적률을 적용받을 경우 아파트 120세대와 근린생활시설 861m²를 공급할 수 있을 것으로 예상되는 만큼 무난하게 사업추진이 가능한 곳으로 보이는군요.

● 분양수입 추정 : 아파트

단위 : 천 원

구분	유형별 m²	세대수세대		조합원분양가		일반분양가		분양수입
		조합원 분양	일반 분양	3.3m²당 분양가	세대당 분양가	3.3m²당 분양가	세대당 분양가	
분양주택	19	24	LH 매입					1,750,480
	42	24	–	8,950	159,572	–	–	3,829,728
	46	10	14	8,950	174,598	12,082	235,698	5,045,752
	59T	2	0	8,950	224,468	–	–	448,936
	59	10	33	8,950	224,468	12,082	303,019	12,244,307
	59P	3	0	8,950	224,468	–	–	673,404
합계		70	47					23,992,607

● 분양수입 추정 : 근린생활시설

단위 : 천 원

층별	공급면적	m²당 분양가격	분양수입	비고
1층	687	4,537	3,116,919	*추정치임
2층	174	2,268	394,632	
합계			3,511,551	

총분양수입	27,504,158

이 곳 역시 용도지역이 위력을 발휘하는 구역이라고 할 수 있겠네요. 공급하는 아파트는 총 120세대로 이 중 LH공사에 매각하는 임대주택과 조합원분양 물량은 각각 24세대, 49세대이며, 일반분양 물량은 47세대가 될 것으로 계획되었습니다. 또한 상가는 모두 일반분양을 계획되어 있네요. 분양수입 추정에서 가장 중요한 부분은 분양가격의 적정성이죠. 사례의 구역은 조합원 분양가격이 895만 원이고 일반분양가격은 1,208만 원인데 현재 시점에서 볼 때 분양가격이 상당히 보수적으로 책정되었다고 볼 수 있겠습니다. 향후 일반분양시점이 되면 분양가격 상승에 따른 분양수입 증가를 기대해 볼 수 있을 것으로 예상되는군요.

총사업비 분석

총사업비 가운데 시공비는 179억 2,800만 원이고 기타사업비는 50억 4,623만 원으로 각각 계획되었습니다. 총사업비에서 시공비와 기타사업비가 차지하는 비율은 각각 78%, 22%로 무리가 없는 수준으로 책정되었다고 볼 수 있습니다. 다만 현재시점에서 볼 때 시공비가 3.3㎡ 기준 432만 원은 문제가 있다고 볼 수 있겠네요.

● 조합원 분양 시점의 총사업비   단위 : 천 원

항목		산출금액	산출근거
공사비 공동주택	신축비	17,928,000	*계약 연면적, 상부 공사비 4,320천 원/3.3m^2를 적용하여 산출, 지장물이설비·지장물철거·석면 관련 비용 포함
	소 계	17,928,000	
기타 사업비	토지비	421,713	*현금청산 및 매도청구비, 국공유지매입비, 이전등기 제세금, 소송비, 영업손실보상비, 주거이전비 등
	조사용역비	1,473,381	*측량 및 지반조사비, 정비사업전문관리비, 설계비, 경관계획용역비, 감리비, 분양전략 수립, 건축물에너지효율등급, 장애물없는 환경, 친환경인증성능평가, 교육환경에 관한 계획, 이주대책 수립 등
	판매비	829,825	*분양대행수수료, 분양보증수수료, 광고선전비 등
	사업비	1,051,680	*사업시행수수료, 조합운영비, 각종 총회경비, 회계감사비, 예비비, 입주관리비, pm용역비, 건축설계기획, 감정평가수수료, 범죄예방용역, 지장물조사 및 폐쇄, 감정평가수수료, 민원처리비 등
	외주용역비	88,930	이주관리, 이주촉진용역
	제세공과금	734,074	*보존등기비, 학교용지부담금, 상수도원인자부담금, 하수도원인자분담금, 재산세, 가스전기입입분담금, 국민주택채권 등
	금융비용	446,632	*기금이자, 이주비대여이자, 사업비이자, 건설자금 조달이자, 기금이자2 등
	소계	5,046,235	
합계		22,974,235	

만일 아직까지 시공사를 선정하지 않았다면 필연적으로 시공비 상승에 따른 사업비 증가현상이 발생할 것으로 예상된다는 점이 마음에 걸리는군요. 아마도 비례율 하락요인이 될 듯합니다.

종전자산평가액 분석

종전자산평가액을 구성하는 항목을 보니 다세대주택, 아파트, 단독주택인데 구성요소와 지역적 특징을 고려할 때 크게 무리가 없는 수준으로 책정되었다고 볼 수 있습니다.

● **종전토지 및 주택의 예상가격 추정액**

단위 : 백만 원

	구분	구성	금액	비고
종전자산 추정	건물 및 토지	아파트 2개동 1필지, 다세대주택 1개동 1필지, 단독주택 1개동 1필지	4,130	▶ 감정평가 시행 전 주변시세를 고려하여 종전자산가치 추정 ▶ 본 자산평가는 유동적이므로 참고만 바랍니다.

참고로 사례의 구역은 서울이 아닌 수도권 지역입니다. 다만, 건축심의 후 감정평가사에 의한 종전자산평가액은 종전자산 추정치에 비해 더 높을 것으로 예상됩니다. 이 부분 역시 비례율 하락요인이 되는 만큼 주의를 기울일 필요가 있겠습니다.

비례율 분석

분양수입과 사업비 그리고 종전자산평가액을 확인했다면 이제 비례율을 계산할 수 있습니다.

군이 계산하지 않아도 총회책자에서 확인할 수 있습니다만 Chapter5에서 살펴보게 되겠지만 창립총회 이전 단계라서 분양수입이나 총사업비, 종전자산을 스스로 추정해야 하는 경우라면 직접 계산해야 하기 때문에 알아두시는 것이 좋죠.

$$\bullet\text{추정 비례율} = \frac{\underset{\text{분양수입}}{\text{종후자산}} \: 27{,}504\text{백만 원} - \underset{\text{지출}}{\text{총 사업비}} \: 22{,}974\text{백만 원}}{\underset{\text{종전자산평가 총액}}{4{,}130\text{백만 원}}} \times 100 = 109.68\%$$

사례의 구역은 사업시행 면적이 소규모인데다 조합원수도 상대적으로 많다는 단점이 있음에도 불구하고 비례율이 109.68%가 될 것으로 계획되었습니다. 용도지역의 힘 덕분이라고밖에 볼 수 없지 않을까요?

분석결과 종합

사례의 구역은 사업성이 압도적으로 뛰어난 수준은 아닙니다. 또한 총사업비 가운데 시공비 상승이 불가피할 것으로 보입니다. 반면에 분양가격 상승에 따른 총수입 증가도 기대해볼 수 있을 전망입니다. 종합적으로 볼 때 현재 비례율 수준에서 소폭 하락하는 수준에서 사업이 진행될 것으로 조심스럽게 예상해볼 수 있겠군요. 모두가 용도지역이 준주거지역이라서 가능한 일이죠. 어찌보면 사업성을 결정하는 가장 큰 변수는 용도지역이 아닐까 하는 생각까지 들게하는 사례라고 할 수 있겠습니다.

7.
실제 사례 분석 :
용도지역의 한계를 극복하는
경우도 있다

용도지역이 상업지역인 경우나 준주거지역에서 소규모주택 정비사업을 시행하는 경우 사업성이 뛰어나다는 것을 앞서 살펴보았습니다. 상대적으로 높은 용적률 덕분이죠. 그러나 용도지역이 상업지역이나 준주거지역이 아니더라도 훌륭한 사업성이 가능한 경우도 얼마든지 있을 수 있습니다. 어떤 경우가 그럴지 사례를 통해 살펴보죠.

큰틀에서 총회책자 분석하기

사례의 총회책자에 나타난 구역은 서울입니다. 사업시행구역 면적은 3,741m²이고 토지등소유자는 72명이며 용도지역은 제2종 일반주거지역입니다. 용도지역이 제2종 일반주거지역에서 국토의 계획 및 이용에 관한 법률에 따라 최대 적용받을 수 있는 용적률은 250%입니다. 하지만 소규모주택 정비법은 제2종 일반주거지역에서 최고층수를 15층으로 제한하고 있는 데다 자치단체 조례로 용적률을 제한하거나 최고층수를 제한하는 경우도 있어 현실적으로 제2종 일반주거지역에서 적용받을 수 있는 최대용적률을 적용받지 못하는 경우도 종종 발생하고 있습니다. 그렇기 때문에 제2종 일반주거지역에서 소규모주택 정비사업을 시행하는 경우 상대적으로 사업성이 떨어지는 경우가 많은 것이 사실이죠.

총분양수익총수의 분석

창립총회책자에 제시되어 있는 총분양수입과 관련된 정보는 일반분양가를 3.3m² 기준 1,885만 원을 적용해 총수입추정금액이 463억 원이 될 것이라는 부분밖에 없습니다.

- **종후자산 추정금액 : 총 463억 원**건축공사비 533만 원/3.3㎡ 적용
- **총수입 : 일반분양가 1,885만 원/3.3㎡ 적용**공급면적 기준, 국토교통부 실거래

가 공개 자료 활용

    조합원 분양가격은 알 수 없지만 일반분양가격이 1,885만 원으로 제시되어 있는 만큼 이를 기초로 추적해서 계산해야 하는데요. 계산을 해보니 조합원분양가격과 일반분양가격을 동일하게 책정한 것으로 확인되었습니다. 보통의 경우라면 조합원분양가격은 일반분양가격에 비해 소폭이라도 저렴하기 마련이죠. 그런데 사례의 구역은 동일하게 책정했습니다. 아마도 사업진행과정에서 변경이 되지 않을까요? 만일 조합원분양가격을 낮추게 될 경우 총분양수입이 감소할 수 있죠. 다만, 서울이라는 지역적 특성을 감안할 때 일반분양 시점에서 분양가격 상승이 발생할 가능성이 충분한 만큼 조금 더 상황을 지켜 볼 필요는 있을 것 같습니다.

총사업비 분석

사업비는 크게 시공비와 기타사업비로 세분되는데요. 사례의 구역은 총사업비로 254억 7,454만 원을 계획했습니다. 이 중 시공비와 기타사업비는 각각 205억 6,462만 원, 49억 990만 원으로 전체

사업비에서 차지하는 비중은 80.73%, 19.27%로 계획되었네요. 기타사업비가 총사업비에서 차지하는 비중이 통상적인 경우에 비해 낮게 책정되기는 했지만 상대적으로 시공비를 높게 책정해서 발생한 결과라고 해석해도 될 수 있을 만큼 시공비를 여유 있게 책정해 놓았습니다.

하지만 예비비는 전혀 계획해 놓지 않았군요. 전체적으로 기타사업비에 다소 아쉬움이 남습니다. 따라서 계획보다 저렴한 시공

● **총사업비**

단위 : 천 원

항목		산출금액	산출근거
공사비	신축비	20,564,625	*계약 연면적 기준 533만 원/3.3m²를 적용하여 산출, 지장물이설비 · 건축시설공사비 · 철거/인입/미술장식품 및 기타비용 포함
	소 계	17,928,000	
기타 사업비	용역비	1,663,663	*설계비, 감리비, 정비용역비, 측량 및 지질조사 등
	판매비	105,944	*모델하우스 건립 및 임차비, 분양보증 및 대행수수료, 광고선전비 등
	사업비	1,153,750	*이주관리 및 명도업무 등, 조합운영 및 관리비, 감정평가수수료 등, 세무회계 및 외부감사 등
	재세공과금 및 분담금	1,145,203	*보존등기비, 민원처리비, 법인세, 학교용지부담금, 상 · 하수도 원인자분담금, 각종 분담금
	금융비용	841,357	*초기사업비 대여이자, 사업비 대여이자, 이주비 대여이자, 기타사업비 대여이자
	소계	4,909,917	
합계		25,474,542	

비로 시공사를 선정하지 못할 경우 기타사업비 상승현상이 발생할 수도 있을 것으로 보이네요. 그렇게 될 경우 비례율 하락이 발생해 조합원 분담금이 증가할 것으로 예상됩니다. 아! 그런데 사례의 구역은 개략적인 조합원 분담금이 얼마나 될지에 대한 자료가 창립총회책자에 담겨있지 않았습니다. 비록 개략적이기는 하지만 분담금을 모르는 상태에서 가로주택 정비사업을 추진할 수 있었던 것은 그만큼 토지등소유자들이 새 아파트로 바꿔 살고 싶다는 열망이 강했던 탓이 아닐까 하는 생각이 드는군요.

 ## 종전자산평가액 분석

창립총회책자에 제시된 종전자산평가액은 매우 단출합니다. 다음과 같은 내용이 있네요.

- **종후자산 추정금액 : 총 154억 원**
- **총수입 : 개별공시지가의 149.03% 적용**국토교통부 실거래가 공개자료 활용

종전자산가치를 산정함에 있어 개별공시자가의 149.03%를 적용했다는 것 다음에 인근 지역의 국토교통부 실거래 거래자료도 함께 첨부되어 있으나 여기서는 생략하겠습니다.

※상기 추정금액은 감정평가사 자문감정평가 결과가 아님을 통하여 추정한 개략적인 금액 으로, 사업성 분석을 위한 전체 종전자산을 추정하기 위한 자료임.

> 본 사업시 종전자산 평가는 상기 추정금액과 상관없이 평가 기준일(심의결과 통
> 지받은 날)을 기준의 정상적인 거래시세, 대지위치·층·향 등 외부요인, 건물요
> 인, 개별요인 등을 고려하여 평가됨

사례의 구역은 종전자산평가액을 154억 원이라고 추정했군요. 종전자산평가액의 추정을 위해 인근지역의 매매거래사례를 활용한 것은 나름 공신력을 확보하기 위한 노력이라는 점에서 의미가 있다고 볼 수 있겠습니다. 다만, 사례의 구역 역시 건축심의 이후 종전자산평가액은 증가할 것으로 보이고 따라서 비례율 하락요인이 될 수 있다는 점은 분석 시 고려해야 할 것으로 보이는군요.

 비례율 분석

위 사례 구역의 창립총회 책자에는 비례율이 제시되어 있지 않습니다. 왜 비례율을 제시하지 않았는지 자세한 이유는 모르지만 계산해보는 것이 좋을 듯합니다.

비례율을 계산해보니 135.71%군요. 제2종 일반주거지역에서 135.71%라니. 엄청난 비례율이군요. 아무래도 서울이라는 특수성 때문에 분양가격이 수도권 여타 지역에 비해 양호한 데서 비롯된 것이 아닐까 하는 생각을 하게 되네요.

$$\bullet \text{추정 비례율} = \frac{\overset{\text{분양수입}_{\text{종후자산}}}{46,300,000천 원} - \overset{\text{지출}^*_{\text{총 사업비}}}{25,400,000천 원}}{\underset{15,400,000천 원}{\text{종전자산평가액}}} \times 100 = 135.71\%$$

 분석결과 종합

제2종 일반주거지역이라는 용도지역상의 한계를 서울이라는 지역적 강점으로 극복해낸 경우라고 할 수 있습니다. 다시 말해 사례의 구역처럼 용도지역이 굳이 준주거지역이나 상업지역이 아니더라도 분양가격이 받쳐주기만 한다면 얼마든지 용도지역의 한계를 극복할 수 있다는 점은 상당한 의미가 갖는다고 할 수 있습니다. 결국 용도지역 혹은 분양가격이 확실하게 뒷받침해준다면 소규모주택 정비사업의 사업성을 확보하기 쉬워진다는 뜻이죠.

8.
실제 사례 분석 :
뜻이 있기에 길이 열린 경우도 있다

지역적 경쟁력이 뛰어나기 때문에 높은 분양가격을 책정함으로써 사업성을 확보할 수 있는 구역도 아니고 용도지역이 준주거지역이나 상업지역이라 높은 용적률 덕분에 사업성을 확보할 수 없는 구역도 아니라면 소규모주택 정비사업을 추진할 수 없을까요? 꼭 그렇지는 않습니다. 부동산 시장의 흐름을 면밀하게 분석할 경우 출발을 미미했으나 점차 사업성을 개선시킬 수 있는 기회를 만들어나갈 수 있기 때문이죠.

 총분양수익총수익 분석

사례의 구역은 서울이나 수도권 우량지역이 아닐 뿐더러 용도지역도 상업지역이나 준주거지역에 속하지 않는 곳입니다. 수도권이기는 해도 일반분양가격이 3.3m² 기준 1,200만 원 수준에 그치는 것은 물론 용도지역도 제2종 일반주거지역에 속해 있죠. 말 그대로 양호한 사업성과는 거리가 먼 구역이라고 생각하면 될 것 같습니다. 분양수입 추정치를 보니 아파트 102세대와 근린생활시설 400m²를 공급할 계획이군요.

● **분양수입 추정 : 아파트** 단위 : 천 원

구분	유형별 m²	세대수세대		조합원분양가		일반분양가		분양수입
		조합원 분양	일반 분양	3.3m²당 분양가	세대당 분양가	3.3m²당 분양가	세대당 분양가	
분양주택	19	14		LH매입				1,157,171
	26	7						731,473
	36	25	–	8,280	137,333	–	–	3,433,318
	46	7	–	8,280	169,593	–	–	1,187,153
	59	–	35			9,200	230,293	8,060,264
	66	–	14			9,200	251,722	3,524,113
합계		53	49					18,093,492

● **분양수입 추정 : 근린생활시설** 단위 : 천 원

구분	공급면적	m²당 분양가격	분양수입	비고
1층	400	5,455	2,178,000	*추정치임
합계			2,178,000	

총분양수입	20,271,491

분양수입 추정 시 점검 포인트는 분양가격의 적정성입니다. 사례의 구역은 분양가격이 정말 착합니다. 최초 계획시점이 2018년이기 때문에 당연하다고 볼 수도 있습니다만 당시로서도 시세 대비 저렴하게 분양가격을 책정했다고 볼 수 있습니다. 이렇게 보수적으로 분양수입을 추정하는 것이 참 좋아 보이는군요. 분양가격을 보면 조합원분양가격과 일반분양가격을 각각 828만 원, 920만 원으로 계획했는데요. 상당히 저렴하다는 것을 알 수 있습니다. 향후 분양가격 상승에 따른 사업성 개선이 가능할 것으로 보입니다.

총사업비 분석

다음으로 총사업비를 보죠. 총회책자에 나와 있는 총사업비는 약 180억 원입니다. 이 중 시공비가 차지하는 비중은 72%, 기타사업비가 차지하는 비중은 28%입니다.

● **총사업비**

단위 : 천 원

항목		산출금액	산출근거
공사비	신축비	13,009,101	*계약 연면적 기준 상부 공사비 420만 원/3.3m² 및 지하층 공사비는 상부공사비의 70% 적용하여 산출, 지장물이설비 · 지장물 철거 · 석면 관련 비용 포함
	소 계	13,009,101	

항목		산출금액	산출근거
기타 사업비	토지비	1,095,897	*현금청산 및 매도청구비, 국공유지매입비, 이전등기 제세금, 소송비, 영업손실보상비, 주거이전비 등
	조사용역비	1,146,117	*측량 및 지질조사비, 정비사업전문관리비, 설계비, 감리비, 건축물에너지효율등급, 국 공유지무상협의 등
	판매비	401,100	*분양대행수수료, 분양보증수수료, 광고선전 비 등
	사업비	1,272,939	*사업시행수수료, 조합운영비, 각종 총회경 비, 회계감사용역비, 예비비, 입주관리비, 감 정평가수수료, 민원처리비 등
	재세공과금	719,941	*보존등기비, 학교용지부담금, 상수도원인자 부담금, 하수도원인자부담금, 재산세, 가스 전기인입분담금, 국민주택채권 등
	금융비용	446,632	*기금이자, 이주비대여이자, 사업비이자, 건 설자금조달이자, 기금이자2
	소계	5,082,626	5,082,626
합계		18,091,727	

총사업비 항목에서 주목해야 할 부분은 크게 두 가지입니다.

첫 번째로 시공비의 적정성 여부이고, 두 번째로는 시공비와 기타사업비의 균형을 들 수 있죠.

우선 시공비의 적정성을 보면 2018년 시점에서 볼 때 3.3m² 기준 420만 원은 충분하다고 볼 수는 없지만 불가능한 금액은 아니라고 볼 수 있습니다. 따라서 사례의 구역 입장에서 볼 때 신속하게 사업을 추진해 시공비 인상을 통제할 수 있느냐가 핵심이었을 것입니다.

두 번째로 시공비와 기타사업비의 균형을 보니 기타사업비 비중이 조금 높은 것으로 나타났는데요. 그 이유를 보니 예비비를 총사업비의 2%로 계획했기 때문인 것으로 확인되었습니다. 나쁘지 않은 계획이라고 볼 수 있겠습니다.

 종전자산평가액 분석

종전자산평가액은 사실 변동여지가 좀 있습니다. 창립총회 시점에 제시되는 종전자산평가액이기 때문에 어쩔 수 없는 부분이죠. 하지만 사례의 구역은 공기업이 참여하는 경우여서 종전자산평가액도 탁상감정을 했기 때문에 큰 폭의 변동이 발생할 것으로 보이지는 않습니다.

	구분	구성	금액백만 원	비고
종전자산 추정	건물 및 토지	48개동 59필지	4,130	▶ 감정평가 시행 전 주변 시세등을 고려하여 종전 자산가치 추정 ※ 본 자산평가는 유동적이므로 참고 만 하시기 바랍니다.

창립총회 당시 종전자산평가액 추정치가 26억 원 수준이군요. 종전자산평가액의 규모만으로도 사업시행구역이 크지 않다는 것을 확인할 수 있습니다.

비례율 분석

이제 사업성을 보여주는 비례율을 확인해 볼 차례군요.

$$\bullet\,비례율 = \frac{\underset{분양수입_{종후자산}}{20{,}271백만\ 원} - \underset{지출^*\ 총\ 사업비}{18{,}091백만\ 원}}{\underset{자본금_{종전자산}}{2{,}627백만\ 원}} \times 100 = 83\%$$

　창립총회 시점에서의 비례율은 83%였네요. 비례율이 100%에도 미치지 못하네요. 비례율이 100%미만이라는 것이 갖는 의미를 모두 알고계시죠? 예를 들어 종전자산평가액이 2억 원인 다세대주택이 있다고 할 때 분담금 산정의 기준이 되는 권리가액이 1억 6,600만 원이 된다는 뜻입니다. 사업성이 결코 좋지 않은 구역이라는 뜻이죠.

분석결과 종합

사례의 구역은 창립총회 시점의 비례율 83%로 소규모주택 정비사업을 시작했습니다. 그렇다면 지금은 어떨까요? 일반분양을 앞두고 있는 사례의 구역은 분양가격 상승을 반영한 관리처분계획 변경을 통해 사업성 개선을 계획하고 있습니다. 좋지 않은 사업성에도 불구하고 오래되고 기능을 상실해가고 있는 낡은 주택 대신 새 아파트로 바꿔보겠다는 토지등소유자들의 강력한 의지가 길을 만든 사례라고 할 수 있습니다.

남들보다 먼저
좋은 지역을 선점할 수 있는
방법이 있다!

어쩌면 이 챕터야말로 우리가 목표로 하는 서울과 수도권 및 주요지역에서 내 집 마련을 하고자 하는 목적에 가장 부합되는 내용이라고 볼 수 있을 것입니다. 아직 아무 것도 없는 그야말로 전무의 상태에서 우량지역이 될 수 있는 지역을 다른 사람들보다 앞서서 발굴할 수 있는 방법을 구체적으로 다루고 있기 때문입니다.

총수입과 총사업비의 개략적인 추정방법은 물론 개략적인 종전재산평가액의 추정을 통해 비례율을 추출하고 이를 통해 사업성을 검토할 수 있다면 본격적으로 사업이 추진되기 이전이라 할지라도 분명 좋은 지역을 선점할 수 있을 것으로 기대해도 좋을 것입니다. 좋은 지역을 선점할 수 있다면 당연히 소규모주택 정비사업을 통해 남들보다 큰 돈 들이지 않고 내 집 마련에 성공할 수 있지 않을까요? 그렇다면 지금부터 이어질 내용에 대해 눈을 부릅뜨고 주목해주시기 바랍니다.

1.
경험치를 활용해
세대수 추정하기

소규모주택 정비법은 소규모주택 정비사업을 시행할 수 있는 대상 지역을 정해놓고 있습니다. 따라서 그 요건에 부합되는 지역에서 소규모주택 정비사업을 시행할 수 있죠. 이와 관련해서는 Chapter 1~2에서 이미 살펴보았습니다. Chapter5에서는 조합이 구성되기 이전 다시 말해 아무것도 정해지지 않은 그야말로 백지 상태인 지역에서 소규모주택 정비사업이 진행된다고 가정해 사업성을 분석하는 방법을 살펴보려고 합니다.

사실 지금부터 서술하는 내용들은 추정요소가 많습니다. 물론 조합설립인가를 받으면 본격적인 소규모주택 정비사업의 첫발을 내딛게 되지만, 창립총회 이후 청산시점에 이르기까지 총수입이나 총사업비, 종전자산평가액 등 많은 부분이 변하게 됩니다. 확정되지 않은 추정치로 시작을 하기 때문이죠. 하지만 조합설립인가 이후 조합이 총회책자에 제시하게 되는 수입이나 비용, 종전자산평가액 등은 나름 어느 정도 합리적으로 추정된 수치인 것은 분명합니다.

이에 비해 아직 조합이 만들어지지도 않은 상태에서 개인이 추정을 하는 것은 창립총회 책자에 제시되는 추정치에 비해 정확성이 떨어질 수밖에 없죠. 다만, 소규모주택 정비사업이 수년 간 진행되어오면서 다양한 데이터가 축적되었고 이를 활용해 개략적으로나마 어떤 곳이 사업성이 뛰어난 곳인지, 사야 할 곳은 어디인지, 지금 매입해도 좋은 지역인지 정도는 추정해볼 수 있습니다.

 ## 공급세대수를 우선 추정해야 하는 이유는 무엇일까?

공급세대수는 매우 중요한 의미가 있습니다. 특히 소규모주택 정비사업은 더욱 그렇죠. 왜 그럴까요? 사업성이 공급세대에 직접적인 영향을 받기 때문이죠. 예를 들어, 공급세대가 각각 100세대인 경우와 300세대인 경우라면 입지나 시공사 브랜드, 토지등소유자에 유의미한 차이가 없을 경우 300세대인 경우가 사업성이 더 좋습니다. 그렇기 때문에 남들보다 먼저 소규모주택 정비사업을 추진할 수 있는 좋은 지역을 선점하기 위해서는 우선 공급세대수가 얼마나 될 것인지를 추정하는 것이 중요한 것이죠. 좀 더 이해하기 쉽게 토지등소유자가 50명인 소규모주택 정비사업구역이 있다고 해보죠. ㎡ 분양가격 1,000만 원이고 공급면적은 59㎡로 동일하다고 할 때 총수입은 다음과 같습니다.

공급면적㎡	세대수호	분양가격㎡	세대당 분양가격	총수입
59	100	10,000,000	590,000,000	59,000,000,000
	300	10,000,000	590,000,000	177,000,000,000

　　공급세대가 증가하게 되면 시공비나 기타사업비도 함께 증가하지만 비용 증가분에 비해 상대적으로 세대수 증가에 따른 총수입 증가분이 더 크기 때문에 사업성이 좋아지게 되죠. 이런 이유로 좋은 지역이란 동일한 조건이라면 더 많은 공급세대를 창출할 수 있는 지역이라고 볼 수 있습니다.

 ## 공급세대수 추정을 위해 경험치로 추정한 소요면적이란?

공급세대수 추정을 위해 유용하게 활용되는 소요면적은 1세대를 공급하기 위해 소요되는 토지면적입니다. 그런데 소요면적은 용도지역에 따라 크게 차이가 나죠. Chapter 4에서 살펴본 것처럼 용도지역이 상업지역이거나 준주거지역인 경우 동일한 면적형을 공급한다고 가정할 경우 다른 용도지역에 비해 공급세대가 많을 수밖에 없습니다. 더 높은 용적률을 적용받아 같은 사업시행구역면적이라 할지라도 더 높게 건축할 수 있어 더 많은 공급세대가 가능하기 때문이죠.

하지만 현재 소규모주택 정비사업이 가장 활발하게 진행되고 있는 지역들의 거의 상당수는 용도지역이 제2종 일반지역입니다. 그동안 축적된 데이터를 기반으로 자율주택 정비사업을 제외한 전체 소규모주택 정비사업의 세대당 소요면적을 서울특별시, 경기도, 인천광역시 등 수도권을 중심으로 분석해보니 다음과 같은 결론을 얻을 수 있었습니다.

서울특별시는 제2종 일반주거지역을 다시 제2종 일반주거지역 7층과 제2종 일반주거지역으로 세분화하고 있습니다. 여기에 소형 면적형의 공급비중과 사업시행구역 면적이 더해져 소요면적 차이가 발생하고 있는데 그 결과 제2종 일반주거지역7층의 소요면적은 최소 21.1m²에서 최대 53.6m²인 것으로 분석되었습니다. 또한 제2종 일반주거지역 역시 소형 면적형의 공급비중과 사업시행구역 면적에 따라 소요면적은 최소 21.7m²에서 최대 53.6m²인 것으로 분석되었습니다.

다음으로 경기도와 인천광역시는 소형 면적형의 공급비중과 사업시행구역의 면적 정도에 따라 25m²~45.8m²인 것으로 나타났습니다.

이렇게 계산된 소요면적을 단순하게 활용하면 다음과 같이 공급 세대수를 추정할 수 있습니다.

만일 용도지역이 제2종 일반주거지역이고 사업시행구역면적이 2,200m²이며 소형면적형을 고려하지 않고 80m²를 60% 이상, 70m²

● 소요면적 추정

지역	용도지역	소요면적 범위㎡	산술평균
서울특별시	제2종 일반주거지역7층	21.1 ~ 48.8	34.95
	제2종 일반주거지역	21.7 ~ 53.6	37.65
경기도 · 인천광역시	제2종 일반주거지역	25.0 ~ 45.8	35.40

와 100㎡를 40%로 계획하는 경우를 가정한다면 소요면적은 53.6㎡를 적용하면 됩니다. 이에 따라 공급세대수는 41세대2,200㎡÷53.6가 됩니다. 산술평균한 소요면적은 34㎡~37㎡ 수준인데요. 이 수준은 보통 전용면적 기준 40~50㎡ 수준을 주력으로 공급하는 경우라고 보시면 됩니다.

2.
총사업비를 쉽고
큰 오차 없이 추정하기

총사업비는 시공비와 기타사업비로 구성되죠. 그리고 총사업비에서 시공비와 기타사업비가 차지하는 비중은 각각 다음과 같은데요. 앞서 계속 강조한 내용이라 잘 알고 있으실 것이라고 생각합니다.

● **총사업비의 구성비율**

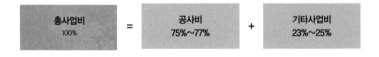

총사업비 100%	=	공사비 75%~77%	+	기타사업비 23%~25%

총사업비 구성비율은 매우 중요합니다. 시공비 추정치를 통해 기타사업비도 추정할 수 있기 때문에 그렇죠. 어떻게 추정이 가능한지 궁금하시죠? 방법은 아주 간단합니다. 시공비와 기타사업비의 관계를 통해 추정하면 되니까요. 총사업비의 75~77%가 시공비이

고 23~25%가 기타사업비라면, 총사업비에서 차지하는 비율을 토대로 시공비와 기타사업비 간의 비율을 계산할 수 있습니다. 즉, 다음과 같은 관계가 있음을 알 수 있는 것이죠.

$$\text{기타사업비}_{3.3m^2} = \frac{\text{총사업비에서 기타사업비가 차지하는 비율A}}{\text{총사업비에서 시공비가 차지하는 비율B}} \times \text{시공비}_{3.3m^2}$$

한편, 위 계산식에서 총사업비에서 기타사업비가 차지하는 비율A을 총사업비에서 시공비가 차지하는 비율B로 나눈 부분만 떼어보면 '기타사업비는 시공비의 몇 퍼센트이다'라고 추정할 수 있습니다.

$$\text{기타사업비} = \frac{\text{총사업비에서 기타사업비가 차지하는 비율A}}{\text{총사업비에서 시공비가 차지하는 비율B}}$$

$$= \left(\frac{23}{77}\right) \times 100 \quad \sim \quad \left(\frac{25}{75}\right) \times 100$$

$$= \mathbf{29.87\% \sim 33.33\%}$$

시공비와 기타사업비 사이의 관계에 근거해 기타사업비는 시공비의 29.87%~33.33%로 추정하면 됩니다. 특별한 경우가 아닌 이상 기타사업비는 위 범위 내에서 확정되죠. 노파심에서 한 가지 덧

붙이자면, 위 비율은 각 구역의 상황에 따라 탄력적으로 적용하면 되는 것입니다. 무조건 지켜야 하는 것은 아니라는 뜻이죠. 예를 들어, 만일의 경우를 대비해 시공비를 너무 여유 있게 계획한 경우라면 기타사업비는 시공비는 29.87%보다 낮게 책정해도 무방하다고 할 수 있습니다. 기타사업비 추정방법까지 확인했으니 이제 간단하게 총사업비를 추징해보는 연습을 해보죠.

- 가칭 **구역명 : 좋은 1구역 소규모 재건축 정비사업**
- **사업시행구역면적 : 3,000m²**
- 예상 **시공비 : 500만 원**3.3m²

3.3m² 기준 시공비를 500만 원으로 계획하고 있는 좋은 1구역 소규모 재건축 정비사업 구역의 총사업비는 얼마나 될까요? 계산식은 이렇습니다. 3.3m² 기준시공비 + 시공비의 29.87%~33.33% 그러므로 기타사업비를 시공비의 29.87%로 추정할 경우의 총사업비는 649만 3,500원이 되고 시공비의 33.33%로 추정할 경우의 총사업비는 666만 6,500원이 됩니다. 이로써 3.3m² 기준 총사업비를 649~667만 원 수준으로 추정하면 되는 것이죠. 한편, 총사업비는 3.3m² 기준 총사업비에 연면적을 곱하여 추정할 수 있습니다. 이렇게 추정된 총사업비는 실제 총사업비와 차이가 발생할 수밖에 없는데요. 다행스럽게도 과거 사례를 보면, 그 차이가 엄청나게 커서 분석의

타당성이 크게 훼손될 정도는 아닌 만큼 우리가 관심 있게 째려보고 있는 지역이 향후 소규모주택 정비사업을 진행할 경우를 가정해 총사업비를 추정하는 데 있어서는 매우 유용하게 활용될 수 있다고 볼 수 있습니다.

3.
좋은 지역인지 실제로 분석하기 :
수도권 ❶

지금부터는 아무 계획도 없는 상태의 곳이 향후 소규모주택 정비
사업을 진행하게 될 경우 어느 정도의 사업성을 기대할 수 있을지
를 분석해보도록 하겠습니다. 분석대상 지역은 수도권을 중심으로
분석합니다. 수도권을 분석대상으로 정한 이유는 소규모주택 정비
사업이 가장 활발하게 진행되었기 때문에 그만큼 충분한 데이터
가 축적되었기 때문입니다. 수도권 이외 지역들에 대한 분석이나
데이터는 추후 가공한 후 네이버카페 '도시부자 김사부'에 업로드
할 예정이니 참고하시기 바랍니다.

　첫 번째 분석대상은 용도지역이 제2종 일반주거지역에 속하는
수도권 소재 지역입니다. 우선 가로구역 요건 충족여부와 노후·불
량 주택 요건을 충족여부를 검토해야 하는데요. 분석결과 준공 후

30년이 지난 단독주택 밀집지역이고, 4면이 6m 이상 도로에 접하고 있어 가로구역 요건도 충족하고 있습니다.

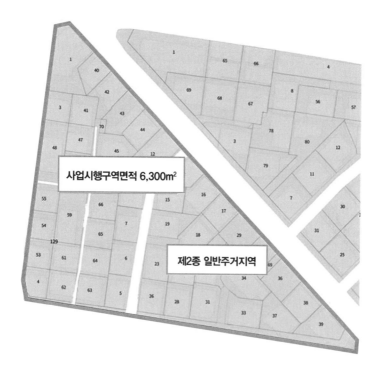

다음으로 면적요건을 봅니다. 사업시행구역 면적이 6,300m²로 1만m² 미만어서 소규모주택 정비사업 가운데 가로주택 정비사업을 시행할 수 있을 것으로 보입니다. 자, 그럼 지금부터 향후 소규모주택 정비사업 가운데 하나인 가로주택 정비사업이 진행될 경우 사업성이 얼마나 될지, 좋은 지역이라고 할 수 있을지를 확인해보도록 하죠.

예상 공급세대수 추정

서울시, 경기도·인천광역시의 소요면적을 단순하게 정리한 것이 앞서 본 다음의 표입니다.

● **소요면적 추정**

지역	용도지역	소요면적 범위㎡	평균㎡
서울특별시	제2종 일반주거지역7층	21.1 ~ 48.8	34.95
	제2종 일반주거지역	21.7 ~ 53.6	37.65
경기도·인천광역시	제2종 일반주거지역	25.0 ~ 45.8	35.40
평균 $\dfrac{(34.95+37.65+35.40)}{3}$			36

같은 용도지역임에도 불구하고 소요면적의 차이가 발생하는 가장 큰 이유는 공급 면적형의 구성에 따른 차이때문입니다. 임대주택 공급여부, 소형 면적형의 비율이 높을수록 소요면적은 작아지고 그 반대인 경우에는 소요면적도 커지기 때문이죠. 한편, 서울은 제2종 일반주거지역을 7층까지 층수 규제를 적용받는 제2종 일반주거지역과 제2종 일반주거지역으로 세분하고 있었지만 소요면적은 유의미한 차이가 없는 것으로 분석되었습니다. 결국 핵심은 용적률이라고 보아야 할 것 같군요.

참고로 서울시는 지난 2021년 10월 21일부터 제2종 일반주거지역의 7층 높이 규제완화를 담은 지구단위계획수립기준을 시행하고 있습니다. 덕분에 소규모주택 정비사업을 추진할 때 7층 규제로 인해 높이제한을 받는 상황은 걱정하지 않아도 될 것 같습니다. 소요면적 범위에서 공급세대수를 추정하려면 우선 공급세대수 산정에 적용할 소요면적을 확정해야 하는데요. 서울시, 경기도 그리고 인천광역시 전체 평균인 36m²를 적용하면 큰 무리가 없겠군요. 분석 대상지의 사업시행구역 면적은 6,300m²이고 소요면적은 36m²이니까 예상 공급세대수는 총 175세대가 되고, 이때 데이터에 기초한 면적형 별 공급세대수 비율은 각각 다음과 같다고 보시면 됩니다.

면적형		공급세대 비율%
전용면적㎡	공급면적㎡	
48	60	14
49	62	40
56	69	24
62	77	10
66	84	2
70	89	8
90	115	2

이제 예상 공급세대수 추정을 끝냈으니 다음은 총수입 추정을 할 차례네요.

예상 총수입 추정

예상 총수입 추정은 간단하게 계산할 수 있습니다. 단위면적당 분양가격에 공급면적을 곱해 계산하면 됩니다. 단, 조합원분양가격과 일반분양가격은 20% 정도 차이가 있을 것으로 가정하고 계산하는 것이 좋습니다 20%차이를 두는 것이 꼭 지켜야 하는 원칙은 아니라는 점은 참고하시기 바랍니다. 각 면적형별 예상 공급세대수를 앞서 살펴본 공급세대 비율%에 따라 계산한 공급세대수는 다음과 같습니다.

총세대수	면적형		공급세대비중	공급세대수
	전용면적㎡	공급면적㎡		
	48	60	0.14	24
	49	62	0.40	70
	56	69	0.24	42
175	62	77	0.10	17
	66	84	0.02	4
	70	89	0.08	14
	90	115	0.02	4

공급세대수를 확인했다면, 다음으로 분양을 받을 토지등소유자의 숫자를 추정해야 합니다. 분석대상 지역은 토지등소유자가 약 105명 수준일 것으로 분석되었습니다. 전체 공급세대 가운데 토지등소유자가 105명이라면 일반분양 세대수는 70호가 될 것입니다.

예상 공급세대 가운데 토지등소유자에게 공급될 물량과 일반분양 물량이 결정되었으니 이제 신나게 곱셈만 하면 예상 총수입을 계산할 수 있습니다.

다음은 예상 총수입을 계산한 것입니다.

● **예상 총수입 추정**

공급면적㎡	공급호수 호		분양가격		합계
	조합원	일반분양	일반분양㎡	조합원㎡	
60	0	24	6,050,000	4,840,000	8,712,000,000
62	24	46	6,050,000	4,840,000	24,456,520,000
69	42	0	6,050,000	4,840,000	14,026,320,000
77	17	0	6,050,000	4,840,000	6,335,560,000
84	4	0	6,050,000	4,840,000	1,626,240,000
89	14	0	6,050,000	4,840,000	6,030,640,000
115	4	0	6,050,000	4,840,000	2,226,400,000
예상 총수입					63,413,680,000

일반분양가격은 분석대상지역의 거래시세가 ㎡ 기준 672만 원이라고 가정한 후 그 가격의 90%를 일반분양가격으로, 일반분양가격의 80%를 조합원 분양가격으로 각각 추정하였습니다. 그렇게 계산해 본 결과 예상 총수입은 634억 1,368만 원이 될 것으로 분석되었습니다.

예상 총사업비 추정

예상 총사업비를 추정하기 위해서는 가장 먼저 연면적을 알아야 합니다. 연면적은 지상면적과 지하면적으로 구성되는데요. 사실 지하면적이 얼마나 될지는 소규모주택 정비사업이 시작되어야 비로소 어느 정도 파악이 가능합니다. 그래서 하는 수 없이 과거 경험치를 통해 축적한 데이터를 활용해야 하죠. 또한 연면적은 용적률의 영향도 받습니다. 서울시는 소규모주택 정비사업인 경우 제2종 일반주거지역에서 보통 200%~249%까지 용적률을 적용받았던 것으로 나타났는데 249%까지 받은 경우는 드문 것이 사실이죠.

하지만 점차 소규모주택 정비사업에 대한 규제가 완화되고 있다는 점을 감안해 247%까지 용적률을 적용받는 것을 반영해 총사업비를 추정하는 것이 보수적 관점에서 필요할 수 있습니다. 비용은 가급적 여유 있게 계획하는 것이 좋으니까요. 예상 공급세대수가 175세대이고 지상에 가급적 주차장을 두지 않는 것을 가정한다면 지하2층 주차장은 필수적이라고 볼 수 있습니다.

이런 점을 종합적으로 감안할 때 사업시행구역 면적이 6,300㎡이고, 용적률을 247%로 가정할 경우 연면적은 약 23,000㎡ 정도가 될 것으로 추정할 수 있습니다. 다음으로 예상 총사업비 산정을 위한 가격요소인 총사업비는 ㎡ 기준 시공비는 151만 2,500원으로, 기타사업비는 시공비의 30%~33.33%를 적용해 45만 3,750원~50만 4,116원을 적용합니다.

시공비원	기타사업비원	연면적m²	총사업비원
1,512,500	453,750 ~ 504,116	23,000	45,223,750,000 ~ 46,382,173,750

계산을 해보니 예상 총사업비는 452억 2,375만 원 ~ 463억 8,217만 원이 될 것으로 분석되었습니다.

예상 종전자산평가액 추정

종전자산평가액은 조합이 구성된 이후에도 감정평가사에 의해 토지등소유자의 부동산에 대한 평가가 이루어지기 전까지는 추정치일 수밖에 없어 변동가능성이 제법 크죠. 그렇기 때문에 아직 소규모주택 정비사업이 시작조차 되지 않은 지역에서 종전자산평가액을 따져보는 것 자체가 어쩌면 무리라고 볼 여지도 분명 있습니다. 하지만 종전자산평가액이 불완전한 추정치라 할지라도 좋은 지역인지를 판단하기 위해서는 종전자산평가액에 대한 추정이 꼭 필요합니다. 다행히 우리는 Chapter 3에서 개략적인 종전자산평가방법을 살펴보았습니다. 혹시 복습이 필요하시다면 다시 읽어보실 것을 권합니다.

사례의 지역은 단독주택과 다세대주택이 혼재하고 있는데 대부분이 단독주택81호이고 다세대주택은 3동24세대 정도 분포하고 있습니다. 종전자산평가액의 추정은 Chapter 3에 따른 방식을 적용하였는데요. 우선 다세대주택은 인근지역 공동주택 거래가액의 85~90%를 적용하여 종전자산평가액을 산출하게 되는데, 여기서는 90%를 적용하여 종전자산평가액을 산출하였습니다.

다음으로 단독주택은 토지가격과 건물가격을 분리하여 종전자산평가액을 추정하였는데요. 토지가격은 개별공시지가의 1.3배를 적용하였고, 건물가격은 벽돌조의 준공 후 경과연수에 따른 잔존가치를 적용하여 산출하였습니다.

다시 한 번 강조하지만 위 내용이 잘 이해되지 않으신다면 Chapter 3의 종전자산평가액 부분을 꼭 다시 한 번 읽어보시기 바랍니다. 종전자산평가액의 추정방법에 따라 개략적인 추정을 해 본 결과 종전자산평가액은 142억 5,497만 원인 것으로 분석되었습니다.

예상 비례율 추정

비례율은 총분양수입에서 총사업비용을 차감한 후 이를 종전자산평가액으로 나눈 값에 100을 곱해 산출되죠. 비례율이 중요한 이유는 바로 이 비례율이 사업성을 따지는 중요한 지표가 되기 때문입니다.

다음은 비례율 계산식입니다.

위에서 이미 총분양수입, 총사업비용, 종전자산평가액을 계산했으니 이제 계산식에 수치를 대입해 예상 비례율을 계산해보죠.

비례율은 119.5% ~ 127.6%가 될 것으로 분석되었는데요. 보통 비례율은 100%가 기준이 됩니다. 비례율이 100%라는 의미는 감정평가액이 1억 원이라고 할 때 권리가액도 1억 원이라는 의미죠. 그런데 권리가액은 종전자산평가액에 비례율을 곱해 계산됩니다. 조합원분담금은 조합원분양가격에서 권리가액을 차감하면 계산되죠.

즉, 조합원분양가격 – 권리가액 = 조합원분담금

이때 권리가액 = '종전자산평가액 × 비례율'이 됩니다. 따라서 비례율이 높을수록 사업성은 좋다고 보면 되는 것이죠.

좋은 지역인지 결론내기

제2종 일반주거지역임에도 불구하고 비례율이 119.55~127.6%이 될 것으로 분석되었다는 점에서 볼 때 위 지역은 좋은 지역이라고 볼 수 있습니다. 향후 소규모주택 정비사업이 추진된다면 분양가격 상승에 따라 사업성은 더 개선될 가능성도 상당하고요. 그래서 분석대상인 사례지역은 분명 필자들 기준에 합격입니다. 좋은 지역이라는 뜻이죠.

4.
좋은 지역인지 실제로 분석해보기 :
수도권 ❷

소규모주택 정비사업이 시작되지 않은 곳에서 미래 어느 시점에 소규모주택 정비사업을 진행하고자할 때 현재시점에서 바라본 사업성을 검토해보는 것은 서울이나 수도권 및 주요 우량지역에서 내 집 마련을 위한 최후의 방법이라는 측면에서 큰 의미가 있다고 할 수 있습니다.

앞서도 언급했지만 수도권을 분석대상으로 정한 이유는 소규모주택 정비사업이 가장 활발하게 진행되었기 때문에 그만큼 충분한 데이터가 축적되었다는 점 때문입니다. 참고로 수도권 이외 지역들에 대한 분석이나 데이터는 추후 가공한 후 네이버카페 '도시부자 김사부'에 업로드할 예정입니다.

두 번째로 분석대상에 포함된 곳 역시 7층이라는 층수규제가 적용되지 않은 제2종 일반주거지역입니다. 분석에 앞서 먼저 소규모주택 정비사업 시행을 위한 요건 충족여부를 검토해야 합니다. 우선, 가로주택 정비사업인 경우에는 노후ㆍ불량 주택요건, 가로구역 요건을 충족해야 합니다. 가로구역 요건에는 도로요건과 면적요건이 있고요. 다음으로 소규모 재건축 인 경우에는 노후ㆍ불량주택 요건과 기존 주택 세대수요건이 있습니다. 분석결과 준공 후 30년이 지난 단독주택 밀집지역이고, 4면이 6m 이상 도로에 접하고 있어 가로구역 요건을 충족하고 있는 만큼 가로주택 정비사업을 추진하는 것이 좀 더 타당하고 볼 수 있겠군요.

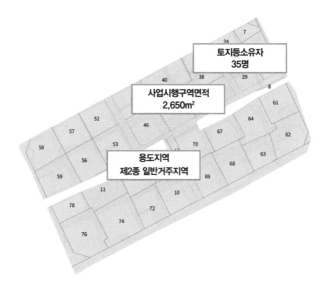

소규모 재개발을 따로 언급하지 않은 이유는 아직 소규모 재개발이 본격 시행되지 않고 있기 때문입니다.

예상 공급세대수 추정

좋은 지역인지 여부를 판단하기 위한 첫 번째 과정은 예상 공급세대수 추정입니다. 따라서 공급세대수 추정을 위해 앞서 살펴본 소요면적을 다시 소환해보겠습니다.

● 소요면적 추정

지역	용도지역	소요면적 범위㎡	평균㎡
서울특별시	제2종 일반주거지역7층	21.1 ~ 48.8	34.95
	제2종 일반주거지역	21.7 ~ 53.6	37.65
경기도	제2종 일반주거지역	25.0 ~ 45.8	35.40
평균 $\dfrac{(34.95+37.65+35.40)}{3}$			36

이번에는 소요면적을 평균치 보다 작은 30㎡를 적용해 예상 공급세대수를 추정해보겠습니다.

이렇게 적용하면 작은 면적형을 반드시 공급해야 합니다. 분석 대상지의 사업시행구역 면적이 2,650㎡라면 소요면적이 30㎡이므로 예상 공급세대수는 총 88세대가 됩니다. 또한 데이터에 기초한 각 면적형별 공급세대수 비율은 다음과 같습니다.

면적형		공급세대 비율%
전용면적㎡	공급면적㎡	
28	39	31.8
49	68	27.3
66	92	40.9

이제 예상 공급세대수 추정을 끝냈으니 다음은 총수입 추정을 할 차례네요.

 예상 총수입 추정

예상 공급세대수 추정이 끝났다면 다음은 예상 총수입 추정을 할 차례입니다. 예상 총수입은 단위면적당 분양가격에 공급면적을 곱해 계산하게 되죠. 이때 조합원분양가격과 일반분양가격을 서로 다르게 가정하기도 하고 동일하게 가정하기도 한다는 점을 꼭 기억해두시기 바랍니다. 필자들은 조합원분양가격이 일반분양가격에 비해 20% 저렴할 것이라고 가정하여 예상 총수입을 추정하였으니 참고하시기 바랍니다. 각 면적형별 예상 공급세대수는 예상 공급세대수에 공급세대 비율을 곱해 계산할 수 있습니다. 다음은 이를 정리한 것입니다.

총세대수	면적형		공급세대비중	공급세대수
	전용면적㎡	공급면적㎡		
	28	39	0.32	28
88	49	68	0.27	24
	66	92	0.41	36

각 면적형별 공급세대수를 확인했다면, 이제 조합원 자격으로 분양을 받게 될 토지등소유자의 숫자를 추정해야 합니다. 토지등소유자 숫자를 가장 확실하게 알 수 있는 방법은 해당 구역의 등기사항전부증명서를 모두 발급받아 확인하는 것입니다. 하지만 개략적인 수치를 확인하는 수준이라면 해당지역의 공동주택아파트, 연립 · 다세대주택과 단독주택, 건물을 직접 세어보는 정도로도 충분하다고 할 수 있습니다. 사례의 토지등소유자는 35명입니다. 전체 공급세대 가운데 토지등소유자가 35명인만큼 일반분양 세대수는 53호가 됩니다. 조합원과 일반분양물량이 결정되었으니 이제 총수입을 추정해보죠.

● 예상 총수입 추정

공급면적㎡	공급호수호		분양가격		합계
	조합원	일반분양	일반분양㎡	조합원㎡	
39	0	28	5,445,000	0	5,945,940,000
68	24	0		4,356,000	7,108,992,000
92	11	25	5,445,000	4,356,000	16,931,772,000
예상 총수입					29,986,704,000

일반분양가격은 주변 아파트 거래시세를 기준으로 판단하되 좀 더 보수적으로 추정하기 위해 거래시세의 90%로 가정하고, 조합원분양가격은 일반분양가격의 80%로 가정하였습니다. 인근지역의 m^2 기준 거래시세가 605만 원일 경우 일반분양가격과 조합원분양가격을 각각 m^2 기준 544만 5천 원, 435만 6천 원이 되는데 이럴 경우 예상 총수입은 299억 8,670만 원이 됩니다.

 예상 총사업비 추정

예상 총사업비를 추정하기 위해서는 먼저 개략적인 연면적을 확인해야 합니다. 그런데 건축설계가 없는 상태에서 개략적으로라도 연면적을 추정하는 것은 정말 어렵습니다. 데이터에 근거해 추정할 수 밖에 없는 이유입니다. 데이터에 따르면 서울을 포함한 수도권 지역은 보통 제2종 일반주거지역에서 220% ~ 249%의 용적률을 적용받는 경우가 대부분입니다. 또한 특별한 경우가 아니라면 지하 2층까지 주차장을 확보하는 경향을 보였습니다.

이를 반영해 지하 2층에 용적률 247%를 적용할 경우 연면적은 대략 10,500m^2정도가 됩니다.

이어서 총사업비는 시공비와 기타사업비로 세분되는데요. m^2 기준 시공비는 151만 2,500원으로, 기타사업비로는 시공비의 30%~33.33%를 적용해 45만 3,750원~50만 4,116원을 적용합니다.

따라서 다음과 같은 예상 총사업비 추정치를 확인할 수 있습니다.

● **예상 총사업비 추정**

시공비원	기타사업비원	연면적m²	총사업비원
1,512,500	453,750 ~ 504,116	10,500	20,645,625,000 ~ 21,174,470,625

계산 결과 예상 총사업비는 206억 4,562만 원 ~ 217억 7,447만 원이 될 것으로 예측되었습니다.

 ## 예상 종전자산평가액 추정

종전자산평가액의 계산이 어렵다는 것은 앞서 설명했습니다. 분석 대상으로 포함한 지역은 단독주택으로만 구성되어 있는 지역이라서 비교적 종전자산평가액의 계산이 어렵지 않은 곳입니다. 단독주택의 종전자산평가는 토지가격과 건물가격을 분리하여 종전자산평가액을 추정하게 됩니다. 이때 토지가격은 개별공시지가의 1.3배를 적용하고, 건물가격은 벽돌조철근콘크리트조가 아닌 단독주택인 경우라서 적용했다는 점을 참고하세요의 준공 후 경과연수에 따른 잔존가치를 적용하여 산출하면 되죠. 혹시 이 부분이 아직 어렵다고 느껴진다면 Chapter3의 종전자산평가액 부분을 복습하시기 바랍니다. 위의 추정방법에 따라 개략적인 종전자산평가액을 추정해보니 종전자산평가액은 80억 1,625만 원인 것으로 분석되었습니다.

예상 비례율 추정

예상 비례율을 산정하기 위한 항목들을 모두 세산했으니 이제 계산만 하면 됩니다. 다음의 계산식에 대입하면 됩니다.

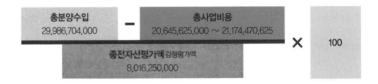

비례율은 109.9%~116.5%가 될 것으로 분석되었는데요. 보통 비례율은 100%가 기준이 됩니다. 비례율이 100%라는 것은 감정평가액이 1억 원일 경우 권리가액도 1억 원이라는 의미를 갖죠. 이때 권리가액은 종전자산평가액에 비례율을 곱해 계산합니다. 조합원분담금은 조합원분양가격에서 권리가액을 차감해 계산하게 됩니다. 즉, '조합원분양가격 – 권리가액 = 조합원분담금'이라는 관계가 성립하는 것이죠. 이때 권리가액 = '종전자산평가액 × 비례율'이 됩니다. 따라서 비례율이 높을수록 사업성도 좋다고 보면 되죠.

제2종 일반주거지역인데다 사업시행구역도 1,000평도 되지 않는 소규모주택 정비사업임에도 불구하고 비례율이 109.9% ~ 116.5% 로 추정된다는 것은 긍정적인 결과라고 볼 수 있습니다.

　만일 향후 분양가격 상승가능성을 기대할 수 있다면 미래가치를 낙관적으로 보아도 무방합니다. 필자들의 의견을 듣고 싶다면 좋은 지역으로 합격입니다.

5.
좋은 지역인지 실제로 분석해보기 :
수도권 ❸

세 번째 분석대상 지역은 제2종 일반주거지역입니다. 7층 규제가 적용되지 않는 제2종 일반주거지역이죠. 서울시가 제2종 일반주거지역 중 7층 규제를 하던 것을 제2종7층 이하 일반주거지역에서 재개발, 재건축이나 지구단위계획을 만들어 아파트를 건축하는 경우 7층 이하라는 층수규제를 풀었기 때문에 7층 규제를 적용받던 제2종 일반주거지역에서 앞으로 소규모주택 정비사업을 추진하기 한결 수월해질 것으로 보입니다.

층수규제를 풀어줌에 따라 2종 일반주거지역과 동일하게 최고 25층까지 건축할 수 있기 때문이죠. 다만, 소규모주택 정비사업 중 가로주택 정비사업은 제2종 일반주거지역에서 최고 층수를 15층으로 제한하고 있는 만큼 여전히 최고층수는 15층이 됩니다. 분석을 위해 우선 소규모주택 정비사업 시행을 위한 요건을 충족하고 있는지를 따져봐야 하죠.

　가로주택 정비사업인 경우에는 노후·불량 주택요건, 가로구역 요건의 충족여부를 확인하면 되죠. 가로구역 요건에는 도로요건과 면적요건이 있다는 것은 기억하시죠? 소규모 재건축인 경우에는 노후·불량 주택요건과 기존 주택 세대수요건의 충족여부를 검토 해야 합니다. 분석결과 준공 후 30년이 지난 단독주택과 4동의 다세대주택32세대이 혼재되어 있는 지역이고, 4면이 6m 이상 도로에 접하고 있는 지역입니다. 이런 경우라면 가로주택 정비사업을 추진하는 것이 토지등소유자 입장에서 볼 때 유리하죠. 그래서 가로주택 정비사업을 추진하는 것이 합리적인 결정이 될 것 같습니다.

자료 : 네이버지도

　소규모 재개발을 고려하지 않은 이유는 아직 소규모 재개발이 본격 시행되지 않고 있다는 점에 더해 소규모 재개발을 시행할 수 있는 곳이 역세권 또는 준공업지역인데 분석대상지역은 그 요건을 충족하지 못하기 때문입니다.

 예상 공급세대수 추정

모든 사업성 분석 혹은 투자직격성 분석은 예상 공급세대수를 추정하는 것부터 시작됩니다.

지금부터 예상 공급세대수를 추정해볼까요?

● **소요면적 추정**

지역	용도지역	소요면적 범위㎡	평균㎡
서울특별시	제2종 일반주거지역7층	21.1 ~ 48.8	34.95
	제2종 일반주거지역	21.7 ~ 53.6	37.65
경기도	제2종 일반주거지역	25.0 ~ 45.8	35.40
평균 $\dfrac{(34.95+37.65+35.40)}{3}$			36

이제는 제2종 일반주거지역에서의 소요면적 추정이 어색하지 않죠? 분석대상지역은 전용면적 85㎡에 대한 수요도 탄탄한 지역입니다. 전용면적이 큰 아파트를 공급할 경우 소요면적도 커지게 되죠. 소요면적을 평균치 보다 조금 높은 38㎡를 적용하여 예상 공급세대수를 추정해보겠습니다. 분석대상지의 사업시행구역 면적은 8,500㎡입니다. 따라서 소요면적 38㎡로 사업시행구역 면적을

나누면 예상 공급세대수는 총 223세대가 됩니다. 이 경우 데이터에 기초한 각 면적형별 공급세대수 비율은 다음과 같습니다.

면적형		공급세대 비율%
전용면적㎡	공급면적㎡	
59	74	44.7
73	91	16.5
84	105	37.4
102	132	1.4

특이한 점은 전용면적 20~40㎡ 구간의 아파트를 전혀 계획하고 있지 않다는 점을 들 수 있는데요. 임대주택을 공급하지 않는다는 전제 하에서 추정하기 위해서라고 생각하시면 됩니다. 사업성이 충분한 경우 임대수익을 공급하지 않는 경우도 있다는 점을 고려한 것이랍니다. 예상 공급세대수를 계산했으니 계속해서 예상 총수입 추정을 해보죠.

예상 총수입 추정

예상 공급세대수를 파악했다면 이제 본격적으로 예상 총수입 추정을 할 수 있습니다. 각 면적형별 예상 공급세대수는 예상 공급세대수에 면적형별 공급세대 비율을 곱해 계산할 수 있습니다. 다음의 표를 참고하세요.

총세대수	면적형		공급세대비중	공급세대수
	전용면적㎡	공급면적㎡		
223	59	74	0.447	100
	73	91	0.165	37
	84	105	0.374	83
	102	132	0.014	3

예상 총수입 추정하기 위해서는 먼저 예상되는 분양가격을 추정해야 합니다. 또한 분양가격은 다시 조합원분양가격과 일반분양가격으로 세분되는데요. 필자들은 조합원분양가격이 일반분양가격에 비해 20% 저렴할 것으로 가정하여 예상 총수입 추정을 하였습니다. 또한 일반분양가격은 주변 아파트 시세의 90%로 가정하였습니다. 분석대상 지역은 토지등소유자가 60명 정도인데요. 이에 따라 조

● 예상 총수입 추정

공급면적㎡	공급호수 호		분양가격		합계
	조합원	일반분양	일반분양㎡	조합원㎡	
74	0	100	4,900,500	0	36,263,700,000
91	0	37	4,900,500	0	16,499,983,500
105	57	26	4,900,500	3,920,400	40,032,184,500
132	3	0	0	3,920,400	1,552,478,400
예상 총수입					94,348,346,400

합원분양물량과 일반분양물량은 각각 60호, 163호가 될 것으로 예상됩니다. 이를 기초로 예상 총수입을 추정해보면 다음과 같습니다.

인근지역의 ㎡ 기준 거래시세를 544만 5,000원으로 가정할 경우 일반분양가격은 490만 500원이되고, 조합원분양가격은 392만 400원이 됩니다. 이럴 경우 예상 총수입은 943억 4,834만 원이 됩니다.

 ## 예상 총사업비 추정

예상 총사업비 추정을 위해 가장 먼저 확인해야 할 내용은 연면적입니다. 그런데 정확한 연면적 추정은 거의 불가능하죠. 그 이유는 아시죠? 따라서 세대수 규모를 고려할 때 적어도 지하 2층까지 주차장을 확보해야 한다는 점, 용적률은 247%정도를 받을 수 있다고 가정해 연면적을 추정해야 합니다. 위와 같은 조건을 고려해 데이터를 추정해보면 연면적은 대략 35,000㎡ 정도가 될 것입니다. 연면적을 확인했다면 시공비에 근거해 기타사업비를 유추한다면 예상 총사업비 추정이 가능합니다. 사례의 경우 앞서 분석한 지역들과 마찬가지로 151만 2,500원으로, 기타사업비로는 시공비의 30%~33.33%

● 예상 총사업비 추정

시공비원	기타사업비원	연면적㎡	총사업비원
1,512,500	453,750 ~ 504,116	35,000	68,818,750,000 ~ 70,581,560,000

를 적용해 45만 3,750원~50만 4,116원을 적용하였습니다

따라서 예상 총사업비는 688억 1,875만 원~705억 8,156만 원이
될 것으로 분석되었습니다.

 ## 예상 종전자산평가액 추정

분석대상 지역은 다세대주택과 단독주택이 혼재하는 지역입니다.
따라서 종전자산평가액의 추정은 다세대주택과 단독주택으로 구
분해 시행해야 하죠. 다세대주택은 인근지역 공동주택 거래가액의
85~90%를 적용하여 종전자산평가액을 산출하는데요. 필자들은
90%를 적용하여 종전자산평가액을 산출하였습니다.

다음으로 단독주택의 종전자산평가액은 토지가격과 건물가격
을 분리하여 종전자산평가액을 추정하게 됩니다. 이때 토지가격은
개별공시지가의 1.3배를 적용하고, 건물가격은 벽돌조철근콘크리트조
가 아닌 단독주택인 경우라서 적용했다는 점을 참고하세요의 준공 후 경과연수에
따른 잔존가치를 적용하여 산출하게 되죠. 자세한 내용은 Chapter
3의 종전자산평가액 부분을 복습하시면 됩니다.

위와 같은 추정방법을 기반해 추정한 종전자산평가액은 231억
4,125만 원인 것으로 분석되었습니다. 전체 토지면적을 기준으로
계산해 보니 ㎡ 기준 272만 2,500원이네요. 현재 시점에 추정한 종
전자산평가액은 추후 거의 예외 없이 상승함으로써 비례율로 대표

되는 사업성에 영향을 주게 된다는 점은 기억해두시기 바랍니다.

예상 비례율 추정

이제 비례율을 계산할 차례네요. 비례율 계산식에 앞서 계산한 변수들을 대입해보도록 하겠습니다.

계산된 비례율은 102.7% ~ 110.3%입니다.

좋은 지역인지 결론내기

소규모주택 정비사업에서는 정말 흔치 않은, 흔히 말하는 25평형 이상의 규모의 아파트들로 공급계획을 잡았음에도 불구하고 보수적으로 봐도 비례율이 102.7%가 될 것으로 예상되는군요. 일반분양가격이 미래 사업진행시점에 상승가능성이 다분할 것이라고 예상된다는 점에서 볼 때 나쁘지 충분한 경쟁력이 있는 지역이라고 볼 수 있습니다. 공급하는 아파트들의 최소규모가 전용면적 기준 59m²이라는 점에서 더욱 그렇습니다. 분석대상지역이 좋은 지역에 속하느냐에 대한 필자들의 의견은 합격입니다!

6.
좋은 지역인지 실제로 분석해보기 :
수도권❹

수도권이나 수도권 이외 지역이나 제2종 일반주거지역은 분양가격이라는 변수를 제외하면 사업성에 영향을 미치는 변수들 사이에 큰 차이가 있는 것은 아닙니다. 예를 들어, 예상 공급세대수에 영향을 미치는 용도지역과 용적률은 자치단체별 조례에 큰 차이가 없을 경우 수도권과 비수도권 간 차이는 미미할 것입니다. 또한 시공비 역시 수도권과 비수도권 간 차이는 미미한 수준이고 기타사업비 역시 마찬가지입니다. 소규모주택 정비사업이 진행되기 좋은 지역이 되기 위해서는 용도지역, 사업시행구역면적, 토지등소유자수, 분양가격 등이 양호해야 합니다.

이는 앞서 살펴본 여러 사례분석을 통해서도 잘 나타났죠. 결국 좋은 지역인지 여부는 사업시행구역면적의 규모, 토지등소유자의 수, 분양가격에 의해 결정된다는 의미가 될 수 있는 것이죠.

자, 그럼 마지막 분석을 해보겠습니다. 마지막 분석대상 역시 수도권에 입지하고 있는 제2종 일반주거지역입니다. 대상 구역은 건축된 지 30년이 넘은 110세대 규모의 아파트단지입니다. 따라서 노후·불량 건축물 요건은 물론 200세대 미만이라는 소규모 재건축 요건을 충족하는 만큼 소규모주택 정비사업 가운데 소규모 재건축을 추진할 수 있습니다.

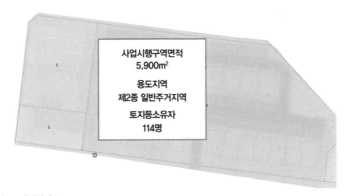

사업시행구역면적
5,900m²

용도지역
제2종 일반주거지역

토지등소유자
114명

자료 : 네이버지도

뿐만 아니라 대상구역은 가로주택 정비사업 가능 여부를 검토해 보니 4면이 6m 이상 도로에 접하고 있고 4m 이상의 관통도로가 없는데다 노후·불량 주택요건도 충족하고 있어 가로주택 정비사업을 시행하기 위한 요건도 충족하고 있군요. 소규모 재건축 을 추진할 것인지 아니면 가로주택 정비사업을 추진할 것인지는 선택의 문제일 뿐입니다.

다만, 가로주택 정비사업을 선택할 경우 HUG주택도시금융공사로부터 저리로 사업비를 조달할 수 있다는 점, 재건축초과이익환수로부터 자유롭다는 점, 투기과열지구에서 적용되는 조합원 지위 전매제한이 적용되지 않는 점 등의 장점이 있는데 비해 제2종 일반주거지역에서는 15층으로 최고층수 규제가 있다는 점을 고려해야 할 필요는 있습니다.

또한 소규모 재건축인 경우에는 제2종 일반주거지역이라 할지라도 15층이라는 층수규제로부터 자유로운 대신 가로주택 정비사업의 장점이 역으로 소규모 재건축 에서는 단점이 된다는 점을 참고해 둘 필요가 있겠습니다. 사실 소규모 재건축이 되었든 가로주택 정비사업이 되었든 시공비나 기타사업비에 다소 차이가 발생할 수는 있으나 미미한 수준이고 공급세대수, 용적률 등도 대동소이하기 때문에 사업유형에 따라 좋은 지역인지 여부가 달라지지는 않습니다. 어떤 사업방식을 가정하고 사업성 분석을 해도 그 결과는 달라지지 않을 것이라는 뜻입니다.

 예상 공급세대수 추정

다음은 이제는 익숙해진 서울시, 경기도·인천광역시의 소요면적을 단순하게 정리한 표입니다.

● 소요면적 추정

지역	용도지역	소요면적 범위㎡	평균㎡
서울특별시	제2종 일반주거지역7층	21.1 ~ 48.8	34.95
	제2종 일반주거지역	21.7 ~ 53.6	37.65
경기도 · 인천광역시	제2종 일반주거지역	25.0 ~ 45.8	35.40
평균 $\dfrac{(34.95+37.65+35.40)}{3}$			36

　　분석대상지는 현재 소형위주로 구성된 아파트 단지라는 특징을 보이고 있습니다. 또한 대상 아파트 단지 주변 지역은 소형 아파트에 대한 선호도는 높은 반면 중대형 아파트에 대한 선호도는 떨어지는 편이라 평균 소요면적 보다 작은 30㎡를 적용해 예상 공급세대수를 추정하는 것이 바람직한 것으로 분석되었습니다. 사업시행구역면적이 5,900㎡이기 때문에 소요면적이 30㎡를 적용할 경우의 예상 공급세대수는 약 196세대가 됩니다. 또한 이때 데이터에 기초한 면적형 별 공급세대수 비율은 각각 다음과 같습니다.

면적형		공급세대 비율%
전용면적㎡	공급면적㎡	
29	44	8
38	56	41
42	61	37
59	80	14

예상 공급세대수 추정이 되었다면 총수입 추정을 할 차례네요.

 **예상 총수입 추정**

예상 총수입 추정은 단위면적당 분양가격에 공급면적을 곱해 계산합니다. 이번에도 조합원분양가격과 일반분양가격은 20% 정도 차이가 있을 것으로 가정합니다. 물론 일반분양가격도 주변 아파트 시세의 90%로 가정하는 것도 동일합니다. 한편, 면적형별 예상 공급세대수는 면적형별 공급세대 비율%에 총 공급세대를 곱해 계산할 수 있는데 구체적인 수치는 다음과 같습니다.

총세대수	면적형		공급세대비중	공급세대수
	전용면적㎡	공급면적㎡		
196	29	44	0.08	16
	38	56	0.41	80
	42	61	0.37	73
	59	80	0.14	27

공급세대수가 추정되었으니 다음으로 분양을 받을 토지등소유자의 숫자를 추정하면 되는데 분석대상 지역은 토지등소유자가 114명인 것으로 분석되었습니다. 전체 공급세대 가운데 토지등소유자가 114명이라면 일반분양 세대수는 82호가 될 것입니다. 예상 공

급세대 가운데 토지등소유자에게 공급될 물량과 일반분양 물량이 결정되었으니 이제 예상 총수입을 계산할 수 있습니다. 다음은 예상 총수입을 계산한 것입니다.

● 예상 총수입 추정

공급면적㎡	공급호수호		분양가격		합계
	조합원	일반분양	일반분양㎡	조합원㎡	
44	0	16	6,050,000	0	4,529,200,000
56	14	66	6,050,000	4,840,000	26,155,360,000
61	73	0	0	4,840,000	21,552,520,000
80	27	0	0	4,840,000	10,454,400,000
예상 총수입					62,691,480,000

분석대상지역의 거래시세는 ㎡ 기준 672만 2천 원이라고 가정하였습니다. 따라서 거래시세의 90%인 ㎡ 기준 605만 원을 일반분양가격으로, 다시 일반분양가격의 80%인 ㎡ 기준 484만 원을 조합원 분양가격으로 가정해 예상 총수입을 추정했습니다. 그 결과 예상 총수입은 626억 9,148만 원이 될 것으로 분석되었습니다.

 예상 총사업비 추정

예상 총사업비를 추정하기 먼저 연면적을 추정합니다. 소규모주택 정비사업인 경우 제2종 일반주거지역에서 보통 200%~249%까지 용적률을 적용받게 됩니다. 예상 공급세대수가 196세대이고 소유자수에 비해 예상 공급세대수가 많지 않다는 점을 감안해 지상에 일부 주차장을 배치하여 지하 1층만을 계획하는 것으로 가정하였습니다. 위와 같은 가정 하에서 사업시행구역 면적이 5,900㎡일 경우의 연면적은 약 23,000㎡ 정도로 추정해 볼 수 있습니다.

다음으로 예상 총사업비 산정을 위한 가격요소인 총사업비는 ㎡ 기준 시공비는 151만 2,500원으로, 기타사업비는 시공비의 30%~33.33%를 적용해 45만 3,750원~50만4,116원을 적용합니다. 앞서 살펴본 분석대상지역들과 동일하죠? 이렇게 비용을 동일하다고 가정한 이유는 비교가능성 때문입니다.

● **예상 총사업비 추정**

시공비원	기타사업비원	연면적㎡	총사업비원
1,512,500	453,750 ~ 504,116	23,000	45,223,750,000 ~ 46,382,173,750

시공비와 기타사업비를 더한 예상 총사업비는 452억 2,375만 원 ~ 463억 8,217만 원이 될 것으로 분석되었습니다.

예상 종전자산평가액 추정

종전자산평가액은 조합이 구성된 이후에도 감정평가사에 의해 토지등소유자의 부동산에 대한 평가가 이루어지기 전까지는 추정치일 수밖에 없어 변동가능성이 제법 크지만 대상이 아파트인 경우라면 그래도 불확실성은 다소 감소하게 됩니다. 분식대상지역은 아파트 114세대가 분포하고 있는데요. 참고로 종전자산평가액의 추정은 Chapter 3에 따른 방식을 적용하였습니다. 대상 아파트의 거래가액의 85~90%를 적용하여 종전자산평가액을 산출하면 되는데 필자들은 90%를 적용하여 세대당 1억 5,300만 원을 기준으로 종전자산평가액을 산출하였습니다. 위와 같은 종전자산평가액의 추정 방법에 따라 개략적인 추정을 해본 결과 종전자산평가액은 174억 4,200만 원인 것으로 분석되었습니다.

예상 비례율 추정

비례율은 총분양수입에서 총사업비용을 차감한 후 이를 종전자산평가액으로 나눈 값에 100을 곱해 산출됩니다. 비례율 계산식에 앞서 추정한 총분양수입, 총사업비용, 종전자산평가액을 대입하면 예상 비례율을 추정할 수 있습니다.

| 총분양수입 62,691,480,000 | − | 총사업비용 45,223,750,000 ~ 46,382,173,750 | × | 100 |
| | | 종전자산평가액 감정평가액 17,420,000,000 | | |

비례율은 93.62% ~ 100.3%가 될 것으로 분석되었는데요. 보통 비례율은 100%가 기준이 됩니다. 그런데 위의 분석대상지역은 100%에 못 미치는 낙관적으로 볼 수 없는 수준의 비례율이 예상됩니다. 비례율이 93.62%라는 의미는 감정평가액이 1억 원이라고 할 때 권리가액이 9,362만원이라는 의미입니다. '조합원분양가격 − 권리가액 = 조합원분담금'의 관계가 성립되는데요. 이때 권리가액 = '종전자산평가액 × 비례율'이 됩니다. 따라서 비례율이 높을수록 사업성은 좋다고 보면 되는 것이고 그 반대는 사업성이 나쁘다고 보면 되는 것입니다.

좋은 지역인지 결론내기

제2종 일반주거지역임이라는 점을 감안해도 비례율이 100% 미만이 될 가능성을 배제할 수 없다면 가까운 시일 내에 소규모주택 정비사업을 추진하기는 어려울 것입니다. 사업성이 떨어지는 지역이라고 볼 수 있기 때문입니다. 그러므로 위 분석대상지역은 좋은 지역이 될 수 없습니다. 탈락입니다!

돈 되는 소규모주택
정비사업의 핵심 포인트

소규모주택 정비사업을 접근함에 있어 가장 기본이 되는 점검 포인트들을 이 챕터에서 다루게 될 것입니다. 재개발이나 재건축에도 적용되는 포인트들이죠. 그만큼 단순하지만 중요한 내용들이라고 할 수 있습니다. 이미 소규모주택 정비사업을 심도 있게 스터디한 상태에서 또 다시 지극히 당연하고 기초가 되는 부분을 언급하는 이유는 노파심 때문입니다. 의외로 많은 사람들이 어떤 분야에 대한 지식이 높아지면 높아질수록 기본을 망각하는 경향을 보이곤 합니다.

그래서 마지막으로 다시 한 번 강조하고 싶은 내용들을 글로 당부하는 마음으로 첫째, 소규모주택 정비사업도 결국 정비사업의 일종인 이상 사업시행구역의 기초단위라고 할 수 있는 대지지분, 사업성과 직접적으로 연결되는 용도지역이나 주변지역의 분양가 및 일반분양물량 그리고 조합원수가 중요한 이유를 알아볼 것이고, 둘째, 왜 지금이 최적의 투자타이밍이고, 거주와 투자가 가능한 곳을 지향해야 하는지를 제시할 것이며, 마지막으로 소규모주택 정비사업의 흐름에 영향을 주는 법·제도의 변화의 중요성과 왜 소규모주택 정비사업이 대세가 될 수밖에 없는지를 살펴볼 것입니다.

1.
'세대당 평균 대지지분'을 따져보라!

'세대당 평균 대지지분'이란 하나의 소규모주택 정비사업을 시행하거나 시행할 수 있는 구역가로주택 정비사업, 소규모 재건축, 소규모 재개발 등의 전체 대지면적을 소유자수로 나누어 구한 대지지분을 의미합니다. 즉, 세대당 평균 대지지분은 전체 아파트 단지의 각 세대들이 평균적으로 얼마나 많은 대지지분을 소유하고 있느냐를 계산한 것이죠. 예를 들어, 전체 대지면적이 1만㎡이고 소유자수가 100명인 경우 세대당 평균대지지분은 100㎡가 됩니다. 전체 대지면적이 2,400㎡이고, 세대수는 24세대인 T아파트가 있는데 이 아파트는 각각 전용 46㎡, 59㎡, 84㎡ 등 총 3개의 면적형으로 구성되어 있다고 가정해보죠.

● T아파트 세대당 평균 대지지분

801호 전용59m²	802호 전용46m²	803호 전용84m²
701호 전용59m²	702호 전용46m²	703호 전용84m²
601호 전용59m²	602호 전용46m²	603호 전용84m²
501호 전용59m²	502호 전용46m²	503호 전용84m²
401호 전용59m²	402호 전용46m²	403호 전용84m²
301호 전용59m²	302호 전용46m²	303호 전용84m²
201호 전용59m²	202호 전용46m²	203호 전용84m²
101호 전용59m²	102호 전용46m²	103호 전용84m²

전체 대지면적 2,400m²

위와 같은 가정에 기초해 T아파트의 세대당 평균대지지분을 계산해볼 수 있습니다. 아주 간단하게 말이죠. 각각의 아파트가 얼마의 대지지분을 보유하고 있는지 별도로 찾아볼 필요가 없으니까요. 단순히 전체 대지면적이 얼마나 되는지, 총 세대수는 얼마나 되는지만 알아보면 됩니다. 계산해볼까요?

$$●\,세대당\ 평균대지지분 = \frac{전체\ 대지면적}{총\ 세대수}$$

$$= \frac{2,400m^2}{24세대}$$

$$= 100m^2$$

계산해보니 세대당 평균대지지분이 100m²인 것을 알 수 있군요.

혹시 면적을 확인하기 곤란한 경우라면 네이버지도를 통해 간편하게 면적을 구할 수 있습니다. 방법은 '네이버지도에서 면적 확인하기'를 보시면 알 수 있으니 참고해주세요.

세대당 평균대지지분은 아파트 단지인 경우든 아니면 단독주택만 있든, 아파트와 단독주택이 혼재되어 있든 상관없이 각각의 아파트 및 건물, 토지의 소유자들이 모두 동일한 대지지분을 갖고 있을 것이라는 전제 하에 계산한 대지지분입니다. 하지만 실제로 아파트는 면적별로 대지지분에 차이가 있죠. 단독주택 역시 마찬가지입니다. 실제 소유자별로 대지지분을 정확하게 계산한 수치가 아니라는 의미입니다. 그럼에도 불구하고 세대당 평균대지지분을 따져보아야 합니다. 왜 그럴까요? 가장 단순하지만 어느 정도의 사업성을 기대할 수 있을지 감을 잡을 수 있기 때문입니다. 어떻게 그것이 가능할까요?

지극히 단순합니다. 세대당 평균대지지분이 용적률과 연결되기 때문입니다. 용적률이란 전체 대지면적위에 건축된 지상층 연면적이 얼마나 되는지를 알려주는 비율입니다. 그런데 이 용적률이 높으면 높을수록 소요 대지지분이 감소합니다. 그래서 다른 공법상 제한 관계가 없고 동일 혹은 유사지역이라는 전제 하에서 2종 일반주거지역보다 3종 일반주거지역, 3종 일반주거지역보다 준주거지역이, 준주거지역보다 일반상업지역이 더 좋은 사업성을 보장해주는 것입니다. 그런데 세대당 평균대지지분이 많다는 것은 동일한 조건을 갖고 있는 곳이라면 더 높은 용적률을 기대할 수 있다는 뜻이 됩니다.

여러분께 한 가지 물어보겠습니다. 면적이 각각 100㎡인 A와 B라는 땅이 있습니다. A에는 1,000㎡를 건축할 수 있지만 B에는 10,000㎡를 건축할 수 있습니다. 여러분은 어떤 땅을 선택하시겠습니까? 당연히 B겠죠? 똑 같은 땅 위에 더 많이 건축할 수 있으니 이익이 더 커질 테니까요. 이런 이유로 세대당 평균대지지분은 여러분 각자가 관심을 갖고 있는 곳이 얼마나 사업성이 있는 곳인지를 손쉽게 예상해볼 수 있는 효과적인 도구가 될 수 있습니다. 다른 조건이 동일하다면 더 많이 건축할 수 있는 땅이 사업성이 더 좋은 곳이니까요.

● 네이버지도로 면적 확인해보기

네이버지도를 활용해 간편하게 원하는 지역의 면적을 확인해볼 수 있습니다. 물론 실제 면적과 100% 정확하지 않을 수도 있지만 큰 차이가 없기 때문에 활용하면 아주 편리합니다. 순서대로 그림을 보시면서 방법을 알려드릴게요.

4, 5

총면적　1,467.1m²

✎ 지우기

---

1 네이버 검색창에서 네이버 지도를 검색해 창을 띄우세요.

▼

2 상단 우측 면적을 클릭하세요.

▼

3 그러면 파란색으로 바뀐 것을 확인할 수 있어요.

▼

4 이제 삼각형 모양의 커서를 움직여 면적을 알고 싶은 곳을 측정하세요.

▼

5 대략적인 면적이 1,467.1m²인 것을 확인할 수 있습니다.

2.
각 세대별
대지지분을 확인하라!

우리는 앞서 '세대당 평균대지지분'이 여러분 각자가 관심을 갖고 있는 곳이 얼마나 사업성이 있는 곳인지를 손쉽게 예상해볼 수 있는 효과적인 도구가 될 수 있다는 점을 확인했습니다. 하지만 그것만으로는 아쉬움이 있습니다. 왜냐하면 '세대당 평균대지지분'은 단순히 전체 아파트 단지의 대지지분이 모두 동일하다는 가정 하에 산출한 대지지분이기 때문입니다. 물론 단독주택의 대지지분인 경우 역시 마찬가지입니다.

단순히 해당 단독주택이 입지하고 있는 전체 토지면적 위에 몇 채의 주택이 있느냐를 알아본 후 그 숫자로 토지면적 전체를 나누어서 세대별 평균 대지지분을 산출하기 때문입니다. 그런데 아파트 단지가 되었든 주택단지가 되었든 모든 소유자가 동일한 대지지분을 소유한 경우는 사실상 없습니다. 그래서 세대별 대지지분을 계산해야 할 필요가 있는 것입니다.

　물론 항상 세대별 대지지분을 확인해볼 필요가 있는 것은 아닙니다. 1차적으로 세대당 평균대지지분을 계산했을 때 양호한 대지지분을 보유하고 있다는 분석결과가 도출되었을 때 그 다음 단계로 각 세대별 대지지분을 계산하면 그것으로 충분하기 때문입니다.

　그렇다면 세대별 대지지분을 분석해봄으로써 기대할 수 있는 이익은 어떤 것이 있을까요? 예를 들어 설명 드리죠. 다음의 그림과 같이 전용 46m², 59m², 84m² 세 가지 면적형으로 구성되어 있는 총 24세대 규모의 '다름APT'가 있습니다. 그런데 '차이APT'는 대지지분이 전용면적을 기준으로 배분되어 있다고 합니다.

● **차이APT 세대별 대지지분**

801호 전용59m²	802호 전용46m²	803호 전용84m²
701호 전용59m²	702호 전용46m²	703호 전용84m²
601호 전용59m²	602호 전용46m²	603호 전용84m²
501호 전용59m²	502호 전용46m²	503호 전용84m²
401호 전용59m²	402호 전용46m²	403호 전용84m²
301호 전용59m²	302호 전용46m²	303호 전용84m²
201호 전용59m²	202호 전용46m²	203호 전용84m²
101호 전용59m²	102호 전용46m²	103호 전용84m²

전체 대지면적 2,400m²

　1차적으로 세대당 평균대지지분을 계산해보니 100m²로 매우 우량합니다. 그렇죠?

$$\bullet \text{세대당 평균대지지분} = \frac{2,400\text{m}^2}{24\text{세대}}$$

$$= 100\text{m}^2$$

이제 다음 단계로 각각의 면적형별로 대지지분을 계산해야 할 차례입니다. 이를 위해 우선 대지지분이 전용면적을 기준으로 배분되어 있다고 하니 전용면적의 총합을 계산해야 하겠죠? 계산해 보니 전용면적의 총합은 1,512m²입니다.

●**전용면적의 총합** = (59m² × 8) + (46m² × 8) + (84m² × 8) = **1,512m²**

다음으로 전용면적을 기준으로 각 면적형별 대지지분을 계산합니다. 이를 통해 각 세대별 대지지분을 알 수 있겠죠?

$$\bullet \textbf{46m}^2\textbf{의 대지지분} = \frac{46}{1,512} \times 2,400 = \textbf{73.0m}^2$$

$$\bullet \textbf{59m}^2\textbf{의 대지지분} = \frac{59}{1,512} \times 2,400 = \textbf{93.65m}^2$$

$$\bullet \textbf{84m}^2\textbf{의 대지지분} = \frac{84}{1,512} \times 2,400 = \textbf{133.33m}^2$$

계산을 해보니 전용면적 46m², 59m², 84m²의 대지지분은 각각 73m², 93.65m², 133.33m²인 것을 알 수 있습니다. 이렇게 계산된 세대별 대지지분을 여러 가지 관점에서 분석해보면 의사결정에 유용하게 활용할 수 있습니다. 예를 들어, 전용면적 기준 대지지분이 얼마나 되는지 알 수 있습니다.

전용면적	면적형별 대지지분	전용면적㎡ 기준 대지지분
46㎡	73㎡	1.5869565㎡
59㎡	93.65㎡	1.5872881㎡
84㎡	133.33㎡	1.5872619㎡

전용면적 ㎡기준 대지지분을 보니 큰 차이는 없으나 아주 미세한 차이로 전용 59㎡ → 전용 84㎡ → 전용 46㎡의 순서인 것을 알 수 있습니다. 이 자료는 현재 거래되고 있는 시세의 거품여부를 판정하는데 도움이 됩니다. 예를 들어, 시세가 각각 다음과 같다고 가정해보죠.

전용 면적	면적형별 대지지분	전용면적㎡ 기준 대지지분	거래시세	대지지분㎡ 기준 거래시세
46㎡	73㎡	1.5869565㎡	1억 8,000만 원	246만 5,753원
59㎡	93.65㎡	1.5872881㎡	2억 6,000만 원	277만 6,294원
84㎡	133.33㎡	1.5872619㎡	3억 3,000만 원	247만 5,061원

대지지분㎡ 기준 거래시세를 기준으로 분석하면 상대적으로 59㎡에 거품이 있는 것을 알 수 있습니다. 따라서 이런 경우라면 46㎡나 84㎡를 주목할 필요가 있는 것이죠. 이처럼 각 세대별 대

지지분을 분석함으로써 해당 지역내 면적형별로 어떤 면적형에 상대적으로 가격에 거품이 형성되어 있는지를 알 수 있는 것은 물론 한 발 더 나아가 인근지역 동일 혹은 유사 면적형과 비교해봄으로써 가격에 상대적으로 거품이 끼어 있는지도 파악할 수 있습니다. 세대별 대지지분을 꼭 확인해야 할 이유라고 할 수 있겠죠?

3.
용도지역에
주목하라!

용적률은 용도지역에 따라 다릅니다. 예를 들어, 2종 일반주거지역, 3종 일반주거지역, 준주거지역, 일반상업지역은 용적률이 제각각 이죠. 그렇기 때문에 용도지역의 종류와 해당 용도지역에서 용적률이 얼마나 될지를 알아두는 것이 좋습니다. 우리나라의 국토는 크게 4가지 용도지역으로 구분할 수 있습니다. 그림은 용도지역을 세분한 것입니다. 많이 복잡하죠? 걱정하지 마세요. 우리가 살펴볼 내용은 아주 단순하니까요.

용도지역을 지정하는 이유는 해당 용도지역에서 어떤 행위를 할 수 있는지 혹은 할 수 없는지를 규정하기 위해서입니다. 세부적으로 살펴보면 매우 복잡한 것이 사실입니다. 하지만 우리가 용도지역에서 알아야 할 부분은 어떤 땅이 가로주택 정비사업을 하기에 유리한 땅인지와 관련된 부분입니다. 그러니 겁먹으실 필요가 없

● **용도지역**

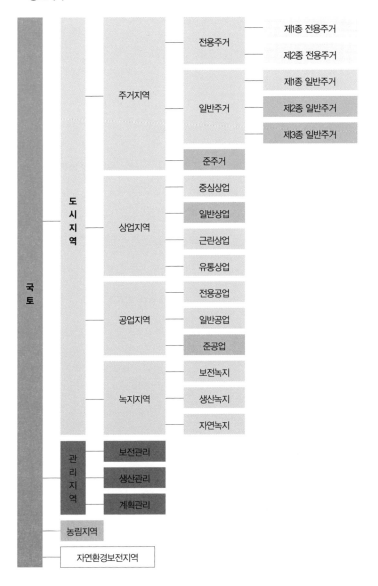

다는 말을 먼저 한 것입니다.

자, 그럼 말씀드린 것처럼 용도지역에서 우리가 점검해야 할 사항을 퀴즈로 간단히 알아보도록 하겠습니다. 자, 그럼 지금부터 퀴즈를 풀어보실까요?

첫 번째 퀴즈입니다.

Q1 4개의 용도지역 가운데 가로주택 정비사업이 추진되고 있는 용도지역은 어디일까요?

① 도시지역　　　　② 보존관리지역

③ 농림지역　　　　④ 자연환경보전지역

정답 ① 도시지역

왜, 도시지역일까요?

가로주택 정비사업이 어떤 사업인가요? 도시기능을 재생하기 위한 정비사업입니다. 도시발전 과정에서 필연적으로 발생하게 되는 구도심 문제를 해결하기 위한 도시재생사업이라는 뜻이죠. 대한민국의 대도시들은 하나같이 신·구도심 간 격차 문제로 고민이 많습니다. 신도심이 발전하면 할수록 구도심은 점점 더 활기를 잃고 노후화되고 있기 때문이죠. 이런 문제를 해소하고 구도심을 활성화하기 위한 목적으로 도입된 법이 '빈집 및 소규모주택 정비에 관한 특례법'이고 그 법에 따라 의욕적으로 추진되고 있는 사업이 바로 가로주택 정비사업을 필두로 하는 소규모주택 정비사업입니다. 사업장이 도시지역에 있을 수밖에 없는 이유가 바로 여기에 있습니다. 구도심이 타깃인 정비사업이니까요.

두 번째 퀴즈입니다.

[Q2] 다음 중 소규모주택 정비사업을 추진할 수 있는 세분 용도지역이 아닌 곳은?

① 주거지역   ② 상업지역

③ 준공업지역   ④ 자연환경보존지역

[정답] ④ 자연환경보존지역

왜 녹지지역일까요?

자연환경보존지역은 자연환경의 보전을 위한 지역이지 개발을 목적으로 하는 용도지역이 아니기 때문입니다. 자연환경보존지역에서 소규모주택 정비사업을 추진하는 곳이 전혀 없는 이유입니다.

세 번째 퀴즈입니다.

[Q3] 다음 보기 중에서 사업성 측면에서 소규모주택 정비사업을 추진할 수 있는 세분 용도지역을 모두 선택한 것은?

㉠ 일반상업지역	㉡ 제2종 일반주거지역	㉢ 제3종 일반주거지역
㉣ 준주거지역	㉤ 준공업지역	㉥ 일반상업지역

① ㉠, ㉡, ㉢   ② ㉠, ㉡, ㉢, ㉣

③ ㉠, ㉡, ㉢, ㉣, ㉤   ④ ㉠, ㉡, ㉢, ㉣, ㉤, ㉥

정답 ④ ㉠, ㉡, ㉢, ㉣, ㉤, ㉥

　위 용도지역들은 모두 현재 가로주택 정비사업을 추진중이거나 추진을 검토하고 있는 용도지역들입니다. 이 중 가장 사업성이 뛰어난 용도지역은 단연 일반상업지역이고 그 다음은 준주거지역입니다. 용적률 등 공법상 가장 개발친화적인 용도지역이기 때문입니다. 모든 분석에 앞서 가장 먼저 용도지역을 확인해야 합니다. 사업성이 얼마나 될지 가장 손쉽게 가늠해볼 수 있는 척도가 바로 용도지역이기 때문입니다.

4.
주변지역의 분양가를
확인하라!

대한민국 아파트 신규 분양가격은 연일 신기록을 갈아치우고 있습니다. 특히 최근 몇 년에 걸쳐 분양가격 급등현상이 나타나고 있는데요. 덕분에 함박웃음을 짓고 있는 사람들도 많아졌습니다. 그 가운데 빼 놓을 수 없는 사람들이 재개발 조합원들과 재건축 조합원들입니다. 신규분양가격이 상승하면 상승할수록 재개발·재건축사업에 따라 분양하게 될 일반분양물량의 분양가격도 덩달아 상승할 것이고 이렇게 되면 조합원들의 이익도 엄청나게 증가할 것이 불보듯 뻔하기 때문입니다.

분양가격 상승은 조합과 조합원들 입장에서 볼 때 수입이 증가하는 것입니다. 이에 비해 특별한 사정이 없는 한 사업비나 종전자산평가액은 큰 변동이 없는 경우가 대부분입니다. 수입은 증가하는데 비용은 변화가 없다면 그야말로 횡재가 아닐 수 없습니다. 물론 분양가격은 부동산시장의 흐름과 밀접한 관계를 갖고 있습니다. 부동산 시장이 침체기에 접어들면 신규분양가격 상승에 따른 반사이익을 기대하기 힘든 이유입니다.

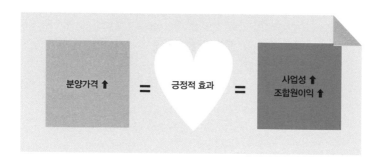

그런데 말이죠. 분양가격 상승이 현상이 발생하지 않더라도 이미 종전의 분양가격 자체가 충분히 높은 수준에 형성되어 있는 경우라면 어떨까요? 사업성을 확보한 상태에서 가로주택 정비사업이나 소규모 재건축정비사업을 시작할 수 있으니 사업진행과정에서 발생할 수 있는 여러 난관들을 잘 헤쳐 나갈 수 있지 않을까요? 그래서 해당 사업장 주변의 분양가격을 반드시 확인하라고 말씀드리는 것입니다. 비슷한 규모의 사업장이라 할지라도 인근지역의 분양가격이 상대적으로 높게 형성되어 있는 곳이라면 더 높은 총분양수입을 기대할 수 있기 마련입니다.

소규모주택 정비사업인 가로주택 정비사업이나 소규모 재건축정비사업 그리고 새롭게 제도화된 소규모 재개발은 규모가 작아

높은 사업성을 기대하기 어려운 경우가 많습니다. 가능한 범위 내에서 최대한 분양수입을 많이 확보하는 것이 사업의 성패를 가늠하는 가장 중요한 변수가 될 수밖에 없는 구조죠. 그러니 주변지역의 분양가격이 충분히 높거나 상승할 수 있을 만한 여건이 성숙되어 있는 지역인지를 검토해야만 하는 것입니다.

5.
일반분양물량
규모를 따져보라!

여러분! 사업성 분석을 할 때 가장 중요한 요소는 무엇일까요? 어리석은 질문이죠? 네. 그렇습니다. 어리석은 질문이 맞습니다. 정말 다양한 의견이 있을 수 있는 데다 '틀렸습니다!'라는 답을 내놓는 경우가 매우 드물 것이기 때문이죠. 그럼에도 불구하고 필자들은 묻고 싶습니다. 사업성 분석을 하는 데 있어 가장 중요하게 고려해야 할 요소는 무엇이라고 생각하십니까? 답부터 말씀드리자면 누군가 만약 필자들에게 동일한 질문을 던진다면 총분양수입이라고 답할 것입니다. 왜 그렇게 생각하냐고요?

사업비나 종전자산평가액은 어느 정도 예측이 가능할 뿐만 아니라 변동성도 특별한 사정이 있는 경우가 아니라면 일정 수준 내에서 발생하는 경우가 대부분입니다. 그렇다면 사업성 분석에 영향을 주는 변수는 이제 총분양수입이 유일합니다.

그렇다면 총분양수입을 결정하는 요인은 무엇일까요? 당연히 분양수입입니다. 아파트나 오피스텔, 상가 분양을 통해 기대할 수 있는 수입이죠. 다른 요인은 모두 차이가 없고 오직 일반분양물량에만 차이가 있는 2개의 가로주택 정비사업장이 다음과 같은 분양물량이 예상된다고 가정해보죠.

사업장	분양가격 m²	일반분양물량	일반분양수입
타니지구	2,500만 원	65세대 공급면적 120m²	780억 원
더블지구	2,500만 원	130세대 공급면적 120m²	1,560억 원

※이해의 편의를 위해 2지구 모두 상가는 분양하지 않으며, 조합원 분양물량과 공급형도 정확히 동일하고, 일반분양 역시 동일하게 120㎡(공급면적)만 공급하는 것으로 가정함

위와 같은 조건을 갖고 있는 '타니 지구'와 '더블 지구'의 일반분양수입을 계산하면 다음과 같을 것입니다.

- **타니 지구 일반분양수입** = (65세대 × 1,000만 원 × 120m²) = **780억**
- **더블 지구 일반분양수입** = (130세대 × 1,000만 원 × 120m²) = **1,560억**

다른 조건은 모두 동일한데 일반분양 물량이 더 많은 '더블 지구'의 일반분양수입이 '타니 지구'의 일반분양수입에 비해 2배 더 많은 것을 확인할 수 있습니다. 일반분양수입이 더 많다는 것은 그만큼 더 높은 수익성이 있는 사업장이라는 의미가 됩니다. 이런 사업장이라면 당연히 조합원들이 부담해야 하는 분담금의 규모도 적을

것입니다. 다시 말해 '더블 지구'의 조합원 분담금이 '타니 지구'에 비해 더 적다는 뜻이죠. 여러분이라면 '타니 지구'와 '더블 지구' 가운데 어느 쪽을 선택하시겠습니까? 당연히 사업성이 더 좋은 '더블 지구'여야 하겠죠? 그래서 일반분양 물량이 얼마나 될지를 꼼꼼히 따져보아야 하는 것입니다.

6.
조합원수토지등소유지수를
확인하라!

"도대체 유망한 사업장은 어디에 있나요?" 언제부터인가 가로주택 정비사업이나 소규모 재건축과 관련해 필자들이 접하고 있는 가장 흔한 질문 가운데 하나입니다. 이런 질문을 접할 때 마다 필자들은 당혹스러운 마음이 앞서는 것이 사실입니다. 어떤 곳이 유망한 사업장인지 확실한 기준도 없이 막무가내 식으로 '무조건 사 놓으면 돈이 될 것'이라는 근거 없는 환상에 빠져 부동산을 구입하고 있는 것은 아닌가 하는 걱정이 앞서기 때문이죠.

소규모주택 정비사업인 가로주택 정비사업도 정비사업입니다. '도시 및 주거 환경정비법'에 따라 사업을 추진해야 하는 재개발 · 재건축 역시 정비사업이죠. 그래서 재개발 정비사업, 재건축 정비사업이라는 명칭이 따라붙는 것입니다. 여기서 갑자기 정비사업을 들먹이는 이유는 가로주택 정비사업이나 재개발, 재건축 역시 일반적인 분석 기준은 큰 차이가 없다는 것을 말씀드리기 위해서입니다.

그래서 가로주택 정비사업이나 소규모주택 정비사업을 분석할 때 필자들도 재개발, 재건축을 분석할 때 사용하는 분석방법을 활용하곤 합니다. 물론 규모의 차이나 사업장의 특성 등은 별도로 섬세하게 분석을 해야 합니다. 하지만 큰 틀에서는 대동소이합니다. 이런 이유로 필자들이 사업성 분석을 하기에 앞서 간편하게 어떤 따져 보실 것으로 조언하는 것 중 하나가 조합원의 숫자입니다. 그 이유는 표를 보면서 설명하겠습니다.

사업장	사업 부지면적	조합원 수	조합원 당 대지면적
별밤지구	3,000m²	30명	100m²
달밤지구	3,000m²	60명	50m²

※용도지역, 건폐율, 용적률 등 여타 공법상 규제 및 일반분양가격, 단위 면적당 종전자산평가 역시 큰 차이가 없다고 가정함

조합원당 대지면적을 계산해보니 별밤지구가 퍼스트지구에 비해 2배나 많다는 것을 알 수 있습니다. 따라서 공법상 규제가 동일하다고 가정할 경우 별밤지구의 사업성이 달밤지구의 사업성에 비해 상대적으로 좋을 것임을 알 수 있습니다. 굳이 여러 가지 분석을 하지 않아도 말이죠. 한 가지 분석을 굳이 하자면 모든 조합원들이 분양신청을 한다고 가정할 경우, 달밤지구는 별밤지구에 비해 조합원 물량이 2배 많을 것입니다. 그런데 조합원분양가격은 일반분양가격에 비해 저렴한 것이 일반적입니다. 이런 상황에서 달밤지구

는 별밤지구에 비해 조합원들에게 저렴한 조합원 분양가격으로 더 많이 분양을 해야 합니다. 이에 비해 더 비싼 가격으로 분양할 수 있는 일반분양물량은 별밤지구가 달밤지구에 비해 더 많습니다. 정확하게는 1인당 아파트를 1채만 분양받는다는 가정하에서 별밤지구의 일반분양물량은 달밤지구에 비해 30세대 많음. 이렇게 되면 어느 쪽이 총분양수입이 많을까요?

당연히 별밤지구죠! 위와 같은 이유로 필자들은 총분양물량에 차이가 없다면 이왕이면 조합원수가 적은 사업장을 선택할 것을 권합니다. 조합원 숫자가 많다는 것은 그만큼 이익을 나눠야 하는 사람의 숫자도 많다는 것을 의미합니다. 그러니 여러 가지 분석을 할 때마다 항상 조합원수가 얼마나 되는지 따져보는 것을 빼놓으시면 안 됩니다!

7.
법·제도의 변화에
관심을 기울여라!

법이나 제도의 변화만큼 부동산 시장에 영향을 미치는 변수가 많을 까요? 적어도 대한민국에서는 없는 것 같습니다. 그만큼 각종 법·제도의 변화가 부동산 시장에 미치는 영향이 크다는 뜻이죠. 재건축 시장이 크게 출렁일 때마다 그 배경에는 항상 재건축과 관련된 법·제도의 변화가 있었습니다. 분양권 시장도 마찬가지입니다.

뿐만 아니라 기존 아파트 시장 역시 재건축이나 분양권 시장과 별반 차이가 없습니다. 대표적인 예로 세금제도의 변화를 들 수 있습니다. 양도소득세와 보유세 등 세금부담이 어떤 방향으로 움직이느냐에 따라 부동산 시장은 즉각적으로 반응하는 모습을 보이곤 합니다. 이처럼 부동산과 관련된 각종 법·제도의 변화는 항상 관심을 갖고 지켜보아야 할 중요한 변수입니다. 최근 소규모주택 정비사업을 규율하는 '빈집 및 소규모 주택정비에 관한 특례법'에 중요한 변화가 있었습니다.

중요한 내용을 간추려 보면 다음과 같습니다.

첫째, 소규모 재건축사업에 공공참여 소규모 재건축 활성화사업 다시 말해 공공 소규모 재건축사업이 추가되었습니다.

둘째, 역세권과 준공업지역을 대상으로 소규모 재개발사업이 도입되었습니다.

셋째, 소규모주택 정비관리지역이 도입되었습니다.

넷째, 가로구역에서 도로로 보는 시설이 추가되었습니다 .

다섯째, 소규모 재개발, 소규모주택 정비관리지역에서 공공이 공공시행자로 지정된 관리지역에서 가로주택 정비사업을 시행하는 경우 원칙적으로 상속이나 이혼을 원인으로 토지등의 소유권이 변동되는 경우가 아닌 이상 2021년 6월 29일 이후부터 토지등에 대한 소유권을 취득한 토지등소유자는 건축물의 분양신청을 할 수 없습니다.

위와 같은 내용으로 법 개정으로 인해 공공이 참여하는 소규모주택 정비사업이 다양해졌고 그에 따른 인센티브도 확실히 강화되었습니다. 물론 투기적 목적의 거래를 원천 차단하기 위해 공공이 공공시행자로 참여하는 경우 건축물의 분양신청을 받을 수 없는 토지등소유자 규정을 엄격하게 적용할 것으로 보이는데요. 이는 의도는 좋으나 자칫 실수요자들의 내 집 마련을 가로막는 규제를 위한 규제가 될 가능성도 높다는 점에서 아쉬운 대목이라고 볼 수 있습니다.

한편, 가로주택 정비사업의 경우 철도와 학교를 도로로 보는 기반시설에 추가함으로써 가로구역요건을 충족하는 사업장이 많아질 것으로 예상됩니다. 가로주택 정비사업에는 상당한 도움이 될 수 있을 것으로 보입니다. 이처럼 법·제도의 변화, 특히 '빈집 및 소규모주택 정비에 관한 특례법'의 변화는 소규모주택 정비사업에 큰 영향을 미치게 되는 만큼 항상 예의주시하고 있으셔야 합니다.

8.
정부의 정책 의지를
읽어라!

우리나라는 부동산 시장은 정부의 부동산 정책에 많은 영향을 받죠. 부동산 경기가 과열 양상을 보이면 보일수록 투기억제를 위한 강력한 부동산 정책이 시행되고 그 반대인 경우에는 부동산 부양책이 시행됩니다. 역대 어느 정부도 부동산 정책이 위와 같은 대전제에서 벗어난 적이 없습니다. 그렇기 때문에 부동산 시장은 정부의 부동산 정책이 어떤 방향으로 방점이 찍히는지에 예민하게 반응하게 됩니다. 뿐만 아니라 역대 정부들은 각각 중점을 두고 추진하는 부동산 정책이 있었습니다. 이는 문재인 정부에서도 마찬가지였습니다.

그런데 문재인 정부의 부동산 정책은 역대 정부와는 명확히 차이가 나는 부분이 있습니다. 이를 가리켜 필자들은 문재인 정부의 부동산 정책과 관련된 의지라고 표현하는데, 그것은 바로 역대 어느 정부보다 도시재생에 심혈을 기울이고 있다는 점입니다. 즉, 문재인 정부의 부동산 분야의 정책적 의지는 도심재생에 있었던 것입니다. 흔히 부동산 시장에서는 이런 불문율이 있습니다.

♣ 절대로 시장에 맞서지 마라!
♣ 절대로 정부 정책에 맞서지 마라!

우리나라는 부동산 시장이 정책의 영향을 가장 많이 받는다는 특징이 있습니다. 그래서 시장에 맞선다는 것은 곧 정부정책에 맞서는 것이 됩니다. 결국 적어도 대한민국 부동산 시장에서는 절대로 정부 정책에 맞서지 말아야 한다는 의미가 됩니다.

그렇다면 이 책을 읽고 있는 독자 여러분들은 어떤 선택을 해야 할까요? 정부의 정책적 의지를 읽어야 합니다. 그렇습니다. 독자 여러분들은 정부의 부동산 분야와 관련된 정책적 의지를 읽어야 합니다. 이는 곧 도시재생에 관심을 가져야 한다는 뜻이 됩니다. 정부의 정책적 의지가 도시재생에 있으니까요. 문재인 정부는 도시재생에 역량을 집중해왔습니다. 앞으로 출범할 정부는 물론 그 이후 출범하게 될 정부들 역시 마찬가지 일 수밖에 없다고 필자들은 생각합니다. 정책적 노력을 기울인다는 것은 곧 자금의 집중적인 투자도 병행한다는 것을 뜻합니다. 그 중심에 있는 것이 바로 도시재생사업입니다. 주거, 문화, 경제 등 다양한 분야에서 도시재생사업이 진행되고 있습니다. 물론 도시재생사업이 지금처럼 도시재생뉴딜이라는 이름으로 계속 추진될 것인지는 알 수 없습니다. 명칭은 얼마든지 바뀔 수 있으니까요. 하지만 본질은 변하지 않을 것이라고 필자들은 확신합니다.

그렇기 때문에 독자 여러분들도 정부의 정책적 의지가 담겨 있는 도시재생사업에 주목해야 하는 것입니다. 다음은 문재인 정부에서 적극 추진하고 있는 도시재생의 공식 명칭인 도시재생뉴딜에 대한 소개를 하고 있는 블로그입니다.

● **도시재생뉴딜 블로그**

자료 : https://blog.naver.com/newdeal4you

도시재생뉴딜을 제대로 이해하기 위해서는 우선 도시재생뉴딜과 관련된 다양한 정보를 획득해야 하는데 그런 점에서 도시재생뉴딜 블로그는 도시재생뉴딜이란 무엇인지 개념을 파악하는 한편, 어떤 콘셉트들로, 어떻게 사업이 진행될 것인지에 대한 정보를 제공해주고 있어 매우 유용합니다. 참고로, 소규모주택 정비사업인 가로주택 정비사업, 소규모 재건축, 소규모 재개발, 소규모 재건축, 자율주택 정비사업은 큰 틀에서 도시재생뉴딜에 속하는 사업입니다.

다시 한 번 필자들은 이 책을 읽는 독자 여러분들께 강조하고 싶습니다. 정부의 정책적 의지를 읽으셔야 합니다. 그렇게 함으로써 왜 도시재생 뉴딜을, 가로주택 정비사업을, 소규모 재건축 정비사업을, 소규모 재건축과 소규모 재개발을, 자율주택 정비사업의 중요성을 간과해서는 안 되는지를 보다 분명히 확인하실 수 있을 것입니다.

9.
아직 보편화되지 않은 지금이
최적의 투자 타이밍이다!

우리는 항상 변화에 노출되어 있습니다. 어떤 시대에는 광풍이 몰아치던 사회현상이 어느 순간 사라져버리기도 하고 언제까지나 굳건히 지위를 유지할 것 같았던 글로벌 기업들이 어느 순간 나락으로 떨어져 버리고 마는 경우를 종종 목격하곤 합니다. 그 이면에는 엄청난 변화가 자리 잡고 있습니다. 하지만 그런 변화가 처음부터 쓰나미처럼 몰려들지는 않습니다. 작은 점에서 시작해 엄청난 크기로 확장되곤 합니다. 과거 아이폰이나 근래의 테슬라만 보아도 작게 시작한 변화가 세계적인 변화를 창출해낸다는 것을 알 수 있습니다.

이처럼 변화라는 것은 작게 시작해서 엄청난 규모로 확장되는 특징이 있습니다. 바로 이런 변화의 특징 때문에 필자들은 감히 독자 여러분들께 지금이야말로 소규모주택 정비사업 가로주택 정비사업, 소규모 재건축 정비사업, 소규모 재개발사업, 자율주택 정비사업에 주목하고 투자해야 할 시점이라고 말하고 싶습니다.

대한민국의 부동산 시장은 현재 중요한 변곡점을 지나고 있습니다. 경제성장과 그에 기인한 수요가 견인하는 폭발적인 부동산시장의 성장시대에서 적정 수준의 공급을 관리하는 한편, 수요가 있는 곳에 맞춤형 공급이 필요한 공급관리 시대로의 전이가 물밑에서부터 시작되고 있습니다. 물론 아직 부동산 수요자들은 위와 같은 변화를 체감하지 못하고 있습니다. 여전히 수도권 등 우량지역에서는 부동산 수요가 많아 가격상승을 넘어 폭등현상까지 반복적으로 나타나고 있기 때문입니다. 하지만 부동산 시장의 변화라는 도도하고 거센 물결을 일부 우량지역에 대한 꾸준한 수요로만 막아내기에는 한계가 있습니다.

이제는 대규모 개발이라는 개발성장시대의 패러다임에서 빠져나와 도심 내 필요한 곳에 맞춤형 공급이라는 패러다임을 받아들여야 할 때가 되었습니다. 다시 한 번 강조하지만 변화는 지극히 작은 것부터 시작되지만 엄청난 규모로 확대됩니다. 물론 당분간 대규모 개발도 동시에 진행될 것입니다. 마치 피처폰을 스마트폰이 대체해나가던 시절과 크게 다를 것이 없겠죠. 향후 짧게 보면 3~5년 길게 보면 10년 이내에 대한민국 부동산 시장의 트렌드는 맞춤형 공급으로 전환될 것입니다. 그리고 그 중심에는 가로주택 정비사업, 소규모 재건축 정비사업, 소규모 재개발사업, 자율주택 정비사업이 자리 잡게 될 것입니다.

그렇다면 이 책을 읽고 계산 독자 여러분들은 어떤 선택을 하셔야 할까요? 사업이 아직 초기단계이니 만큼 대세가 될 때까지 지켜보시기만 하면 될까요? 아니면 사업성이 떨어져 확대되기에는 한계가 있는 사업이니 무시하고 신도시 개발이나 대규모 재건축, 재개발에만 관심을 기울여야 할까요? 둘 다 아닙니다.

지금 당장 소규모주택 정비사업을 스터디해야 합니다. 변화의 초기단계에서는 그 변화를 현실로 받아들이는 데 주저하는 경우가 대부분이기에 그 변화가 시작되는 초기단계부터 적극적으로 변화를 받아들이고 대응해나가는 사람들에게 도도한 변화의 물결이라는 녀석은 확실한 보상을 해주곤 합니다. 지금이 바로 소규모주택 정비사업에 투자해야 할 최적의 타이밍인 이유입니다.

10.
소액으로 거주와 투자
모두가 가능한 곳을 노려야 한다!

부동산을 구입하는 것은 그 구입 목적이 무엇이냐와 관계없이 항상 투자의 성격을 갖게 됩니다. 내 집 마련을 하는 사람들은 항상 투기나 투자가 목적이 아니라 거주를 위해 내 집 마련을 한다고 말합니다. 하지만 그렇게 말하는 사람들 가운데 그 누구도 "집값이 떨어져도 좋으니 편안하게 살 수 있는 집이면 만족한다."라고 말하지는 않죠.

부동산은 대한민국 국민들의 재산목록에서 최상단에 위치하고 있는 투자자산입니다. 그런데도 굳이 이를 1가구 1주택자라는 명칭 뒤에 숨어서 순수한 의도를 강조하고 있습니다. 그래서 굳이 거주요건을 충족해야 1세대 1주택 비과세를 해주는 제도도 운영하고 있죠. 하지만 적어도 이 책을 읽고 계신 독자 여러분들은 부동산 그 중에서도 주택을 구입하는 것을 결코 거주 목적으로만 구입하다고 스스로에게 주문을 걸지 않으셨으면 좋겠습니다. 이렇게 주문을 거는 순간 여러분들은 많은 함정에 빠지실 수밖에 없습니다.

대표적인 함정이 바로 내 집 마련이니까 저렴하게 구입해야 한다는 생각입니다. 연말연초만 되면 많은 사람들이 필자들에게 묻는 질문이 있습니다. 바로 이 질문입니다. "나는 개발이 되면 입주하려고 하는데 언제 사야 가장 저렴하게 살 수 있을까요?"

언제 사는 것이 가장 저렴할까요? 이 질문에 정확하게 대답해드릴 수 있다면 필자들은 군이 부동산 업계에 있을 필요가 없을 것입니다. 그냥 아무 곳에나 일단 자리만 펴고 앉으면 돈을 벌 수 있을 테니까요. 생각해보십시오. 가장 저렴하게 구입할 수 있다는 이야기는 최악의 경우에도 손실은 보지 않는다는 것인데 떼돈을 버는 것이 당연하지 않겠습니까!

게다가 위 질문은 중요한 문제가 있습니다. '저렴한 가격', '저점' 은 어디까지나 투자와 관련될 때 의미가 있는 질문입니다. 순수하게 거주만 목적으로 한다면 언제 사든 큰 문제가 되지 않습니다. 평생 거주할 집이라면 가격이 3~4억 원 상승하든 아니면 3~4억 원 하락하든 어차피 처분할 수 없는 거주의 대상이지 투자대상은 아니기 때문입니다. 그렇기 때문에 순수하게 거주를 목적으로 하는 경우라면 투자시점이 아닌 지역선택에 초점을 맞춰야 합니다. 어떤 지역이 살기에 좋은지, 교육환경, 대중교통접근성, 각종 생활편의시설이 편리한지를 따져야 한다는 것입니다.

지금 이 시점에 독자 여러분들께 이런 말씀을 드리는 이유는 딱

구입 목적	핵심 질문	고려해야 할 변수
실거주	어떤 지역의 부동산을 구입해야 하는가?	자족기능, 학군, 대중교통, 생활편리시설 등등
투자	언제 부동산을 구입해야 하는가?	경제상황, 부동산 경기, 공급물량 추이, 부동산 정책방향, 정부의 정책적 의지 등등

한가지입니다. 소규모주택 정비사업 가로주택 정비사업, 소규모 재건축 정비 사업 등을 시행하는 곳의 조합원이 되기 원하거나 투자하기 원하는 분이라면 스스로 실거주 목적이라는 보호막 뒤에 숨은 채 행동만 투자자처럼 하셔서는 성공은커녕 실패만 하실 것이라는 점을 알려드리기 위해서입니다.

그렇다면 어떻게 해야 할까요? 소규모주택 정비사업에 따른 조합을 직접 만들어 조합원이 되고자 하시거나 조합원 지분을 매입하고자 하시는 독자 여러분들이라면 반드시 실거주와 투자라는 두 가지 목적에 부합되는 의사결정을 하실 것을 추천합니다. 이렇게 해야만 비로소 실거주와 투자에 모두 적합한 분석을 할 수 있고 그 기초 위에서 적절한 조언과 자문도 받을 수 있을 것입니다. 그러니 지금부터는 진정한 의미에서의 실거주와 투자목적을 모두 갖고 집을 구입하셔야 합니다. 그렇다면 구입해야 할 대상은 어떻게 될까요? 당연히 투자와 실거주 모두가 가능한 지역을 선택하셔야 합니다. 단순히 투자 혹은 투기적 목적으로 이익이 생긴다면 언제든 처분하겠다는 생각이나 입주에만 초점을 맞추기보다 두 가지 목적을 모두 갖고 그 기준을 충족하는 지역을 노려야 하는 것입니다.

11.
소규모주택 정비사업의
토지등소유자는 모두 디벨로퍼다!

디벨러퍼는 역할을 하는 존재일까요? 사전적 정의를 살펴보면, 디벨로퍼는 다음과 같은 기능을 수행하는 사람 혹은 업체를 말합니다.

땅 매입부터 기획, 설계, 마케팅, 사후관리까지 총괄하는 부동산 개발업체이다. 이름 그대로 부동산을 새로운 용도로 개발하는 업체를 가리킨다. 시행사와 비슷하지만 기존 시행사가 건축과 분양을 모두 대형 건설사에 위임하는 것과 달리 디벨로퍼는 사업의 시작과 끝을 모두 맡아 처리한다. 설계도 1장만으로도 가능한 사업이 디벨로퍼인 셈이다. 최근에는 단순한 시행사에서 벗어나 시장조사, 부지매입, 분양업무 등을 총괄한다.

자료 : 매일경제 www.mk.co.kr

사전적 정의를 요약해보면 부동산 개발을 시작해서 마무리까지

맡아서 하는 사람 혹은 업체를 의미한다고 볼 수 있습니다. 그렇기 때문에 디벨로퍼는 매우 전문적인 식견과 기술, 막대한 자금력이 필요하죠. 그런데 말이죠. 소규모주택 정비사업은 모든 토지등소유자들이 디벨로퍼의 역할을 수행할 수 있습니다. 어떻게 이런 일이 가능할까요?

바로 공적지원 때문입니다. 공적지원이라고요? 디벨로퍼가 가장 난관에 부딪히는 경우를 보면 결국 자금문제인 경우가 대부분 아닙니까? 그렇다면 소규모주택 정비사업 역시 토지등소유자들이 디벨로퍼 역할을 수행한다면 개발자금이 가장 중요한 변수가 되어야 하지 않을까요?

네. 맞습니다. 바로 그 이유 때문에 소규모주택 정비사업 토지등소유자들이 디벨로퍼가 될 수 있는 이유를 공적지원이라고 말씀드린 것입니다. 재개발이나 재건축은 사업진행을 위한 공적자금지원이 없습니다. 시공사 선정이 중요한 이유죠. 하지만 소규모주택 정비사업은 HUG주택도시보증공사가 지원을 해줍니다. 크게 초기사업비와 본사업비로 나누어서 자금지원을 해주고 있는데요.

초기사업비는 총 사업비의 5%15억 한도내에서 대출을 해주고 있고, 본사업비는 공적임대주택을 공급 건축연면적의 20%이상 공급하는 경우는 총 사업비의 최고 90%를 그 외의 경우에는 총 사업비의 50~70%까지 대출해주고 있습니다. 재개발이나 재건축사업에서 시공사가 담당하는 기능을 HUG라는 공적기관이 담당하고 있는 것입니다. 이것이야말로 공적지원이 아니겠습니까? 게다가 금리가 1.2~1.5%변동금리에 불과합니다. 서민들의 내 집 마련을 지원하기 위한 한국주택금융공사의 보금자리론 금리가 2.95 ~ 3.20% 수준이라는 점을 감안할 때 파격적인 대출금리가 아닐 수 없습니다.

  토지등소유자수가 적다는 점이 비록 그 수가 적어 사업성이 떨어지게 하는 요인이 되기도 하지만 아이러니하게도 바로 그 이유 때문에 소규모주택 정비사업 토지등소유자들의 디벨로퍼화를 가능하도록 해주는 요인이 되기도 합니다. 소규모주택 정비사업은 구조상 토지등소유자수가 적어 상호 커뮤니케이션이 매우 신속하고 활발하게 이루어질 수 있는 구조입니다. 수백 명의 조합원들이 있는 재개발, 재건축사업과는 완전히 다른 점이죠. 토지등소유자들이 자신의 원하고 생각하는 바를 적극 사업에 반영하고 이를 신속하게 추진해나가는 형태로 사업이 진행되는 소규모주택 정비사업은 어쩌면 처음부터 모든 토지등소유자들의 디벨로퍼화를 꿈꿨던 것은 아니었을까요? 이런 점에서 볼 때 소규모주택 정비사업은 단순한 정비사업이 아닌 모든 토지등소유자들이 디벨로퍼로 참여하는 소규모 재개발 · 재건축 정비사업이라고 볼 수 있습니다.

12.
소규모주택 정비사업은
미분양 걱정이 없다!

재개발이나 재건축 사업장은 물론 모든 개발사업에서 가장 큰 고민거리는 단연코 미분양일 것입니다. 아무리 철저히 계획을 수립하고 수백, 수천 번 사업성 분석을 해 분양을 해도 미분양이 많다면 그 사업은 실패하거나 엄청난 위험에 처할 수밖에 없을 것입니다. 가로주택 정비사업이나 소규모 재건축 역시 사업성이라는 측면에서 볼 때 분양성공이 매우 중요합니다. 그런데 소규모주택 정비사업인 가로주택 정비사업이나 소규모 재건축 정비사업은 분양물량 자체가 충분히 경쟁력 있는 수준에 미치지 못하는 경우가 대부분입니다.

다시 말해 1,000세대 혹은 700세대 등 준공 후 여러 가지 측면에서 경쟁력을 갖출 수 있는 적정 공급물량에는 미달되는 경우가 많다는 뜻입니다. 실제로 대부분의 가로주택 정비사업이나 소규모재건축 사업장의 공급물량을 보면 100세대 미만이거나 많아도 200세대 미만에 그치는 경우가 대부분입니다. 나홀로 아파트로 사업이 추진되는 경우도 많고, 많아야 2개동 규모로 사업이 추진되는 경우도 많기 때문입니다.

위와 같은 이유로 소규모주택 정비사업 그 중에서도 특히 가로주택 정비사업이나 소규모 재건축은 미분양이 큰 문제가 될 수 있다는 우려를 하고 계시는 분들이 많습니다. 과연 세간의 우려처럼 특히 가로주택 정비사업이 미분양 문제에 봉착할 가능성이 높을까요?

그럴 수도 있고 그렇지 않을 수도 있겠지만 그렇지 않습니다. 아니 이게 무슨 해괴망측한 대답이냐고요? 현재 가로주택 정비사업은 조합이 단독으로 시행하는 경우와 LH공사 등 공공부문이 공동사업시행자로 참여해 시행하는 경우로 구분할 수 있습니다. 그런데 이 경우 조금 차이가 발생하게 되는데요. 대표적으로 공적임대를 들 수 있습니다. 조합이 단독으로 시행하는 경우는 별도로 공적임대를 공급하지 않아도 됩니다. 하지만 LH공사 등 공공부문이 공동사업시행자로 참여해 사업이 진행되고 있는 가로주택 정비사업장은 행복주택이라는 공적임대주택을 공급하죠. 전체 공급물량 가운데 조합원 분양물량, LH공사 등 공공부문의 행복주택 매입물량이 일반분양에 앞서 먼저 판매될 것이라는 뜻이죠.

뿐만 아니라 LH공사 등 공공부문이 공동사업시행자로 참여하는 가로주택 정비사업장, 특히 LH공사가 공동사업시행자로 참여하고 있는 가로주택 정비사업장은 미분양이 발생할 경우 미분양물량의

30%를 매입하는 약정을 체결하고 사업을 진행하게 됩니다. 조합과 조합원들 입장에서 볼 때 미분양에 따른 사업성 악화로 최악의 상황에 직면하지 않도록 막아주는 일종의 완충장치 역할을 해주는 것이죠. 공공이 참여하는 소규모 재건축 역시 공공참여 가로주택 정비사업과 동일한 방식으로 진행될 전망입니다. 물론 소규모 재개발도 공공이 참여하는 경우라면 가로주택 성비사업과 같은 세도가 적용될 것입니다. 미분양물량에 대한 매입이 가능하다는 뜻이죠. 필자들이 소규모주택 정비사업을 주목해야 한다고 강력히 주장하는 또 다른 이유가 아닐 수 없습니다.

13.
앞으로 계속 소규모주택 정비사업이
대세가 된다!

고양시 일산신도시, 성남시 분당신도시, 부천시 중동 신도시, 안양시 평촌신도시, 군포시 산본신도시. 모두 1990년대 초에 공급되었죠. 우리는 위 5곳을 가리켜 수도권 제1기 신도시라고 부릅니다. 어느덧 공급된 지 30년을 향해 달려가고 있습니다. 30년~~~! 굉장히 긴 시간입니다. 하지만 필자들이 말하는 30년은 단순히 긴 시간만을 의미하는 것이 아닙니다. 가로주택 정비사업, 소규모 재건축, 소규모 재개발, 재개발, 재건축이라는 관점에서 볼 때 30년은 굉장히 중요한 의미를 갖고 있기 때문입니다. 수도권 제1기 신도시들은 특히 재건축이라는 관점에서 30년은 중요한 의미를 갖고 있습니다.

노후·불량 건축물 여부를 판단하는 기준이 바로 30년이기 때문이죠. 수도권 1기 신도시는 모두 경기도에 입지하고 있습니다. 노후·불량 건축물 여부 판단에 기준이 되는 경기도 도시 및 주거 환경정비조례를 살펴보아야 할 이유죠. 다음은 경기도 도시 및 주거 환경정비조례의 해당 내용입니다. 수도권 1기 신도시에 있는 아파트 단지들은 1990년 이후 준공된 5층 이상 공동주택이 대부분입니다. 따라서 노후·불량 건축물의 기준이 되는 기간은 30년입니다.

● **철근콘크리트구조 공동주택의 노후·불량 건축물 기준**
제3조 제2항 제1호 관련

구분 준공연도	5층 이상 공동주택	4층 이하 공동주택
1983년 12.31. 이전	20년	20년
1984년	22년	21년
1985년	24년	22년
1986년	26년	23년
1987년	28년	24년
1988년		25년
1989년		26년
1990년	30년	27년
1991년		28년
1992년		29년
1993년 1.1. 이후		30년

자료 : 경기도청 홈페이지 www.gg.go.kr

위 도표는 이미 익숙하시죠? 물론 30년이 경과되었다고 해서 모두 재건축을 할 수 있는 것은 아닙니다. 정밀안전진단을 통과해야 비로소 재건축을 추진할 수 있습니다. 그럼에도 불구하고 30년은 중요한 의미를 가질 수밖에 없습니다. 수도권 전역에 본격적으로 재건축이 이슈가 되고 부동산 시장에 수도권 1기 신도시 발 재건축 광풍이 시작될 될 것이기 때문입니다.

그렇다면 향후 30년 동안 재건축은 여전히 부동산 시장의 주요 이슈로 자리 잡게 될까요? 아마도 아닐 것입니다. 적어도 수도권 1기 신도시의 재건축이 어느 정도 가닥이 잡히고 나면 서서히 중요성이 낮아지게 될 테니까요. 앞으로 30년은 인구구조 변화가 강력하게 경제전반에 영향을 미치게 될 것입니다. 그 연장선상에서 부동산 시장 역시 엄청난 영향을 받을 것으로 예상됩니다.

특히, 기반시설을 잘 갖추고 있는 기존 도심에 대한 수요는 증가하는 데 비해 신규 신도시에 대한 수요는 사라지다시피 할 것입니다. 그런데 기존 도심에 대한 수요에 적절히 대응하기 위해서는 필요한 곳에 필요한 물량을 적시에 공급하는 형태가 될 것입니다. 이런 형태의 주택공급은 가로주택 정비사업이나 소규모 재건축, 소규모 재개발, 자율주택 정비사업 같은 소규모주택 정비사업에 최적화된 형태입니다. 결국 대한민국은 앞으로 소규모주택 정비사업이 대세가 될 수밖에 없을 것입니다.

초판 1쇄 인쇄 2021년 11월 19일
초판 1쇄 발행 2021년 11월 26일

지은이 김종선 서영철 진변석 주영재

펴낸이 박세현
펴낸곳 팬덤북스

기획 편집 윤수진 김상희
디자인 이새봄 이지영
마케팅 전창열

주소 (우)14557 경기도 부천시 조마루로 385번길 92 부천테크노밸리유1센터 1110호
전화 070-8821-4312 | **팩스** 02-6008-4318
이메일 fandombooks@naver.com
블로그 http://blog.naver.com/fandombooks
출판등록 2009년 7월 9일(제386-251002009000081호)

ISBN 979-11-6169-185-5 (03320)